DIETER KÖNNES
Das gierige Bündnis

DIETER KÖNNES
mit Dirk Berger

DAS GIERIGE BÜNDNIS

Wie uns Unternehmen und Behörden
gemeinsam abzocken

Das Buch beruht auf Tatsachen. Namen und Orte, die durch ein *
gekennzeichnet sind, wurden zum Schutz der Persönlichkeitsrechte
geändert.

Dieser Titel ist auch als E-Book erschienen

Eichborn Verlag in der Bastei Lübbe AG

Originalausgabe

Copyright © 2015 by Dieter Könnes und Bastei Lübbe AG, Köln
© WDR, Köln
Lizenziert durch die WDR mediagroup GmbH
Textredaktion: Klaus Gabbert, Wiesbaden
Umschlaggestaltung: Christina Hucke, www.christinahucke.de
Einband-/Umschlagmotiv: istockphoto /strells
Satz: hanseatenSatz-bremen, Bremen
Gesetzt aus der DTLDocumentaST
Druck und Einband: GGP Media GmbH, Pößneck

Printed in Germany
ISBN 978-3-8479-0598-1

5   4   3   2   1

Sie finden uns im Internet unter: www.luebbe.de
Bitte beachten Sie auch: www.lesejury.de

Ein verlagsneues Buch kostet in Deutschland und Österreich jeweils
überall dasselbe.
Damit die kulturelle Vielfalt erhalten und für die Leser bezahlbar
bleibt, gibt es die gesetzliche Buchpreisbindung. Ob im Internet, in
der Großbuchhandlung, beim lokalen Buchhändler, im Dorf oder in
der Großstadt – überall bekommen Sie Ihre verlagsneuen Bücher zum
selben Preis.

INHALT

GRUSSWORT

In den Abendnachrichten des zwölften Jahrhunderts hätte man wohl einiges über einen gemeingefährlichen Dieb zu hören bekommen. Ein gottloser Wegelagerer, der die öffentliche Ordnung gefährde. Kurz – zu seiner Zeit mag der Held kein Held gewesen sein.

Hätte es Robin Hood heute leichter? Der Legende nach nahm er Gold und Gut mit Gewalt von den Reichen, um es unter den Armen auszuteilen. Da werden manche sagen, der Robin unserer Tage heiße Wolfgang Schäuble. Andere tippen auf Edward Snowden, der das geheime Gut Wissen raubt und allen zugänglich macht.

Michael Moore füllt Kinosäle mit seinen Recherchen über die waffenstarrende US-Gesellschaft. In manchen deutschen Konzernen hingen Steckbriefe von Günter Wallraff. Nein, auch diese Helden sind vielen zu aufrührerisch, sie bedrohen die hergebrachte Ordnung. Das ist ein schmutziger Job, doch einer muss ihn machen. Journalisten können sich mit dem Ahn aus dem Sherwood Forest trösten: Es dauerte ein paar hundert Jahre, bis aus dem Geächteten ein Geachteter wurde. Zeit genug, sich den Themen und Recherchen zu widmen.

So, wie Dieter Könnes sich mit Zivildienst, Umwelttechnik, Betriebswirtschaftslehre und schließlich Sportwissenschaft ordentlich den Köcher füllte. Nichts davon so heftig, dass ihm sein gesunder Menschenverstand abhanden gekommen wäre. Gelegentlich kommt Dieter in die Redaktion und schimpft sich frisch erworbenen Alltagsärger vom Herzen. Dann ist gut beraten, wer flugs mitschreibt und den Text mit Recherchen anfüttert: Wir nennen es Themenvorschlag. Das *Könnes kämpft*-Team schätzt seinen Frontmann als leidenschaftlichen Journalisten. Der britische Nachrichtenmoderator Jeremy Paxman setzte eine weltweit beachtete Marke, als er eine höchst peinliche Frage an einen Minister vierzehn Mal wiederholte. Oder schlicht: bis zur Antwort. Dieter Könnes hat einen beachtlichen Paxman-Wert inzwischen. Man mag das »athletischen Journalismus« nennen, Dieters Statur und Liebe zum Sport unterstreichen dies. Kürzlich nahm er an einer Redaktionssitzung frisch verschwitzt in kurzen Hosen teil; er war mit dem Mountainbike von Heim und Familie am Niederrhein nach Köln herübergefahren.

Niederrhein. Nicht Sherwood Forest. Nicht alle Vergleiche gehen ganz auf. So auch der nicht: Robin Hood hat es nie gegeben. Dieter, dafür verbürgen wir uns an dieser Stelle, gibt es zu unserer großen Freude sehr wohl. Sie haben eine spannende, aufschlussreiche Lektüre mit ihm vor sich. Viel Freude beim Lesen!

Herzlich,
Friedrich Küppersbusch

EINLEITUNG

Vielleicht gehören Sie zu den mehr als 50 Prozent der Eltern, die ihr Kind in die Nachhilfe geben. Auch wenn es nicht ständig Fünfen hagelt – ein Uni-Abschluss für den Nachwuchs sollte es nach Möglichkeit schon sein.

Oder Sie gehören zu den Menschen, die überlegen, ihr Haus zu dämmen. Natürlich wegen des Umweltschutzes! Aber auch weil es langfristig viel Geld sparen soll.

Ganz bestimmt fragen Sie sich jedoch fast täglich, wie Sie Ihren Müll trennen müssen. Das ist ja auch vernünftig, denn die Mühe soll ja einer guten Sache dienen. Ich müsste eigentlich am besten wissen, wie zu trennen ist, schließlich habe ich Anfang der Neunzigerjahre eine Ausbildung zum Umwelttechniker gemacht. Doch das ist lange her. Und heute verstehe ich die Abfallwirtschaft genauso wenig wie alle anderen.

Wie die meisten vertraue ich dem System. Die Verantwortlichen werden schon wissen, was sie tun. So denken wir oft genug, in einer Mischung aus gesundem Pragmatismus und Bequemlichkeit.

Ohne Vertrauen geht es ja schließlich auch nicht. Ihr Chef muss Ihnen vertrauen, dass Sie Ihren Job gut machen. Oder Sie vertrauen Ihren Mitarbeitern, dass sie ehrliche Arbeit leisten. Nur so kann ein Betrieb arbeiten, nur so kann eine Gesellschaft funktionieren. Wir Bürger vertrauen Menschen, deren Job es ist, Deutschland am Laufen zu halten: den Politikern als Gestaltern eines Gemeinwesens und den staatlichen Einrichtungen, die die politischen Vorgaben im Alltag von uns Bürgern konkret umsetzen.

Wir sind aber nicht nur Bürger, wir sind auch Verbraucher. Und als Verbraucher haben wir schon lange gelernt, dass ein allzu großes Grundvertrauen gegenüber Konzernen und ihren Versprechen nicht wirklich angebracht ist. Produktvergleiche und Warnungen vor Mogelpackungen sind zu einem eigenen Genre in der Berichterstattung der Medien geworden. »Augen auf im Straßenverkehr« lautet im übertragenen Sinn immer wieder die Botschaft. Wir Konsumenten als kritische Verbraucher möchten darauf ebenso wenig verzichten wie auf den Wetterbericht.

So weit, so gut, könnte man sagen. Das gehört eben alles zur Marktwirtschaft dazu. Doch etwas stimmt nicht mehr im Gleichgewicht der Kräfte.

In den vergangenen Jahren hat ein schleichender Prozess zu folgenschweren Umbrüchen geführt. In immer mehr Bereichen des täglichen Lebens können wir nicht mehr erkennen, dass wir getäuscht und regelrecht ausgenommen werden. Denn es gibt eine Allianz, von der wir nicht mal etwas ahnen. Ganz einfach weil wir es nicht vermutet hätten: Staat und Privatwirtschaft haben ein Bündnis gebildet, das uns viele Milliarden Euro kostet. Es ist ein Bündnis ohne Vertrag. Es beruht auf einem unausgesprochenen Einverständnis und dient dem gegenseitigen Nutzen.

Um es klarzustellen: Ein grundsätzliches Misstrauen gegenüber Staat und Politik ist nicht angebracht. Vieles funktioniert in Deutschland nach wie vor sehr gut. Doch wenn man genau hinsieht, dann lässt sich erkennen, dass viele wichtige Entwicklungen – beispielsweise in der Bildung, dem Klimaschutz oder dem Gesundheitswesen – in eine falsche Richtung laufen.

Gerade der Politik und den staatlichen Einrichtungen, die vom Bürger als eine Art »guter Hirte« verstanden werden, kommt bei dieser Fehlentwicklung eine entscheidende Rolle zu: zum einen durch ihr Versagen, zum anderen durch den unstillbaren Hunger nach weiteren Steuern, Abgaben und Gebühren.

Der politische Wille wird nicht selten mit falschen Weichenstellungen fehlgeleitet, zum Beispiel durch wirkungslose Subventionen und falsche Anreize. Und da ist die deutsche Regulierungswut mit all ihren Verordnungen und Erlassen, die dann oft nur schlampig umgesetzt und ungenügend kontrolliert werden. Auch wenn dahinter noch die gute Absicht stehen mag – hier sind Spielräume für privatwirtschaftliche Interessen entstanden, die mit kühler Strategie ausgenutzt werden. Denn eines ist klar, und wer will es Firmen zunächst verübeln: Das größte Interesse von privaten Unternehmen ist die Gewinnmaximierung, koste es, was es wolle. Oder um im Bild zu bleiben: Der Wolf macht auch in diesem eigentlich geschützten Raum reiche Beute – weil er hungrig ist und vor allem, weil es der Hirte zulässt.

Da wäre beispielsweise die Bildungspolitik. Sie schafft es zwar, sich um die Einführung von G8 und Inklusion zu kümmern. Versäumt es aber, die Schulen so zu organisieren, dass Kinder aus eigener Kraft den Lehrstoff bewältigen können. Die Folgen sind unglaublich: Hedgefonds haben den Nachhilfemarkt erobert. Immer mehr Eltern sind also gezwungen, tief in die Tasche zu greifen, um ihre Kinder – das ist bittere Ironie – in staatlich unkontrollierte Institute zu schicken.

Ein weiteres Beispiel ist die Dämmstoffindustrie. Sie hat mit Styroporplatten für Hausfassaden nicht nur einen neuen Markt geschaffen, sondern mit langjähriger Lobbyarbeit auch die Politik bei der Erstellung diverser Verordnungen beeinflusst. Auch hier hält sich der Staat bei der Kontrolle auffallend zurück: Stattdessen kontrolliert die Industrie ihre eigenen Standards selbst.

Doch auch staatliche Einrichtungen auf allen Ebenen kassieren ab. Und an dieser Stelle wird aus dem eigentlich guten Hirten bisweilen ein gieriger. Denn leere Kassen müssen gefüllt werden, und Behörden sind dabei nicht weniger kreativ und trickreich als Unternehmen. Damit sie aber nicht den Unmut der Bürger auf sich ziehen, verbergen sie ihre wahren Motive. Schlimmer noch: Sie tarnen die für den Verbraucher überteuerten oder gar überflüssigen Ausgaben gern als notwendig und als eine gute Sache zum Wohle der Gemeinschaft. Ihre willigen Helfer und Mittäter finden sie wiederum in der Privatwirtschaft. *Das gierige Bündnis* hat damit sein Ziel und Zweck gefunden: Beide Seiten profitieren.

Wenn etwa statt der Polizei die Kommunen das Einhalten der Höchstgeschwindigkeit überwachen – geht es den Kommunen dabei um die Verkehrssicherheit oder doch nur ums Geld? Eigentlich sollte es um die Verkehrssicherheit gehen. Aber wenn Kommunen privaten Unternehmen die Messung und gleich auch noch die Platzierung der Radarmessanlagen überlassen, worum geht es dann wirklich?

Eine Frage, die auch für die Müllbeseitigung gilt, oder muss ich besser sagen: beim Recycling? Ich habe schon zu meiner Zeit als Umwelttechniker lernen müssen, dass ich nicht von Abfall sprechen soll, sondern von Wertstoffen, die, das deutet die neue Bezeichnung an, Geld einbringen können. Nicht umsonst heißt dieser Industriezweig »Abfallwirtschaft«.

Auch hier zeigen meine Recherchen, dass die Interessen von Politik und Unternehmen Hand in Hand gehen. Und auch hier wird gegenüber dem Verbraucher nicht mit offenen Karten gespielt.

Hirte und Wolf – sie haben sich also längst zusammengetan. Zu einem gierigen Bündnis. Für uns Verbraucher bleibt dabei nur die schwächste Position übrig. Denn wir können nur schwer etwas dagegen machen. Und dabei haben wir auch noch die teuerste Position: Denn wir sollen es sein, die am Ende alles zahlen.

* * *

Alle Reportagen in diesem Buch basieren auf Filmen, die in den Jahren 2012 bis 2015 für den Westdeutschen Rundfunk entstanden sind. Dabei hat jedes meiner für das Buch ausgewählten Themen während der vergangenen Jahre nichts an Aktualität und gesellschaftlicher Brisanz verloren.

Immer wieder hat mich die Wucht der Reaktionen aufhorchen lassen. Mit welchem Getöse und juristischem Aufwand Unternehmen immer wieder versucht haben, uns von Wiederholungen bei den Ausstrahlungen und von weiteren Recherchen abzuhalten, war bemerkenswert. Kein Vorwurf war dabei zu konstruiert, keine Anwaltskanzlei zu teuer. Und clevere Medienanwälte wissen, wie sie den Ball spielen müssen: Der Druck, der gern von ihnen über den Weg der Hierarchien von ganz oben bis nach unten in die Redaktionen ausgeübt wird, war zwischenzeitlich immens. Das ist nach wie vor eine beliebte Methode, Journalisten mundtot zu machen oder ihnen zumindest die Lust an der Recherche zu verderben.

Aber da wo Rauch ist, ist meistens auch Feuer. Dieses Wissen ist für mich Motivation und Ansporn, um weiterzumachen. Der Satz »und jetzt erst recht« fiel in meinem Rechercheteam daher immer häufiger.

Der Grund zum Weitermachen ist ganz einfach: Als Journalist möchte ich die Dinge genau so darstellen, wie sie sind. Nicht mehr und nicht weniger. Das ist das Ziel meiner Fernsehreportagen – und auch dieses Buches.

KAPITEL 1

Dämmstoff Styropor:
ein gefährliches Leichtgewicht

Das Dämmen von Gebäuden ist ein Markt schierer wirtschaftlicher Kraft. Vierzig Millionen Quadratmeter Dämmung, so der Fachverband »Wärmedämmverbundsysteme«, werden derzeit jährlich in Deutschland verbaut, fast 900 Millionen Quadratmeter der deutschen Hauswände sind bereits verpackt. Schätzungen gehen davon aus, dass etwa 4,8 Milliarden Euro jährlich mit Fassadendämmung umgesetzt werden. Eingesetztes Material: zu achtzig Prozent Polystyrol, besser bekannt als Styropor. Weißes Erdöl.

Es ist ein Markt vermeintlich guter Argumente: Die Politik appelliert an das Öko-Gewissen der Bürger, die Konzerne locken mit finanziellen Einsparungen. Ein Markt, auf dem mit vielen Tricks und falschen Zahlen gearbeitet wird. Die Entzauberung dieses Werkstoffes und die Irreführung der Verbraucher stehen im Zentrum meiner Recherchen.

Auf das Thema gekommen bin ich durch die Überlegung, mein eigenes Haus dämmen zu lassen. Ich unterhielt mich damals mit einem Architekten, der ein Verfechter einer Dämmung mit Styropor war. Meine Frau und ich guckten uns ein fassadengedämmtes Musterhaus mit vorgesetztem Klinker an, fanden das auch ganz schön. Klar, man offerierte uns eine Kostenkalkulation.

20 000 Euro wäre unser Preis gewesen. Was wir aber nicht bekamen, war eine Modellrechnung, die das Einsparpotenzial in Euro und Cent bezifferte. Nichts war konkret – außer dem Betrag, den wir zahlen sollten.

Das überzeugte uns nicht, und Fragen taten sich auf. Seitdem ist mein Blick geschärft und fällt immer wieder auf Baustellen. Besonders auf solche, auf denen sich Berge weißer Kunststoffblöcke auftürmen: Styropor.

Wenn ich durch Köln schlendere, sehe ich Gründerzeitfassaden, die vor hundert Jahren der Ästhetik wegen gekonnt aus unterschiedlichen Gesteinsarten gestaltet wurden. Ich sehe Stuck und farblich abgesetzte Mauerstrukturen. Wird gedämmt, werden alle Verzierungen und Feinheiten von den guten Argumenten des Umweltschutzes überdeckt. Was einmal Baukunst war, verschwindet hinter dem Bau-Kunststoff Styropor.

Wer vor solch einer Baustelle mal Halt macht und sich ein paar Minuten des Zuschauens gönnt, der sieht, wie die Architektur unter dem großen, weißen Gleichmacher verschwindet. Überklebt vom Deckmäntelchen des Umweltschutzes. Frisch verputzte Einheitswände, die oft gleich aussehen und die sogar gleich klingen. Beispiel Dresdener Neumarkt: Dort sehen die wiederaufgebauten, historisch anmutenden Häuser zwar nicht gleich aus, aber wer ans Mauerwerk klopft, hört den Hall der Moderne. Er klopft vor verputzte Fassadendämmung und stellt fest: So klingt hohl.

Es gibt gesellschaftliche Themen, die fast omnipräsent sind und das gute Gewissen herausfordern. Zu diesen Themen gehört die Ökologie. Und besonders aktuell ist der Bereich der Fassadendämmung.

Fassaden zu dämmen erscheint logisch. Und nichts bestätigt die Logik mehr als die tägliche Erfahrung: Was mache ich mit kleinen Kindern, wenn es kalt ist? Ich ziehe ihnen warme Schuhe an, setze ihnen eine Mütze auf und hülle sie in einen warmen Mantel. Uns, den Verbrauchern, wird erklärt, dass Häuser ebenso zu schützen sind: Keller, Dach, Fassade.

Die Vertreter des Umweltschutzes, die Politiker, Unternehmer und Handwerker nehmen uns an die Hand; sie werden zu guten Freunden der Familie, sie werden Begleiter der Erziehung unserer Kinder, und wir sind bereit, für Heizung, Dach, Fassade Geld auszugeben. Zumal uns der Staat mit günstigen Krediten unter die Arme greift. Umweltschutz und Kostenersparnis: Das ist die perfekte Synthese.

Ich bin Familienvater, Besitzer eines Hauses und halte mich für weitestgehend aufgeklärt, was den Verbrauch natürlicher Ressourcen betrifft. Ich bin aber auch Journalist und neige dazu, zu abstrahieren. Die Argumente fangen dann manchmal an, in gegensätzliche Richtungen zu laufen.

Was ist, wenn die Fassadendämmung nur ein lukratives Geschäft für die Unternehmen ist?

Die milliardenschwere Dämmstoffindustrie wirbt aggressiv mit hohen Heizkosteneinsparungen: Bis zu fünfzig Prozent, so wird versprochen, sollen allein durch die Dämmung der Fassade erreicht werden. Im Laufe meiner Untersuchungen werde ich diese und andere Behauptungen hinterfragen. Ich werde herausfinden, dass es sich bei der scheinbar positiven Fassadendämmung um einen Markt handelt, auf dem mit falschen Versprechen gearbeitet wird. Hier werden Forschungsergebnisse zurückgehalten, ganze Scharen von Rechtsanwälten losgeschickt, um Kritiker mundtot zu machen. Es ist ein Markt, der das gute Gewissen und die Überzeugungen von Millionen enttäuscht, nur weil man damit Geld verdienen kann. Dabei wird er von einer Politik flankiert, die, kritischen Argumenten gegenüber hohlraumversiegelt, Abermillionen von Steuergeldern für eine Industrie lockermacht, deren Lobbyisten als Gralshüter einer hoch angesehenen Sache gelten – der Ökologie. Oder ihrer Pfründe. Wer da Ahnungslosigkeit vermutet, ist selber ahnungslos.

Von all dem hat Cordula Henze* nichts gewusst.

Guter Gedanke, schlechte Argumente

Kurz nachdem ich angefangen habe, die Versprechen der Dämmindustrie infrage zu stellen, bin ich auf dem Weg nach Erkrath bei Düsseldorf. Die hohen Energiekosten haben die Bewohner eines Mehrfamilienhauses zum Nachdenken gebracht – unter ihnen Cordula Henze, die sich nach einer Sendung über Fassadendämmung per E-Mail in der Redaktion gemeldet hatte. Ihr Haus ist nicht gedämmt. Wir verabreden uns, ich möchte mir das Gebäude einfach mal anschauen. Ich fahre nach Erkrath.

Es ist ein Haus aus den Siebzigerjahren, weiß geputzte Flächen wechseln sich mit rotem Klinker ab. »Nicht ganz schön«, denke ich beim Näherkommen, »aber auch nicht ganz schmucklos.« Ausdruck einer Architektur, die den Zweck des Wohnens mit Bezahlbarkeit und einem gewissen ästhetischen Standard verbindet. Immerhin. Das Haus macht einen guten Eindruck. Warum hier einen Handwerker bestellen?

Cordula Henze wohnt mit ihrem Freund in einer Eigentumswohnung, einer von sieben. Sie empfängt mich vor der Tür und erklärt mir, dass die Eigentümer fast alle der Meinung seien, ihr aller Haus dämmen zu lassen. Am besten klassisch, mit Styroporplatten. Nur entschieden habe man sich noch nicht. Sie nimmt mich mit in die Eigentümerversammlung, die sich in einem Restaurant trifft.

Die Gruppe ist schon relativ weit in ihrer Entscheidungsfindung, das Angebot eines Fachbetriebs ist bereits eingeholt. Es beläuft sich auf 28 000 Euro für das Dämmen der Vorderseite und der Rückseite des Gebäudes – allerdings ohne Dach.

»Wissen Sie irgendetwas über Fassadendämmung, außer dass sie helfen soll, wenn man sie hat?«, frage ich.

»Nee!«

Die Antwort gibt genau das Problem wieder. Irgendwann hat mal jemand behauptet, dass das Isolieren von Hausfassaden etwas Positives ist. Heute glauben es alle. Was hinter der Idee steckt und ob sie wirklich stimmt, kann kaum jemand sagen.

Ich verabschiede mich. Aber ich kündige ein Wiederkommen an. Wenige Tage später tauche ich wieder auf – mit meiner Kollegin Sabine Binkenstein im Schlepptau. Sie ist gelernte Bauingenieurin und eine in Servicesendungen gefragte Expertin. Wir schlendern auf das Haus zu. »Das ist das Objekt«, sage ich beim Näherkommen und zeige auf die Immobilie, klinkerrot und ungedämmt. Ich sehe ihr die Skepsis jetzt schon an, sie taxiert den Bau.

Cordula Henze begrüßt uns. Wir begleiten sie in ihre Wohnung. »Ist eine Fassadendämmung hier sinnvoll?«, frage ich meine Kollegin. Sabine Binkenstein schaut sich um. Sie sammelt Eindrücke. Schon auf dem schmalen Balkon kommen ihr Zweifel.

»Also, der Rollladenkasten muss schon mal weg«, sagt sie, »denn die Fassadendämmung muss konsequent jedes Bauteil erfassen, weil sonst Wärme verloren geht. Und hier auf dem Balkon verlieren Sie dann wirklich Platz, weil die Dämmung achtzehn bis zwanzig Zentimeter dick sein wird.«

Das steht schon mal fest: Achtzehn bis zwanzig Zentimeter sind für diesen Balkon so etwas wie eine Sturmflut für Sylt – nämlich Landraub.

Dann vergewissert sich die Bauexpertin, dass das Dach nicht gedämmt und der Keller nach oben hin nicht isoliert ist; hier geht also Wärme verloren. Sie ist Praktikerin durch und durch. Das Ergebnis ihrer Begutachtung: »Bei diesem Haus kommen Sie bei einer Wärmedämmung, die wirklich etwas bringt, auf etwa 60 000 bis 70 000 Euro – wenn man es richtig macht und alles einbezieht.«

Das ist nicht das, was Cordula Henze hören möchte. »Mit einer so hohen Summe haben wir gar nicht gerechnet!«, sagt sie konsterniert.

Sabine Binkenstein und ich verabschieden uns von ihr – ich mit dem Versprechen, mich noch mal zu melden. Mich interessiert natürlich die Entscheidung der Eigentümerversammlung.

Cordula Henzes Hausgemeinschaft liegt mit ihrem Vorhaben voll im Trend. Die Idee der Wärmedämmung ist so gut wie einfach: Wärme, die drinnen ist, soll auch dort gehalten werden. Und das heißt laut Dämmstoffindustrie vor allem eines für die Verbraucher: Heizkosten und damit Geld sparen. Die Hersteller überbieten sich in Einsparversprechen. Der Fachverband »Wärmeverbundsysteme« wirbt mit fünfzig Prozent Heizkostenersparnis allein durch die Fassadendämmung.

Am nächsten Tag, in der Redaktion, schaue ich mir einen Werbefilm des Fachverbandes an. Was sich hier zeigt, ist die Masche aus Anmache und Überredungskunst, die bestens funktioniert: »Wissen Sie, was Sie sind?«, fragt dort ein Mann im grauen Anzug. »Selbst schuld! Solange Sie Jahr für Jahr zigtausende Euro durch Ihre Wände heizen. Deshalb: Dämmen statt streichen! Und das mit staatlicher Hilfe. Einfach Antrag stellen, Fachhandwerker aussuchen und – Heizkosten einsparen.«

Und schon hat man's billig warm! Ich bin fast versucht, laut aufzujauchzen.

Wir sind auf der Suche nach einer geeigneten Baustelle für Außenaufnahmen und telefonieren in der Redaktion mit verschiedenen Bauunternehmen. Letztlich klappt die Verabredung mit Manfred Dörfler*, den ich in Hürth bei Köln treffe. Schon beim Aussteigen aus dem Auto sehe ich, dass die Baustelle das Anforderungsprofil für eine solche Recherche erfüllt: ein Mehrfamilienhaus; der Rohbau wird gerade aufwändig verpackt. Dörfler hat sich mit seiner Firma auf die Dämmung von Hausfassaden spezialisiert.

Auf meine Frage, warum er hier so aufwändig dämmt, antwortet er: »Weil das so vorgegeben wird. Wir müssen im Rahmen der Energiesparverordnung Ressourcen einsparen, und das kann man heutzutage vor allen Dingen gut über die Wärmedämmung machen.«

Er erzählt mir, dass allein für dieses Gebäude 3000 Dämmplatten verbaut werden. Das Material: Polystyrol, besser bekannt als EPS und unter dem Markennamen Styropor, das kurz nach dem Zweiten Weltkrieg von der BASF entwickelt wurde.

Ich frage ihn, welche Handwerker die Fassadendämmung als Leistung anbieten. Es wird ja schließlich Qualifikationen geben, die man vorweisen muss, um dämmen zu dürfen, denke ich.

»Mitunter sind das überraschende Berufe«, meint er, »zum Beispiel Fliesen- und Mosaikleger. Aber auch jeder Malerbetrieb darf Fassaden dämmen, und die tun das auch oft, weil sie darin ein Geschäft wittern, das boomt.«

»Macht sich das in der Qualität bemerkbar?«

Er nickt: »Es gibt in der Verarbeitungsqualität doch deutliche Unterschiede.«

Der Grund: Es herrscht ein harter Konkurrenzkampf im Baugewerbe, viele springen auf den Zug. Dann gehen wir auf die Rückseite des Gebäudes, und Manfred Dörfler zeigt mir, worauf es bei der Dämmung ankommt.

Mir fällt auf, dass das Styropor in Deckenhöhe durch einen Streifen von der nächsthöheren Etage getrennt ist.

»Das ist Mineralwolle, oder?«, teste ich mich selbst.

Er bestätigt mich: »Richtig!«

»Warum macht man das?«

»Das sind brandschutztechnische Auflagen. Sie sind in den jeweiligen Landesbauverordnungen verankert und sind tunlichst einzuhalten. Mineralwolle verhindert das Überschlagen eines eventuellen Feuers von der einen in die andere Etage.«

»Wird dieser Brandschutz immer beachtet?«

Dörfler schüttelt den Kopf: »Ich selber habe es neulich an der Baustelle eines Mitbewerbers beobachtet, dass dieser Brandschutzstreifen an einer Stelle, wo er eigentlich zwingend hätte eingebaut werden müssen, fehlte. Und das ist...«, er überlegt kurz.

»... mehr als fahrlässig?«, vervollständige ich den Satz.

»Da geht's mitunter um Menschenleben«, sagt Dörfler.

»Warum dämmt man dann nicht das ganze Haus mit Mineralwolle?«

»Aus Kostengründen. Manche Leute fragen das bei uns an, und wenn wir dann beide Systeme gegenüberstellen, hat sich das eigentlich immer schnell erledigt – weil Mineralwolle als Dämmstoff doppelt so teuer ist wie Polystyrol.«

Brandkatastrophe am Flughafen

Mir fallen die Bilder vom Düsseldorfer Flughafenbrand 1996 ein, der größten Katastrophe, die sich jemals auf einem deutschen Flughafen ereignet hat. Bei Schweißarbeiten an einer Dehnungsfuge hatten Funken u. a. die Deckendämmung aus acht Zentimeter dickem Polystyrol in Brand gesetzt. Giftiger Rauch verbreitete sich durch die Lüftungsschächte, und Feuer schnitt den Weg nach draußen ab.

»Thermische Zersetzung«, sagt ein Sachverständiger dazu.

Das Unglück forderte siebzehn Menschenleben. »Aus allen Knopflöchern kam starker, rußiger, sehr schwer atembarer Rauch«, erinnert sich Willi Rupp* von der Düsseldorfer Feuerwehr in einem Film, den ich im Internet finde.

Ich nehme Kontakt zu Bernd Haarmann auf, dessen Name ich von einem Pyrotechniker erfahren habe, der mir etwas über Brandexperimente mit Styropor erzählen sollte. Haarmann war damals als Brandschutzexperte vor Ort. Noch am selben Tag rufe ich ihn an und schlage ein Treffen direkt am Flughafen Düsseldorf vor. Er sagt zu. Nach der Begrüßung lassen wir uns durch die Menge treiben. Im Gebäude umgibt uns die Rollkoffer-Wirklichkeit von Reisenden, diese Mischung aus Vorfreude auf den Strand oder den Geschäftsabschluss. Normalität ist ein

Geschenk. Aber am 11. April 1996 gab es in diesen Hallen eine Katastrophe.

»Was war damals das Problem?«, möchte ich von Haarmann wissen.

»Dass brennbare Materialien als Dämmstoffe in die Zwischendecke eingebaut wurden«, sagt er.

»Was war das für ein Material?«

»Wir sind damals davon ausgegangen, dass es Polystyrol war.«

»Also Styropor.«

»Ja, Styropor«, bestätigt er.

Heute jedenfalls ist dort kein Styropor mehr verarbeitet.

»Was passiert im Brandfall, gerade dann, wenn da solche Materialien verarbeitet worden sind?«, frage ich weiter.

»Diese Materialien entflammen, schmoren auch, und es entstehen Unmengen von Rauchgasen. Tiefschwarze, auch mal gelbliche – und hochtoxisch.«

»Was ist das größere Problem, das Gas oder die Entflammbarkeit?«

»Das Gas«, antwortet Haarmann, »zwei, drei Atemzüge, Sie fallen um und merken nichts mehr. Die Menschen sind an diesen Rauchgasen erstickt.«

»Teufelszeug?«

»Ja, normal sollte es verboten werden, aber wir haben keine gesetzliche Handhabe, hier in Nordrhein-Westfalen bei Ein- oder Zweifamilienhäusern zu sagen: Ihr dürft kein brennbares Material zur Dämmung nehmen!«

Ich kann es nicht glauben: »Keine Vorschriften?«

»Nein«, sagt er, Vorgaben gebe es nur bei Sonderbauten wie für öffentliche Gebäude, Kaufhäuser, Krankenhäuser, Hotels.

Das Styropor, das beim Düsseldorfer Flughafenbau

verwendet worden war und das erheblichen Anteil am grauenhaften Verlauf des Unglücks hatte, war damals ohne Genehmigung verbaut worden. Zudem handelte es sich um eine EPS-Variante, also um expandiertes Polystyrol, der kein Flammschutzmittel hinzugefügt worden war – sie galt also nicht als schwer, sondern bloß als normal entflammbar. Die Nachrichten berichteten damals ausführlich darüber.

Überall sollen in den nächsten Jahren Rauchmelder zum Einsatz kommen, selbst in Privathaushalten. »Aber bei der Fassade darf ich mir brennbares Material ans Haus kleben?«, frage ich Haarmann irritiert.

»Ja, dürfen Sie.«

»Das ist doch absurd.«

Haarmann erinnert an Silvester: »Lassen Sie da nur mal jemanden einen Knaller hinter die Fassade stecken, und der zündet den an – da geht Ihnen die Fassade ab. Alles schon da gewesen.«

Wer ist eigentlich *der* Gesetzgeber, frage ich mich. Dieser nach allen Seiten hin abwägende Regelerlasser. Der, der verbietet, und der, der vor allem erlaubt. Lieschen Müller ist es nicht, und Otto Normalverbraucher ist es auch nicht. Auch Max Mustermann würde nie die Erlaubnis erteilen, brennbare, im Falle eines Feuers schwer toxische Dämmplatten zu verbauen. Was ist das für ein Unsinn, denke ich, wenn gleichzeitig Vorschriften erlassen werden, bei der Sanierung älterer Gebäude bestimmte Fenstergrößen einzubauen, damit der mit Sauerstoffflaschen bewehrte Feuerwehrmann im Notfall leichter in die verqualmten Wohnungen kommt?

»Warum darf dieser Dämmstoff denn weiterhin an Tausenden Häusern verbaut werden?«, frage ich den Brandsachverständigen. Haarmann weist auf die Interessen hin, die die Dämmstoffindustrie an diesem Markt hat – und auf deren Lobbyistenarbeit.

Achtzig Prozent aller Hausbesitzer, die ihr Haus dämmen, entscheiden sich für Polystyrol. Das Material ist billig – aber es brennt, wenn es einmal Feuer gefangen hat. Öffentliche Gebäude dagegen dürfen nur mit nicht brennbarem Material gedämmt werden – obwohl es deutlich teurer ist. Was mich umtreibt, ist die Kosten/Nutzen-Rechnung. Sicher gibt es Leute, die sich in Ausgaben für eine Fassadendämmung gestürzt haben, letztlich aber feststellen, dass sich die Investition nicht gelohnt hat. Ich muss sie nur finden. Ein Recherchetag in der Redaktion bringt mich weiter. Im Zuge verschiedener Telefonate mit Mietervereinen komme ich auch in Kontakt mit Tobias Scholz vom Dortmunder Mieterverein. Der hat natürlich nichts dagegen, wenn ein Wohnungsunternehmen sich zum Wohle der Mieter engagiert. Aber er kennt den Fall einer Modernisierungsmieterhöhung, der nur eine sehr, sehr geringe Einsparung gegenübersteht. Scholz ist sicher: »Hier hat sich das für die Mieter in Bezug auf den Energieverbrauch nicht gerechnet.«

Das ist das Beispiel, nach dem ich suche. Es geht um eine Siedlung im Dortmunder Vorort Scharnhorst, die vor fünf Jahren aufwändig saniert worden ist. Alle Hausfassaden sind seitdem mit Polystyrol gedämmt. In einem dieser Wohnblocks leben die Rentner Kurt Weiher*, Martin Scholz* und Ludwig Schurig*, mit denen ich mich verabrede. Die drei Mieter begrüßen mich mit der Wucht westfälischer Unzufriedenheit.

Selbstverständlich waren sie mit einer Fassadendämmung ihres Wohnblocks einverstanden, als ihre Wohnungsgesellschaft das Vorhaben vorstellte. Auch teilten sie das Allgemeinwissen, dass Dämmung nütze. Sie sind

Praktiker, und Praktiker sind Leute, für die das Ruhrgebiet steht. Der Blick geht geradeaus, die Worte auch.

Heute sind die Rentner um eine Erfahrung reicher. Denn durch das Dämmen der Fassade hat sich die Durchlässigkeit ihrer Portemonnaies um rund fünfzig Euro monatlich erhöht. Statt 240 Euro pro Monat zahlen sie nun 290 Euro Kaltmiete. Der Energieverbrauch ist im Gegenzug allerdings nur minimal gesunken. Umwelteffekt und Kostenersparnis gleich null, dafür eine Mieterhöhung von über zwanzig Prozent – kein Win-win-Geschäft also.

Wir sitzen zusammen in Ludwig Schurigs Wohnung, es gibt Kaffee. Kleine Küche, Eckbank und Platzdeckchen. Ich merke: Sie haben das Gefühl, dass sie sich nicht wehren können. Das macht sie ehrlich sauer.

»Was hat man Ihnen versprochen, als die Energiesparmaßnahmen anstanden?«, frage ich.

»Dass wir Energie einsparen«, brummt Weiher, »also auch Kosten. Und dass sich der CO_2-Ausstoß verringert.«

Weiher baut sich langsam auf. Ihm ist der Zorn über die als Umweltschutz- und Sparmaßnahme verbrämte Mieterhöhung deutlich anzusehen.

»Es ist nicht das umgesetzt worden, was man uns versprochen hat«, schimpft er, »die haben uns, auf Deutsch gesagt, verarscht – das sage ich klipp und klar! Die haben uns versprochen, dass die Kosten gesenkt werden, dass die Wohnungen wärmer werden. Klar, der Außenbereich ist schöner geworden, da sage ich auch nichts zu. Aber ...«

An diesem Küchentisch filtert das Trio die Realität, bis die Wut als Bodensatz übrig bleibt. Die Fassadensanierung in Scharnhorst ist vor allem eine gute Investition für den Vermieter. Wertsteigernd, zumindest hübsch anzusehen. Und was sagt Weiher zu der Maßnahme?

»Ich sehe das nicht auf meinem Konto!«

Jedenfalls nicht als Plus.

Bei Internetrecherchen im Zusammenhang mit Fassadendämmung taucht immer wieder der Name der »Deutschen Energie Agentur« auf, kurz »dena«. Sie liefert die überzeugungsstarken Studien, deren Aussagen das Geschäft mit der Dämmung vorantreiben. Die Agentur residiert in Berlin und versteht sich als objektiver Berater der Politik, der Industrie und der Verbraucher. Sie ist damit die erste Bühne und der Paradeplatz für Lobbyisten. Ich verabrede mich mit dem Geschäftsführer Stephan Kohler zu einem Gespräch. Wir steigen dafür der Agentur witzigerweise aufs Dach. Es ist bepflanzt und bietet sogar eine Sitzbank zum Verweilen. Leider ist der graue Himmel gut abgedämmt gegen Blau.

Bei diesem Gespräch muss ich mich an immer höhere Zahlen gewöhnen, was Einsparungen anbelangt. Kohler tritt in Vorlage.

»Also, wir können an Gebäuden nachweisen – und zwar praktisch –, dass wir siebzig Prozent an Wärmeenergie einsparen können, wenn wir heute, Stand der Technik, Wärmeverbundsysteme einsetzen«, sagt er.

Das wäre mal eine Zahl für die drei westfälischen Mieter gewesen, fällt mir ein, wenngleich schon klar ist, dass ein Wärmeverbundsystem mehr umfasst als nur eine Fassadendämmung.

Der dena-Geschäftsführer erwähnt eine Studie, an der mir bei der Recherche aufgefallen ist, dass sie vom Chemiekonzern BASF, einem der größten Dämmstoffhersteller, unterstützt wird.

»Ist das eher ein Zufall, oder ist das eine freundliche Unterstützung?«, will ich von ihm wissen. Es fallen die üblichen Vokabeln: fachlich, neutral, verlassen können, auf jeden Fall.

Und am Ende seiner Ausführungen kommt von Kohler der bemerkenswerte Satz: »Uns hat noch nie einer nachweisen können, dass die Fakten und die Analysen irgendwie von einer Interessengruppe geprägt waren.«

Es hört sich an wie ein Eigenlob für ausgeprägte Geschicklichkeit.

Abschied von der frischen Luft

Für die Deutsche Energie Agentur wäre möglicherweise eine Siedlung im Hannoveraner Stadtteil Bothfeld von Interesse. Diese Siedlung hatte vor Jahren für Schlagzeilen gesorgt. Drei Häuser sollten dort gedämmt werden. Doch nach nur einer Sanierung wurde das Vorhaben gestoppt – weil die Heizkostenabrechnung des gedämmten Hauses so gut wie keine Kostenverringerung aufwies. Da ich ohnehin auf dem Weg nach Hildesheim bin, um mich mit dem Bauingenieur Prof. Dr. Jens Fehrenberg zu treffen, mache ich kurz in Bothfeld halt – nur um mir den Wohnblock anzuschauen, der schon früh den Gedanken ad absurdum führte, man könne mit Fassadendämmung großartig Heizkosten sparen.

Mit dem an der Hildesheimer Hochschule lehrenden Sachverständigen Fehrenberg gibt es außerdem einen Spezialisten, der bereits vor zwanzig Jahren nachgewiesen hat, dass Häuser mit Fassadendämmung nicht unbedingt weniger Energie verbrauchen als ungedämmte Häuser. Seine Beweisführung interessiert mich, weil das Ergebnis die Frage aufwirft, warum sich Industrie und Politik jahrzehntelang über seine Bedenken hinweggesetzt haben.

Wir setzen uns in der Cafeteria der Hochschule zusammen. Ich erzähle Fehrenberg, einem großen, hageren Mann mit grauem Sakko und dunklem Rollkragenpullover, von meinem Besuch in Bothfeld.

»Stimmt es, dass die Wärmedämmung an diesem einen Haus nichts gebracht hat?«

Er bestätigt das: »Ja. Das kann man sehr schön an der Heizkostenabrechnung dieser drei Häuser sehen, die ja nahezu gleich groß sind. Über viele Jahre waren die drei Häuser ungedämmt, dann wurde 1989 ein Haus mit einem Wärmeverbundsystem versehen. Seitdem können wir feststellen, dass sich die Heizkostenabrechnungen nicht geändert haben.«

»Aber das ist doch der Hauptgrund, warum die meisten Leute dämmen wollen. Sie wollen Geld sparen«, sage ich.

»Ja«, bestätigt der Professor, »aber das ist ja ein verbreiteter Irrtum, dass durch Wärmedämmung automatisch auch Energie gespart wird.«

»Hat man denn in dem gedämmten Haus überhaupt keine Energie gespart?«, frage ich ihn.

»Möglicherweise ist Energie gespart worden«, antwortet Fehrenberg, »aber es hat sich auf die Heizkosten nicht ausgewirkt. Insofern sind die Bürger letztendlich betrogen worden – um die Investitionen.« Denn: »Wärmedämmung verhindert nicht das Durchtreten von Energie, sondern verlangsamt das Ganze nur.«

Hinzu kämen allerdings noch andere Faktoren. Zum Beispiel ein verändertes Nutzerverhalten, das man immer wieder beobachten könne.

Denn: »Wenn Häuser gedämmt sind, sind die Wände plötzlich etwas wärmer, dann wird öfter gelüftet. Und über die Lüftung können Sie natürlich die ersparte Energie auch wieder nach draußen schicken.«

Das richtige Dämmmaß entspricht also nicht dem Grad des sich Wohlfühlens bei den Bewohnern, schließe ich daraus. Der Mensch will – Luft. Und was vorher gespart wurde, geht durchs Fenster wieder raus.

»Lüften ist ganz wichtig«, erklärt Fehrenberg weiter, »weil der Wasserdampf, den wir in der Wohnung erzeugen, natürlich nach außen abtransportiert werden muss. Wenn Sie das nicht tun, dann erhöhen Sie damit Ihren Energiebedarf. Weil nämlich feuchte Luft mehr Energie benötigt als trockene, um auf die gleiche Temperatur hochgeheizt zu werden.«

Atmen, duschen, kochen hat eben seinen Preis.

Die Techniker-Lösung für derlei Probleme kenne ich: »Dann sagen die Kritiker: Das kriegen wir hin, baut einfach eine Lüftungsanlage ein.«

»Genau«, stimmt der Sachverständige zu, »das wird ja auch der Trend der Zukunft sein, dass die Fenster gar nicht mehr zu öffnen sind, dass wir Festverglasung vorsehen und dass alles andere maschinell gemacht wird.«

Hört sich so an, als degeneriere die bis dato frei verfügbare frische Luft dann zu bloßem, zugeführtem Sauerstoff – was mich einer Lebensqualität berauben würde. Fehrenbergs Blick in die Zukunft wirkt ebenfalls etwas getrübt.

»Dann kommen ganz interessante neue Dinge auf uns zu«, prognostiziert er, »zum Beispiel Keimprobleme in den Lüftungsanlagen, Reinigungsprobleme der Lüftungsanlagen, Kontrolle, Wartung und so weiter.«

Ich ahne: Für die Beseitigung und Durchführung werden dann Fachleute benötigt. Die kosten. Fenster aufmachen könnte durchaus die billigere Variante sein.

»Aber warum denkt denn jeder da draußen, ich spare durch Fassadendämmung?«, will ich wissen.

Fehrenberg lehnt sich zurück und fängt an zu lachen. »Weil Sie das jedes Wochenende in der Zeitung lesen. Wenn Sie die Zeitungsbeilagen aufschlagen – Bauen und Wohnen –, dann wird Ihnen suggeriert: Packen Sie Ihr Haus ein, und Sie sparen bis zu 70 Prozent Energie!«

Ich verstehe: Die Werbung verstellt sozusagen den Weg der Erkenntnis, weil sie Erfahrungswerte unterschlägt und damit verschweigt, wie man es besser machen könnte. Diese Werte aber hat Fehrenberg selbst zusammengetragen. Das Ergebnis ist keines, mit dem die Dämmstoffindustrie oder die Energieagentur werben könnten. In seinem Beispiel nimmt er für ein Haus pro Jahr 2500 Euro Energiekosten an. Da aber nur ein Teil der Energie über die Fassade verloren geht, kann der Hausbesitzer durch die Fassadendämmung maximal 400 Euro einsparen. Kostet die Fassadendämmung 20000 Euro, rechnet sich die Investition nach fünfzig Jahren. Im Idealfall, der wohl nur in der Theorie existiert, nach fünfunddreißig Jahren. Fatal bloß, dass Fachleute davon ausgehen, dass eine vorgesetzte Dämmwand durchschnittlich etwa zwanzig bis fünfundzwanzig Jahre hält ...

Und dann wird das Material als Müll verbrannt, weil Styropor, das einmal an Wänden geklebt hat, nicht mehr wiederverwendet werden kann.

Bei Atomkraftwerken spricht man von Ewigkeitskosten, womit man beispielsweise die Folgekosten meint, die durch die Endlagerung radioaktiver Materialien entstehen – nach menschlichen Begriffen ist das für immer. Wenn ich mich in meinem, sagen wir mal, biologischen Mittelalter befinde und sich die Kosten für eine Hausdämmung erst in fünfzig Jahren amortisieren, was sind denn dann die Aufwendungen für mich? Meine persönlichen Ewigkeitskosten – nichts anderes.

»Dann rechnet sich eine Hausdämmung ja so gut wie nie«, stelle ich fest.

Fehrmann nickt: »Ja, das ist alles, was ich sage. Ich bin ja nicht dagegen, und es ist auch sinnvoll, dass wir etwas tun, um Energie einzusparen – sparen will sowieso jeder. Aber wenn Sie sich als Laie einen Marktüberblick verschaffen, dann setzt sich in Ihrem Kopf automatisch fest, dass Verpacken erst mal die Nummer 1 ist.«

Marktüberblick ist Medienüberblick ist Werbung.

Der Experte rät: Wer Energie sparen will, sollte erst an Heizung, Dach, Keller und Fenster denken. Was ein guter Tipp für Cordula Henze wäre.

Fehrenberg hat Spaß am Erklären, ohne zu skandalisieren, ohne ein Besserwisser zu sein. Ich bin sicher, mit seiner ruhigen Art wäre der Bauingenieur, hätte er sich für eine Karriere in der Schule entschieden, Vertrauenslehrer geworden. Ich bedanke mich bei ihm und mache mich auf den Weg nach Köln.

Dass Polystyrol ein Brandbeschleuniger ist, ist spätestens seit der Flughafenkatastrophe 1996 in Düsseldorf bekannt. Und auch heute befassen sich die Hersteller offenbar noch mit der Beherrschbarkeit von Feuer, das diesen Werkstoff erreicht hat. Zurück in Köln erfahre ich von einem Großversuch im sächsischen Weißwasser, der wichtige Erkenntnisse liefern soll. Um mehr herauszufinden, rufe ich den wissenschaftlichen Leiter des Projekts an.

Ich stelle mich vor und sage ihm, dass ich im Rahmen meiner Recherche auf diesen Versuch in Weißwasser gestoßen bin, den er mit betreut hat.

Mich überrascht der barsche Ton der Antwort: »Der Versuch mit dem Wärmeverbundsystem hat nicht stattgefunden.«

Ich frage erstaunt nach: »Der hat gar nicht stattgefunden?«

»Nein!«

»Können Sie mir noch sagen, wer an diesem Versuch beteiligt gewesen wäre, oder...«

»Ja, die Wohnungsgesellschaft in Weißwasser.«

»Mehr nicht?«, hake ich nach.

»Das ist genau der Punkt, zu dem ich mich nicht äußere.«

Ich merke: Die Sache beginnt, sich von selbst auf eine andere Ebene zu heben, denn ich weiß ohnehin, dass neben der Feuerwehr Weißwasser und der Wohnungsbaugesellschaft auch die Firma Sto an dem Versuch beteiligt war. Sto ist einer der größten Dämmstoffhersteller in Deutschland. Mir wird klar: Was da los war, kriege ich nicht am Telefon recherchiert.

Tanken, hinfahren.

Eine Spurensuche

Jedes Mal, wenn ich irgendwo hinter irgendeinem Mauerverlauf auf ehemaliges DDR-Gebiet fahre, kommt es mir vor, als wechsele ich mehr als nur die Grenze eines Bundeslandes. Es ist eher so, als würde ich die Seite eines Geschichtsbuches umschlagen. Immer noch. Zeit und Solidaritätsbeitrag haben bei mir jedenfalls noch nicht gereicht, um das zu ändern. Ich sickere immer noch ein in ein Gefühl der Ostalgie. Es gibt keine Grenze mehr, aber hinter der ehemaligen ist es immer noch anders als davor. Die Wartburgs und Trabbis sind zwar aus dem Straßenbild verschwunden, aber es gibt die Alleen, die großen

Gehwegplatten in den Städten, Spuren von Unternehmen mit Namen wie »Wismut«, dann steht da noch irgendwas Verblassendes mit »Freundschaft«...

Die Kleinstadt Weißwasser in Sachsen, genauer in der niederschlesischen Oberlausitz, wenige Kilometer vor der polnischen Grenze, ist mein Ziel. Hier hat sich etwas abgespielt, was ich zum Ausgangspunkt meiner Recherche zum Thema Wärmedämmung gemacht habe. Es dreht sich um einen Hausbrand im Dezember 2012 und um ein anschließendes Brandexperiment. Bei dem Hausbrand handelte es sich um ein Gebäude, das mithilfe einer vorgehängten und hinterlüfteten Fassade aus PVC-Hartschaum gedämmt worden war, bei dem Experiment um ein mit Styropor gedämmtes Haus.

Der Test diente im Nachklapp zum Ernstfall dazu, herauszufinden, wie man die Gefährlichkeit von Kunststoffmaterialien im Brandfall am besten in den Griff bekommen könnte. Er wurde abgesagt, und man benötigt nicht allzu viel Fantasie, um zu ahnen, wer daran Interesse gehabt haben könnte. In diesem Fall das Dämmunternehmen Sto aus Baden-Württemberg. Aber der Reihe nach.

Weißwasser im Kaleidoskop der Fremdenverkehrsbehörde: Die Stadt mit 20000 Einwohnern liege in »reizvoller Heide- und Teichlandschaft«. Die Behörde wirbt für eine Tour mit der Waldeisenbahn zum Fürst-Pückler-Park in Bad Muskau, lädt ein zu einem Besuch im Rhododendronpark in Kromlau. Ich sehe beim Fahren aber auch Plattenbauten beim Stehen zu.

Ich war hier noch nie. Ist vielleicht ein bisschen unfair, mir die erste Dosis Weißwasser gerade im heranziehenden Winter zu verpassen. Weißwasser wirbt für sich, und mir kommt die Werbung vor wie eine Verniedlichungsform fürs Grobe, eine Entschuldigung nach einer novembertristen Anreise.

Ist das unfair? Ja, ist es.

Weißwasser hat Platte. Außerdem hatte Weißwasser in der Nähe und bis 1992 auch Braunkohletagebau. Ich hoffe, dass die Gegend ihr Narbengesicht inzwischen genauso stolz trägt wie Gelsenkirchen oder Dortmund im Westen der Republik. Braunkohletagebau Bärwalde, auch nett. Ich will fair sein und verspreche, noch mal zurückzukommen. Lausitz, Muskau, Kromlau, Bärwalde.

An der Straße der Jugend bin ich mit Sabine Larbig verabredet. Sie ist Redakteurin der ortsansässigen Zeitung. Lokalredakteure sind oft kleine gemeinsame Nenner im Interesse ihrer Stadt, sie gucken unter die Bruchstriche. Sie melden nicht nur, sie reflektieren Nachrichten, ordnen sie ein. Ich möchte mit ihr über das abgesagte Brandexperiment reden.

Anlass des nachgeschobenen Feuerversuchs war der Brand eines mithilfe von PVC-Hartschaum gedämmten Gebäudes in der Nachbarschaft im Dezember 2012. Damals gab es zehn Verletzte. Was zu diesem Zeitpunkt keiner ahnte: Dieser Brand wirft heute mehr Fragen auf als nur die nach der Ursache. Wissenschaftliche, wirtschaftliche und, ja – auch moralische. Dieser Brand und seine Geschichte sind in der Lage, auch das Vertrauen von Menschen zu erschüttern, die zusammen Milliarden von Euro in leichte, weiße Blöcke investierten. Es gibt nicht wenige Fachleute, die heute sagen: Die Investition sei ein schwerer Fehler. In Kellenhusen, in Straubing und eben auch in Weißwasser. Überall dort, wo Styropor Häuser dämmt. Denn Styropor kann eine Zündschnur übelster Art sein, schwer zu löschen.

Nach dem Brand wollte Weißwasser Vorbild sein. Im Mai 2013 verabredeten sich der deutsche Dämmkonzern Sto, die ansässige Wohnungsbaugesellschaft und die Feuerwehr Weißwasser dazu, einen Teil eines unbewohnten Wohnblocks mit Styropor zu verkleiden und ihn – wie den unverkleideten anderen Teil auch – in Brand zu setzen. So hätte man die Intensität des Feuers vergleichen und Erkenntnisse darüber sammeln können, wie sich das Material verhält. Und die Feuerwehr hätte erfahren können, wie man es löscht. Es sollte ein gelenktes Inferno an einem Lernort werden – unter wissenschaftlicher Begleitung. Doch es kam nicht dazu. Ein abgesagter Versuch, eine verpasste Chance. Oder ein verordnetes Verhalten?

Sabine Larbig und ich stehen auf einer matschigen Rasenfläche von der Größe der links und rechts benachbarten Plattenbauten, und mir tut es fast leid um ihre neuen grünen Schuhe. Hier sollte im Mai 2013 das Brandexperiment stattfinden, das zwei Tage vorher abgesagt worden war. Für den Versuch hatte das Unternehmen Sto eigens die Fassade des gesamten Wohnblocks gedämmt. Die Sto AG mit 4800 Mitarbeitern gilt als einer der Marktführer im Bereich der Wärmedämmverbundsysteme und erwirtschaftet etwa die Hälfte des Umsatzes von 1,2 Milliarden Euro auf diesem Geschäftsfeld. Der Gewinn lag im vergangenen Jahr bei etwa hundert Millionen Euro. Angesichts der Summe dürfte die Investition in Höhe von 30 000 Euro für die Verkleidung des leergezogenen Hauses zu verschmerzen sein.

Von dem Wohnblock ist heute nichts mehr zu sehen. Potemkinsches Dorf in der Rückabspulung: extra und teuer fürs Experiment rausgeputzt, dann nach abgebrochener Beweisführung eilig weggeputzt. Warum?

Wir gehen ein Stück auf festgefahrenem Schotter. Macht irgendwie den Eindruck einer ehemaligen Straße.

Sie bestätigt mich: »Das war die Zufahrtsstraße für die Wohnblöcke, die hier einmal standen, aber vor etwa vier Monaten abgerissen worden sind.«

Ich schaue rüber zu einem Wohnblock, der wie ein riesiger Ziegelstein in der Landschaft liegt. »Das heißt, so ein Block, wie wir ihn da sehen, hat hier gestanden?«

»Genau.«

»Sie haben als Redakteurin damals diesen Versuch begleitet. Was war der Grund, ihn hier durchzuführen?«

»Im Prinzip ging es darum, unter echten Bedingungen, also außerhalb von Laboren, zu beobachten, was bei so einem Wohnungsbrand passiert. Das Besondere an diesem Versuch war: Hier sollte ein echtes Haus in Brand gesteckt werden.«

Ich vergewisserte mich: »Und das wurde professionell durchgeführt?«

»Das wurde alles professionell aufgebaut«, antwortete sie, »aber leider kam es nicht mehr dazu. Es wurde ja kurzfristig abgesagt.«

»Wie kurzfristig?«, hake ich nach.

Sabine Larbig zögert: »So ein, zwei Tage vorher.«

Etwas öffentlich abzuflämmen, um Materialeigenschaften und die Kontrollierbarkeit eines Feuers zu testen, kommt einem Offenbarungseid nahe. Wir reden hier schließlich von einem gehörigen Feuer in der Nachbarschaft von Menschen, deren Wohnhäuser ebenfalls mit Polystyrol gedämmt worden sind. Der Eindruck liegt nahe: Das muss nicht automatisch zu einem guten Ergebnis führen. Man könnte es auch so ausdrücken: Der Brennwert von Styropor liegt um ein Vielfaches höher als der nur geringe Dämmwert. Und damit fehlen der Wohnungsbaugesellschaft gegenüber der Nachbarschaft die guten Argumente für eine Mieterhöhung. Wer wohnt schon gern umhüllt von Brennpaste?

»Und«, frage ich Sabine Larbig, »wie hat man argumentiert?«

»Es gab eine gemeinschaftliche Erklärung des Herstellers und des Wohnungsbauunternehmens, dass dieser Brandversuch abgesagt wird – ohne nähere Begründung, warum und wieso. Einfach nur abgesagt.«

Für mich klingt das eindeutig nach Beweismittel-Vorvernichtung. Jedenfalls ist das Ganze merkwürdig. Jeder hätte doch von den Erkenntnissen dieses Feldversuchs etwas gehabt. Sabine Larbig und ich hängen offenbar den gleichen Gedanken nach.

»Sollten die Ergebnisse vielleicht negativ ausfallen, zum Beispiel für einen Hersteller irgendeines Baustoffs, dann könnte es schon sein, dass er solche Erkenntnisse nicht veröffentlicht haben will«, sagt sie.

Kurz danach trennen wir uns, und sie rettet ihre neuen Schuhe aus dem Morast.

Eigentlich wären die Umstände des abgesagten Versuchs leicht zu recherchieren. Es gibt einen Anlass, es gibt Fragen und einige wenige Personen, die Stellung nehmen könnten. Wenn sie es denn täten. Die Geschäftsführerin der Wohnungsbaugesellschaft jedenfalls will sich von mir nicht interviewen lassen. Sie wimmelt mich trotz mehrerer Versuche immer wieder ab. Allerdings ist die Feuerwehr Weißwasser bereit, mit mir über das abgebrochene Experiment zu reden. Ich treffe Feuerwehrmann Fred Winter* und einen Kollegen in einer Wohnsiedlung vor einem ganz bestimmten Haus. Beide kommen im Einsatzwagen.

»Wissen Sie, warum der Versuch abgesagt worden ist?«, frage ich Winter.

»Nein«, antwortet er, »dazu kann ich keine Aussage machen.«

»Aber als Feuerwehr hätte Sie das schon interessiert?«

»Ja klar, wir haben voll mitgemacht, die Kameraden haben sich in der Vorbereitung des Versuchs richtig ins Zeug gelegt. Aber es kam ja leider nicht dazu.«

Von der heißen Phase der Vorbereitung direkt ins Abklingbecken des vorzeitigen Abbruchs. Auch ein Versuch.

Warum wir uns ausgerechnet hier treffen? Weil am 22. Dezember 2012 eine Wohnung des Hauses hinter uns in Brand geraten war.

»Das Feuer hat sich damals rasant zu einem Vollbrand ausgebreitet«, erinnert sich Winter. Er guckt die sanierte Fassade hoch.

»Beim Eintreffen der Feuerwehr schlugen die Flammen bereits komplett aus den Fenstern raus«, erzählt er weiter, »und das Beängstigende war, dass sie sehr schnell auf die Fassade übergriffen. Und genauso schnell, wie die Fassade Feuer gefangen hat, haben sich die Flammen bis ganz oben ausgebreitet.«

Winter, nun ganz in seinem Metier: »Das Feuer griff sämtliche Balkonverkleidungen an, sodass die Plaste oder das Material, was da verbaut worden war, anfing zu tropfen und sich dann hier wie ein brennender See ausbreitete. Das Zeug läuft breit und spritzt.«

Tausende Euro Anschaffungs- und Handwerkerkosten für die Fassade aus PVC-Hartschaum tropfen ab, verdampfen in toxischem Qualm. Das war offenbar der Moment für ihn, in dem sich Beobachtung zu Erfahrung verdichtete.

»Und wie löscht man so was, Wasser drauf und fertig?«, frage ich ihn. Nein, natürlich nicht.

»Das zu löschen ist ganz schwierig«, antwortet der

Feuerwehrmann. Winter zückt ein Handy und zeigt mir die Amateuraufnahmen von dem Feuer.

Man sieht, wie hohe Flammen die Wand des Mehrfamilienhauses hochschlagen und das Dach erreichen. Ein Feuer am Rande einer Katastrophe, festgehalten vom Handy eines Nachbarn. Handys sind heute schnell gezückte und immer geladene Dokumentationsrevolver, und dieser Nachbar wird so etwas wie ein inoffizieller Mitarbeiter bei der Aufklärung eines Feuers.

»Da ist eener runtagehopst«, ruft jemand aus dem Off – vermutlich der filmende Nachbar. Einen Moment sieht man einen Schatten vor den hellen Flammen fallen. Minuten später ist die Feuerwehr da und löscht. Die Bilanz: zehn Verletzte, davon einer schwer. Fünf der Menschen mussten über die Drehleiter gerettet werden.

Heute sieht man nichts mehr von den Schäden, die die Lokalzeitung in der Ausgabe am Tag nach dem Unglück mit Fotos dokumentierte, und es scheint so, als sollte die neue helle, vorgehängte und hinterlüftete Fassade den Mietern beim Verblassen der Erinnerungen helfen.

Winter und ich unterhalten uns über den Unterbau der Fassade. Zwischen Mauerwerk und Dämmfassade zirkuliert Luft, ebenfalls eine Art Dämmung. Fatal nur: Dieser schmale Zwischenraum fungiert bei einem Brand wie ein Kamin. Die Flammen gieren nach Sauerstoff, sie saugen ihn an, und die nachströmende Luft treibt das Inferno vor sich her. Ich frage nach Brandschutzriegeln, die ab einer bestimmten Geschosshöhe ein Überspringen des Feuers aufs nächste Geschoss verhindern sollen. Die gibt es, bestätigt Winter. Aber der Sog zog damals die Flammen drüber weg. Echte Hochleistungsphysik. Ich verabschiede mich von ihm.

Was war das hier in Weißwasser, denke ich auf dem

Weg zum Auto. Bei allen Gesprächen hatte ich das Gefühl, als hätten alle mehr wissen, mehr sagen können. Hier komme ich nicht weiter. Im Grunde genommen ist der Eindruck für mich nur die Bestätigung dafür, dass Sto Druck gemacht hat. Gemerkt hab ich dies während eines Gesprächs mit einem Mitarbeiter der den Versuch begleitenden Universität. Er wollte sich zu dem abgesagten Experiment nicht äußern, wirkte genervt und eingeschüchtert.

Seine Aussage: »Der Versuch war nicht wissenschaftlich fundiert und damit nicht aussagekräftig.«

Null weitere Fragen bitte.

Ich mache mich auf den Weg nach Stühlingen in Baden-Württemberg, dem Sitz des Unternehmens Sto am Rande des Schwarzwaldes. Das Hinkommen gestaltet sich wie die Anreise zu Tolkiens Mittelerde. Der Schwarzwald hat viele versteckte Orte, und Stühlingen ist einer davon. Nur wenige hundert Meter vor der schweizerischen Grenze übernimmt Sto die ausdrückliche Herrschaft über den Ort. Wie ein UFO liegt das Unternehmen im schwarzwälderischen Draußen, ein Familienbetrieb, der Stühlingen eigentlich entwachsen ist.

In der Konzernzentrale bin ich mit Dr. Andreas Weier, dem Chef der Forschungsabteilung, verabredet. Es hat lange gedauert, bis es zu diesem Termin gekommen ist. Denn Sto ist bekannt dafür, gegenüber Journalisten skeptisch zu sein. Die Firma sagt, dass sie den Brandschutz sehr ernst nehme und deshalb in dem Bereich auch forsche. Wir sind schnell im Thema, und ich merke, dass ich Weier mit meinen Fragen zum abgebrochenen Versuch überrasche.

»Das Brandexperiment wäre doch eigentlich auch im Sinne von Sto gewesen. Warum ist denn damals der Versuch in Weißwasser abgesagt worden?«, will ich von ihm wissen.

»Der Versuch in Weißwasser ist aus meiner Sicht ...«, er stockt, »... ich weiß es nicht, warum der abgesagt worden ist.«

Ja, was denn jetzt? Weier spricht mit dem Pressesprecher des Unternehmens. Der will, wenngleich Öffentlichkeitsarbeiter, nichts öffentlich sagen. Er überlässt es Weier. Der sagt, die beteiligten Wissenschaftler hätten Bedenken wegen der Aussagekraft des Versuchs geäußert. Daraufhin hätte auch Sto sich zurückgezogen.

»Wir stellen uns jedem Brandtest in vernünftiger Umgebung, der auch was aussagt«, zieht Weier markant nach.

»Und was war in Weißwasser unvernünftig an der Umgebung?«, frage ich.

»Das kann ich Ihnen nicht sagen«, antwortet er, »wir machen regelmäßig Tests entsprechend den gesetzlichen Szenarien.« Die Mischung aus Nichtwissen und Marketinggeklingel bestätigt mein Gefühl.

»Ich habe den Eindruck, als hätten Sie Angst davor gehabt«, stelle ich fest, »warum machen Sie den Versuch nicht?« Die Antwort ist diesmal von entwaffnender Ehrlichkeit.

»Wir machen ihn jeden Tag, in dem Augenblick, wo irgendwo in Deutschland ein Haus brennt«, sagt er allen Ernstes.

Was für eine Aussage: der Ernstfall als Forschungsexperiment! Wo ist denn da die wissenschaftliche Begleitung? Sind es die Brandexperten der Kripo, ist es der Gerichtsmediziner? Ist überall die Umgebung vernünftig, wo ein gedämmtes Haus brennt? Und nur die in Weißwasser nicht? Die Leichtfertigkeit dieser Aussage überrascht mich. Im Grunde heißt das für die Hausbesitzer, die ihre Immobilien mit Styropor einpacken, doch nur: Wir sind interessiert an einem Geschäft mit euch, wir lassen euch aber gerne im Unklaren darüber, wem es nutzt und für wen es eher gefährlich sein könnte.

Ich halte ein Stück Styropor in der Hand, das ich mitgebracht habe, und zünde ein Feuerzeug an.

»Es brennt nicht«, sagt Weier, der Materialverteidiger, »es ist schwer entflammbar.«

Ich will diesen kleinen Selbstversuch vor der Kamera unbedingt durchführen und wundere mich, dass Weier nichts dagegen hat. Die Flamme frisst sich schnell in den Kunststoff. Tropfen lösen sich vom Block und fallen auf meine Finger. Ich zucke zurück, ein ziemlich schmerzhafter Versuch, vielleicht auch ein bisschen dämlich. Ich denke an den Mann, der in Weißwasser aus dem Fenster seiner Wohnung gesprungen ist und der in einem See aus brennender PVC-Plaste landete.

»Das war sein nächstes Problem«, hatte Feuerwehrmann Winter gesagt.

»Nicht brennbar sieht für mich anders aus«, sage ich.

»Ich habe nur gesagt ›schwer entflammbar‹«, doziert Weier, »Sie haben an dem Ding aber auch ganz gut rumgekokelt.« Aber das tut ein Feuer doch auch.

»Ja, das mit dem Tropfen«, gibt er zu, »das kriegen wir noch nicht geregelt.«

Das wäre aber Teil des Sicherheitskonzeptes. Und dann sagt er allen Ernstes: »Wenn Sie ›nicht brennbar‹ wollen, nehmen Sie Mineralwolle.«

Irgendetwas passt nicht zusammen. Dieses Gefühl hatte ich auf dem Weg zum Auto. Aber eigentlich hatte ich es sogar während meiner gesamten Recherche. Es ist ganz offensichtlich, welche Chance mit dem abgesagten Versuch verpasst wurde. Ein Haus, das sowieso abgerissen werden sollte, eine Stadt, die mit dem Experiment einverstanden war. Solch ein Versuch wäre es wert gewe-

44

sen, ihn mitten in Deutschland zu veranstalten, er wäre es wert gewesen, die Fachpresse dazu einzuladen, Bedenken zu zerstreuen, Materialfortschritte zu dokumentieren, zu zeigen, wie Feuerwehren mit schwierigen Löschsituationen fertigwerden. Versteckt in einem Winkel zwei Kilometer vor der polnischen Grenze, ist das alles nicht passiert. Mir ist klar, dass es nur einen Versuchsteilnehmer gab, der wirklich kein Interesse an den Ergebnissen haben konnte: Sto.

Forschungschef Weier hat's gesagt: »Wir machen regelmäßig Tests...«

Aber Feldversuche funktionieren in Laboratorien nun mal nicht. Feldversuche mit Flammen fordern die Aufmerksamkeit der Öffentlichkeit. Dafür war Sto selbst Weißwasser mit 20 000 Einwohnern zu heiß.

Weißwasser, Ort eines kleinen Unglücks und eines abgebrochenen Experiments, ist damit zum Prüfstein für die Moral einer ganzen Sparte geworden. Ein Feuer, das einen Schein auf ein System der Desinformation wirft.

Markt machen – Mark machen

Seit mehr als zehn Jahren fördert die Politik die Dämmung von Hauswänden. Kanzlerin Angela Merkel hat sich selbst an die Spitze der Bewegung gestellt. »Hier geht es darum, die Anreize so zu setzen, dass es sich für Eigentümer von Häusern oder Wohnungen lohnt, diese Wärmedämmungen durchzuführen«, so warb sie dafür.

Wie hat es die Industrie bloß geschafft, die Politik derartig für das Thema Fassadendämmung zu begeistern? Die Antwort könnte mir das Buch mit dem Titel *Wärme-*

dämmung – Bedarf wecken geben. Der Autor ist Wolfgang Setzler, seit Jahren Geschäftsführer des Fachverbands »Wärmedämm-Verbundsysteme e. V.«. Das ist der Verband, der die Dämmstoffindustrie vertritt und maßgeblich für die Einsparversprechen verantwortlich ist. In seinem schon Ende der Neunzigerjahre geschriebenen Buch entwickelt Setzler Verkaufsstrategien, um Politik und Verbraucher von der Fassadendämmung zu überzeugen. Genau deswegen suche ich das Gespräch mit ihm.

Der Verband residiert in einer Villengegend in Baden-Baden. Schon beim Näherkommen zeigt sich Gediegenheit. Ich habe mir inzwischen die Klopfprobe angewöhnt. Mir fällt auf: Das Haus, das der Fachverband gemietet hat, ist nicht gedämmt. Was mich allerdings erstaunt.

Schon der Titel des Buches *Wärmedämmung – Bedarf wecken* signalisiert Sportlichkeit beim Kampf um einen ins Auge gefassten Riesenmarkt. Im Innern ist ein Abschnitt sogar mit »Bedarf wecken – gemeinsam Markt machen« überschrieben. Vertreterjargon, fällt mir ein, wenn es nicht sogar Drückerkolonnensätze sind. Es war 1999, es gab den Euro noch nicht, und »Markt machen« klang wie das Versprechen »Mark machen«. Setzler empfängt mich. Er wirkt nicht so, als würde er groß etwas an sich heranlassen. Er hat ja die guten Argumente.

Es wird ein Gespräch, mit dem sich später noch Rechtsanwälte befassen werden.

»Ich habe Ihr Buch mit«, beginne ich und zitiere daraus: »›In diesem Prozess der vertrauensbildenden Maßnahmen wollen wir auch die Politik, sprich die Bundesregierung, eingebunden wissen‹. Aus Ihrer Lobbyarbeit wissen wir, dass nichts absatzfördernder wirkt als die gesetzliche Reglementierung – verbunden mit einem steuerlichen Anreiz. Gesetzliche Reglementierung, das ist für mich die

Energieeinsparverordnung, die vorgibt, wie wir zu dämmen haben. Der steuerliche Anreiz wird gerade aktuell diskutiert. Bei Ihnen im Fachverband müssten die Sektkorken knallen...«

So will Setzler es nicht beschrieben wissen. Aber: »Ich bin sicher, dass Industrieverbände dazu da sind, Mitgliederinteressen zu vertreten. Diese Interessenbündelung, zu der stehe ich auch.«

Auf meine Frage, ob er ein Lobbyist sei, zögert er kurz. »Ich bin...«, er stockt. Neuer Anlauf: »In einem gewissen Sinn ist man als Führungskraft immer auch Lobbyist. Und ich glaube, es ist besser, dass die Politiker, die vom Sachthema nicht so viel wissen, von Wissenschaft, Forschung und Industrie informiert werden, als dass sie, sag ich mal, uninformiert Entscheidungen treffen.«

»Wenn die Energieeinsparverordnung sagt: Wir müssen von diesem hohen Energieverbrauch runter, dann sagen Sie doch: Das können wir nur unterstützen. Letzten Endes profitieren Ihr Verband und die Industrie, die dahinter steckt, davon«, stelle ich fest.

»Gut«, bestätigt Setzler, möchte aber die Bestätigung des Eigennutzes nicht so stehen lassen. Denn: »Am meisten profitieren die Verbraucher und die Handwerker davon.«

Wie sehr die Verbraucher tatsächlich profitieren, rechne ich dem Verbandschef vor. Wolfgang Setzler besteht auf seiner eigenen Berechnung. Fünfzig Prozent der Heizkosten ließen sich – angeblich – allein durch die Fassadendämmung einsparen, sagt er. Es ist ein Fight mit Filzstiften auf Flip-chart-Ebene. Wolfgang Setzler meint: Was man in die Fassadendämmung investiert hat, kann sich schon nach acht Jahren wieder amortisiert haben. Allerdings nur unter ganz bestimmten Bedingungen...

»Energetische Sanierung ist dann von Vorteil, wenn der Hausherr sowieso etwas am Haus machen will«, sagt der Lobbyist.

Also neue Heizung, neue Fenster, neues Dach, nur dann lohnt sich auch die Fassadendämmung? Das ist die offene Flanke. Ich erwidere: »Das haben Sie aber eben anders gesagt. Sie haben gesagt, energetisches Sanieren ist immer dann sinnvoll, wenn ich ein altes Haus habe. Das hat nichts mit einem grundsätzlichen Sanierungsbedarf zu tun!«

Der Verbandschef wird zunehmend unsicher. Doch das Versprechen, allein durch die Fassadendämmung fünfzig Prozent der Heizkosten einsparen zu können, steht wie die Eiger-Nordwand. Wie oft ist es wohl in den vergangenen fünfzehn Jahren heruntergebetet worden, wie oft hat man die Zahl wohl in rhetorischen Überzeugungsduellen als Maximalwaffe eingesetzt? Fünfzig Prozent Heizkostenersparnis! Wer das nicht nutzt, ist mindestens ein Ignorant – mit Sicherheit aber doof!

Nur: Es ist nicht so.

»Was könnte aus Ihrer Sicht besser werden?«, frage ich ihn.

»Ich glaube«, antwortet er, »wir müssen uns der Kritik stellen, und wir müssen auch aufhören mit dem Übertreiben von Einsparquoten.«

Ich erinnere mich an seine Worte eingangs unseres Gespräches: »Ich glaube, es ist besser, dass die Politiker ... von Wissenschaft, Forschung und Industrie informiert werden, als dass sie, sage ich mal, uninformiert Entscheidungen treffen.«

Uninformiert, da hat er recht. Bewusst zu desinformieren, das ist allerdings etwas anderes.

Genauso hätte er auch sagen können: Wir müssen aufhören, die Unwahrheit zu sagen.

»Das heißt, Sie haben vor Jahren versucht, den Verbraucher bewusst zu ködern, damit das ganze System erst mal anläuft?«, hake ich nach.

»Nein, so würde ich es nicht ausdrücken. Wir haben am Anfang, begeistert von unserer Leistung, den Einsparwert in einem zu großen Fokus gesehen. Und dadurch wurde etwas falsch, hat sich etwas falsch entwickelt, dass Wärmedämmung nur noch über den Amortisierungsbereich gesehen wird. Und das ist falsch.«

»Hier geht es darum, die Anreize so zu setzen, dass es sich für Eigentümer von Häusern oder Wohnungen lohnt, diese Wärmedämmungen durchzuführen«, hat die Bundeskanzlerin gesagt. So wie der Lobbyistenverband dürfte sie es kaum gemeint haben.

Der Verband ist ein guter Gastgeber, es werden Kaffee und Kuchen gereicht. Wir treiben noch etwas Small Talk. Ich habe das Gefühl, es soll noch Einfluss genommen werden auf mich. Lobbyisten sind Einflüsterer.

»Hat es für dieses Haus mal einen Energieberater gegeben?«, frage ich beiläufig.

»Bis jetzt noch nicht«, antwortet Setzler.

»Sie als Mieter, als Fachverband Wärmedämm-Verbundsysteme haben den Besitzer dieses Gebäudes nicht davon überzeugen können, welche Vorzüge es hat, dieses Haus energetisch zu sanieren?«

»Nein, dieser Versuch wurde noch gar nicht gemacht.«

Ich verabschiede mich. Viel besser kann es nicht mehr werden.

Was man weiß, was man wissen könnte

Die Fernsehreportage über die Ergebnisse meiner Recherchen setzte eine Lawine in Gang. Mehrere hundert Mails und auch Briefe erreichten mich. Das Unternehmen Sto meldete sich per Anwalt, eine Unterlassungserklärung für mehrere Passagen des Films sollte unterzeichnet werden.

Nein.

Es meldeten sich Energieberater, Bauingenieure und Maler mit massiven Beschwerden über die Sendung. Die Fassadendämmung macht mitunter einen Großteil ihres Geschäfts aus. Ihre Beschwerden sind interessengeleitet, von daher höchst verständlich. Aber sind sie deswegen richtig?

Nein.

Der Baden-Badener Verband wollte die Aussagen des Verbandsvorsitzenden einige Tage nach dem Interview relativiert sehen.

Auch hier: Nein.

Nach der medialen Kritikwelle an der Fassadendämmung hat die Industrie die Kampagne »Dämmen lohnt sich« gestartet. Und die lässt man sich einiges kosten. Allein eine doppelseitige Anzeige in einer Sonntagszeitung schlägt mit 150 000 Euro zu Buche. Als Gesicht der Kampagne dient ein prominenter Journalist: Ulrich Wickert. Der Fernsehspot setzt auf Gefühligkeit.

Wickert spricht: »Häuser sind wie ein Familienmitglied. Sie begleiten uns über Jahrzehnte und geben uns Geborgenheit. Mit einem Haus sorgen wir für unsere Kinder vor, und wenn wir richtig dämmen, erhöhen wir nicht nur die Behaglichkeit, sondern senken auch den Energieverbrauch.«

Ulrich Wickert – ein medialer Einrichtungsgegenstand im Fernsehzuhause der großbürgerlichen Mitte mit Wohlfühlgesicht und Wohlfühltonlage: »Ulrich Wickert ist wie ein Familienmitglied. Er begleitet uns über Jahrzehnte ...« Nicht sooo schlecht ausgesucht.

Kein Wort mehr zu Einsparquoten.

Es gab ein juristisches Hin und Her, das aber schließlich ohne irgendeine Auflage für mich oder für den Sender endete. Ich bekomme Post von mehreren Anwälten. Die Kanzlei des Dämmstoffherstellers Sto zum Beispiel will, dass mein Interview mit ihrem Forschungsleiter zum Thema Brennbarkeit von Styropor nicht mehr vollständig ausgestrahlt wird.

Gemeinsam mit Peter Kuhn, einem der renommiertesten Brandschützer Europas, schaue ich mir das Interview noch einmal an. Der Geschäftsführer eines Unternehmens im Bereich »Baulicher Technischer Brandschutz« sollte bei dem abgesagten Versuch in Weißwasser dabei sein und ist als Experte auch in den Medien ein gefragter Mann. Er war u. a. Chairman des Europäischen Brandschutzverbandes und führt mit der Europäischen Kommission, europäischen Industrieverbänden sowie dem Europäischen Verband für Technische Zulassungen (EOTA) in London, Brüssel und Luxemburg Veranstaltungen durch.

»Was ist Styropor: brennbar oder nicht brennbar?«, frage ich ihn.

»Nach deutschen Maßstäben ›schwer entflammbar‹«, antwortet er, »nach europäischen Maßstäben ›brennbar‹.«

Das ist einer der Punkte, die ich wohl nie verstehen werde. Möglicherweise ist meine Herangehensweise etwas naiv, wenn ich feststelle, dass Deutschland eigentlich ziemlich mittig auf diesem Kontinent liegt, der da Europa heißt. Allein der Unterschied zwischen deutschen und europäischen Maßstäben riecht für mich nach der Beugung von Regelungen – sozusagen styroportypisch toxisch. Ich frage Kuhn nach einer Begründung.

»Der Unterschied liegt am Klassifizierungssystem«, antwortet er. »Es gibt in Europa seit 2001 ein Klassifizierungssystem, das normalerweise in ganz Europa gelten sollte – nur für bestimmte Produkte in Deutschland nicht.«

»Und welche gehören dazu?«, frage ich weiter.

Kuhn: »Zum Beispiel auf EPS basierte Dämmmaterialien.«

»Also Styropor. Aber warum gibt es dann für Deutschland eine Ausnahme?«

»Das weiß ich nicht.«

Ich bohre nach: »Noch mal in aller Deutlichkeit: Wenn der europäische Maßstab, was die Brennbarkeit oder Klassifizierung von Styropor angeht, auch in Deutschland angewendet werden würde, was wäre dann der Fall?«

»Klasse E«, sagt Peter Kuhn.

»Klasse E, das heißt?«

»Brennbar.«

»Und ›brennbar‹ bedeutet…?«, frage ich.

»… bauordnungsrechtlich für die Anwendung an der Fassade in Deutschland nicht zugelassen«, vollendet er den Satz.

Dass Polystyrol in Deutschland an den meisten öffentlichen Gebäuden nicht verbaut werden darf, habe ich schon zuvor erfahren. Aber dass Polystyrol überhaupt nicht an deutschen Fassaden verbaut werden dürfte, wenn der Stoff so zugelassen wäre wie sonst in Europa – das verschlägt mir die Sprache.

Unabhängig? Kommt drauf an!

Ich spüre: Es gibt gewissermaßen eine Vergrößerung des Problems. Ein immer klebrigeres Gespinst tut sich auf, in dem sich ein solventer Wirtschaftszweig immer mehr verfängt.

Wenn Journalisten recherchieren, wirbeln sie zwangsläufig schon vor der Veröffentlichung Staub auf. Das hat Vor- und Nachteile. Manchmal aber ist es der einzige Weg, an Informationen zu gelangen, die man sonst nie bekommen hätte.

Ich erhalte einen anonymen Brief. Der Tippgeber weist mich auf zwei bisher kaum bekannte Studien des renommierten Fraunhofer-Institutes für Bauphysik aus den Achtzigerjahren hin, die belegen sollen, dass die Maßnahme der Fassadendämmung längst nicht so viel bringt wie versprochen wird. Der anonyme Informant spielt mir die beiden Studien zu, und die Lektüre wirkt wie ein Treibsatz auf mich.

Ich sehe, dass nur eine der beiden Studien veröffentlicht worden ist, die andere jedoch nicht. Ich werde auch aus den dort veröffentlichten Zahlen nicht schlau. Was hat das alles zu bedeuten, was bezweckt der Informant? Vielleicht kann mir Professor Jens Fehrenberg helfen. Noch einmal fahre ich nach Hildesheim.

Wir treffen uns in einem Hörsaal der Uni. Fehrenberg steht an der Tafel, ich sitze in der Stuhlreihe und reanimiere ein altes Studentengefühl. Was weiß der Bauingenieur von den beiden Studien?

Fehrenberg ist ein starker Erinnerungsarbeiter. »Ich erinnere mich an die Studie, die 1983 herauskam«, antwortet er, »da sind in Holzkirchen sechs Häuser gebaut worden, um mal wirklich in der Praxis zu prüfen: Wie wirkt sich das aus, wenn Wände massiv sind, oder wenn sie eben hoch gedämmt sind. Das eine war eine sehr dicke Ziegelwand, und das andere war eine dünne Wand, die ein sehr dickes Dämmsystem hatte – mit zwanzig Zentimetern Styropor.«

Mich interessieren die gewonnenen wissenschaftlichen Erkenntnisse.

»Der Gewinn der ersten Studie war, dass die hochgedämmten Häuser nicht die Menge Energie eingespart haben, die die theoretische Berechnung ergab«, antwortete er, »und dass sich sogar die Ziegelwände an verschiedenen Stellen günstiger verhalten haben. Ich erinnere mich an die Außenecke. Die Außenecken waren bei den massiven Wänden um zehn Prozent günstiger, was den Heizenergieverbrauch anbetraf, als bei den gedämmten Wänden. Das hat die Kollegen ja auch verunsichert. Und dann haben sie versucht, zu erklären, woran das lag. Sie haben gesagt: Es lag an den Wärmebrücken! Dort fließt mehr Wärme ab. Dann hat man nachgebessert, und trotzdem ist das Ergebnis kein anderes gewesen.«

Und die zweite Studie, die zwei Jahre später nicht veröffentlich wurde?

»Ja«, bestätigt Fehrenberg, »die kenne ich auch. Da ging es darum, wie sich Strahlung, Globalstrahlung und Sonnenstrahlung auf massive Wände und gedämmte Wände auswirken. Aber die Kollegen, die die gemacht haben, waren ja auf dem Trip, dass Häuser gedämmt werden müssen. Und weil das Ergebnis das nicht hergab, ist es natürlich auch nicht weiter veröffentlicht worden. Wenn Sie als Wissenschaftler etwas beweisen wollen und können das durch den Praxisversuch jedoch nicht, dann werden Sie kein großes Interesse haben, das in die Welt herauszutragen. Weil Sie sich ja sofort vielen Fragen ausgesetzt sehen – und dann in Erklärungsnöte kommen.«

»Die Studien sind schon dreißig Jahre alt, und in der Zeit hat sich viel verändert. Gelten die Erkenntnisse, die man damals gewonnen hat, denn heute noch?«, frage ich den Spezialisten.

»Ja, absolut. Wir bauen auch heute noch dicke Ziegelwände. Es gibt ja Menschen, die keine Wärmedämmung auf ihren Wänden haben wollen. Aber die Mehrzahl baut, weil es preiswerter ist, eher eine dünne Wand, und darauf wird dann sehr dick Wärmedämmung appliziert.« Die Bauphysik habe sich ja nicht geändert, »deren Grundlagen gelten heute noch.«

»Und wenn das Fraunhofer-Institut für Bauphysik dies schon seit dreißig Jahren weiß, wieso dämmen wir dann heute immer noch mit Styropor?«, frage ich ihn.

»Bis sich wissenschaftliche Ergebnisse in der Praxis verbreiten«, antwortet er, »dauert es schon mal zehn Jahre. Gefühlte zehn Jahre. Und dann kommen natürlich die Interessengruppen, zum Beispiel die Dämmstoffindustrie, die sagt, das Dämmen ist das Wichtigste. Oder die Heizungsindustrie, die sagt: Es ist viel besser, wenn du deinen Heizkörper erneuerst. Da spielen sich natürlich Machtkämpfe ab.«

»Und welchen Einfluss haben die Unternehmen, die mit dem Dämmen zu tun haben?«, frage ich nach.

»Ich denke, dass die aufgrund der gewaltigen Umsätze schon sehr großen Einfluss haben«, schätzt Fehrenberg, »gerade die Kollegen, die hier tätig waren, haben die Bundesregierung dahingehend beraten, dass Häuser eingepackt werden müssen.«

Kollegen? »Welche Kollegen haben die Bundesregierung beraten?«

»Professor Gertis und Professor Hauser.« So Fehrenberg. Prof. Dr. Karl Gertis war von 1984 bis 2007 Ordinarius für Bauphysik der Universität Stuttgart und – in Personalunion – bis 2003 Direktor des Fraunhofer-Instituts für Bauphysik in Stuttgart. Prof. Dr. Gerd Hauser hatte zuletzt den Lehrstuhl für Bauphysik an der Technischen Universität München inne und war ab 2004 Leiter des Fraunhofer-Instituts für Bauphysik mit den Standorten Stuttgart, Holzkirchen und Kassel.

»Aber dann wussten die doch von den Ergebnissen.«

»Ja sicher, sind ja auch zitiert.«

Interessengeleitete Unabhängigkeit ist ein weißer Rappe.

Jens Fehrenberg ist für energetische Sanierung. Nur die teure Fassadendämmung hält er nicht für die Methode erster Wahl. Die Dämmstofflobby wirbt massiv mit dem enormen Energiesparpotenzial der Fassadendämmung, doch die Studie lässt da größte Zweifel aufkommen. Und was sagt das renommierte Fraunhofer-Institut selbst dazu?

Gefälligkeitsgutachter

Ich bekomme eine Interviewzusage mit Hartwig Künzel, einem Spezialisten für Hygrothermik beim Fraunhofer-Institut. Die Hygrothermik beschäftigt sich mit der Wirkung sowie der gegenseitigen Abhängigkeit von Feuchte und Temperatur sowohl in der Luft als auch in Bauteilen.

Also mache ich mich auf den Weg nach München. Etwa dreißig Kilometer weiter südlich liegt Holzkirchen, einer der beiden Sitze des Institutes für Bauphysik. Am Abend vor dem Interview erreicht mich im Hotel eine E-Mail. Das Interview wird abgesagt. Angeblich soll ich voreinge-

nommen sein, »nicht ergebnisoffen« recherchieren. Die
dreißig Jahre alten Studien hätten längst keine Relevanz
mehr.

Ich habe Zeit, ich habe kein Interview mehr, und ich
gehe deshalb auf die Internetseite des Fraunhofer-Institutes. Unter dem Begriff »Mission« finde ich diese Erklärung: »Die Fraunhofer-Gesellschaft fördert und betreibt
international vernetzt anwendungsorientierte Forschung
zum unmittelbaren Nutzen für die Wirtschaft und zum
Vorteil für die Gesellschaft.«

Für die Wirtschaft, ich verstehe. Fraunhofer forscht
und ist auch forsch, was das Unternehmensleitbild anbelangt. Es lautet: »Wir erfinden Zukunft.« Für das, was wir
hier untersuchen, würde die Gegenwart schon reichen,
denke ich.

Einen Klick weiter finde ich vielleicht die Antwort auf
meine Frage, warum man nicht mit mir sprechen will.
Der Geschäftsführer des Fraunhofer-Institutes für Bauphysik ist Prof. Klaus Sedlbauer, und er sitzt im Aufsichtsrat des Dämmstoffherstellers Sto.

Am Morgen kehre ich doch nicht sofort nach Köln zurück. Ich bin schließlich schon mal in Bayern, dann kann
ich auch nach Holzkirchen fahren – trotz der Absage. Warum haben dreißig Jahre alte Studien keine Relevanz
mehr? Darauf will ich eine Antwort von den Wissen-
schaftlern.

Ort der Forschung, Hort des Wissens: Das Institut
liegt idyllisch von Wiesen und Weiden umgeben und
sonnig beschienen im Grünen, das Gelände ebenso quadratisch aufgeteilt in Forschungsobjekte und Lernplätze
wie die Landwirtschaft drum herum die Felder auch auf-
teilt. Ich melde mich am Empfang: »Guten Tag. Mein
Name ist Könnes vom Westdeutschen Rundfunk. Ist der

Herr Künzel da? Hartwig Künzel?« Mich erreicht Kauderwelsch. »Eigentlich müsste er Zeit haben«, versuche ich es weiter, »weil wir für elf Uhr normalerweise einen Termin gehabt hätten…«

Am Empfang komme ich nicht weiter. Ich versuche es telefonisch – und erreiche meinen Ansprechpartner Hartwig Künzel. Ich stelle mich kurz vor und konfrontiere ihn dann mit der Absage.

»Ich rede jetzt mit jemandem von einem unabhängigen Institut«, sage ich, »und ich gehe davon aus, dass Sie nicht auf Seiten der Industrie stehen, nicht auf Seiten der Verbraucher, sondern die Dinge unabhängig bewerten. Meine Frage an Sie wäre daher gewesen, welchen Beitrag Sie zur Aufklärung leisten. Und dadurch, dass Sie mir jetzt das Interview verweigern, muss ich mir jetzt natürlich eine andere Frage stellen: Herr Künzel, auf wessen Seite stehen Sie?«

Man stehe auf keiner Seite, schließlich sei man unabhängig, lautet seine Antwort.

»Wie passt es denn zusammen, dass Sie ein unabhängiges Institut sind und der Chef des Institutes, Herr Prof. Sedlbauer, im Aufsichtsrat eines großen Dämmstoffherstellers sitzt, der Firma Sto?«

Einen Interessenskonflikt sieht das Fraunhofer Institut hier nicht.

Kurios, der Mann, mit dem ich über zwanzig Minuten telefoniere, sitzt nur fünfzehn Meter entfernt von mir und ist eigentlich mit mir verabredet. Auch ein persönliches Gespräch ohne Kamera lehnt er ab.

Dann kommt doch noch jemand heraus: der Pressesprecher. »Schade, dass das mit dem Termin nicht klappt«, begrüße ich ihn. »Was ist denn der Grund für die Absage?«

Der Job eines Pressesprechers ist nicht angenehm, wenn er Blödsinn erzählen muss.

»Leider sind die relevanten Ansprechpartner urlaubsbedingt nicht im Institut«, sagt er.

Im Hintergrund verschwindet ein Mann mit einem Rollkoffer an der Hand. Ich glaube Hartwig Künzel zu erkennen. Ich kenne sein Bild aus dem Internet.

Zu den ominösen Studien habe ich hier nicht wirklich mehr erfahren. Ich höre überall Klappmuscheln zugehen, keiner will sich äußern. Aber wer sich nicht äußert, will sich noch nicht mal verteidigen.

Die Fahrt von Köln nach Holzkirchen hat also dennoch etwas gebracht. Erkenntnisfahren ist das.

So viel ist klar: Das Fraunhofer-Institut bestreitet die Aussage der Studien, dass Fassadendämmung kaum Energie einspare. Es sei damals um Grundlagenforschung gegangen. Aber warum wollte mir das keiner vor der Kamera sagen?

Ich recherchiere weiter, und immer neue Verbindungen tun sich auf. Es scheint ein großes Netzwerk zu sein, das sich die Dämmstoffindustrie aufgebaut hat. Und ein ziemlich verschwiegenes. Dann mache ich doch noch jemanden aus der Polystyrol-Branche ausfindig, der mir wichtige Informationen verspricht. Nein, andersrum: Er meldet sich per E-Mail über einen Mittelsmann bei mir. Später telefonieren wir über Wochen immer mal wieder. Jedes Mal, wenn ich mit ihm spreche, spüre ich seine Skepsis mir gegenüber – dabei hat er sich gemeldet. Er will wissen, was bei uns »anonym« bedeutet, und wir sprechen Orte durch, an denen wir uns treffen könnten. Letztlich findet die Zusammenkunft in einem kleinen Restaurant statt. Schon bei der Begrüßung merke ich ihm seine Nervosität an. Er wirkt wie einer, der die Dinge gerne unter Kontrolle hat. Wir setzen uns an einen kleinen Tisch.

Seine Informationen haben etwas mit den Packzetteln zu tun, die allen Styroporplatten beiliegen. Auf diesen Zetteln stehen die Eigenschaften des Materials. Die bedeutendste Eigenschaft ist demnach der sogenannte Wärmeleitwert. Er besagt, wie gut das Material dämmt. Die teuersten Dämmplatten aus Polystyrol haben den Wärmeleitwert 032.

Im Verlauf des Gesprächs rückt der gesamte Bereich der Wärmedämmung endgültig in ein düsteres Licht. Dabei kommen wir irgendwann auch auf die 032 zu sprechen. Selbstverständlich gehe jeder, der Platten mit einem Wärmeleitwert von 032 bestellt, davon aus, dass sie ihm auch geliefert würden, sagt der Informant.

Aber: »Die liefere ich Ihnen im Normalfall nicht.«

Auf meine Frage, warum nicht das geliefert werden würde, was bestellt worden ist, antwortet er: »Weil es a) schwierig ist. Und b) muss ich sehr viel frischen, also teuren Rohstoff einsetzen, um die 032 zu erreichen. Wenn der Hersteller am Rohstoff sparen will, dann mischt er Recyclingmaterial unter. Das ist die einzige Möglichkeit, zu sparen. Und: Es gibt kein Entsorgungskonzept für Polystyrolreste von Baustellen – die muss der Hersteller zurücknehmen.«

Auf jeder Baustelle fallen große Mengen an Styroporverschnitt an. Den bringen die Baufirmen zurück zu den Herstellern. Dort werden die Reste dann zerkleinert und dem neuen Styropor beigemischt. Das ist nicht illegal. Allerdings: »Wenn ich viel Recyclingmaterial untermische, werde ich die 032 nicht erreichen.«

»Mit anderen Worten«, frage ich, »was drin ist, ist nicht das, was drauf steht?«

»Meines Wissens: ja.«

»Aber gerade wenn es um die Wärmeleitfähigkeit geht, und es dabei verschiedene Kategorien gibt, dann muss das doch überprüft werden?«

»Das wird überprüft«, bestätigt mir der Mann. »Sie brauchen für jedes Produkt eine Zulassung. Darin steht, was Ihr Produkt kann, was es für Eigenschaften hat.«

032 zum Beispiel.

Der Verband der Styroporhersteller, der »Industrieverband Hartschaum«, lässt diese Zusagen jedes halbe Jahr überprüfen. Beauftragt wird häufig das Forschungs-Institut für Wärmeschutz in München, kurz FIW. Dieses Institut schickt einen Prüfer ins Werk, der das dort hergestellte Styropor untersucht. Auch in diesem Bereich kennt sich unser Mann aus: »Diese Proben sollen aus der laufenden Produktion entnommen werden. Der Prüfer würde kommen...«

Ich falle ihm ins Wort: »...nimmt sich ein paar Platten raus, die gerade produziert werden, und sagt, da gucke ich jetzt, ob die Eigenschaften, so wie für die Zulassung nötig, auch stimmen.«

»So ist es. Wenn er ein Paket nehmen würde, das aus der laufenden Produktion kommt – gerade in dem Bereich 032, 035, Grau, Dalmatiner oder Weiß, dann ... also aus meiner Erfahrung, nach allen Werten, die ich im Labor gesehen habe, kann ich sagen, dass bei neunzig Prozent der Wert nicht stimmt.«

Mich interessiert, wie man es schafft, dass das dem Prüfer nicht auffällt.

»Zum einen hat man ein sogenanntes Sperrlager«, antwortet der Informant. »Da sind Produkte drin, die ich vorher mit teilweise sechsstelligen Summen nur für die Prüfungen hergestellt habe. Nur damit ich ein paar Pakete habe, die wirklich die nötigen Werte aus der Zulassung erreichen. Und zum anderen passiert dann Folgendes: Der Kontrolleur des FIW München hat einen Stempel. Damit stempelt er die Pakete ab, die sie ihm in sein Labor nach München schicken sollen, wo er sie auf alle Werte testet, die in der Zulassung stehen.«

Er zögert einen Moment. Er merkt seine Eigenverantwortung für einen Zustand, den er letztlich nicht mehr mitverantworten wollte.

»Also, das fällt mir jetzt ein bisschen schwer. Warum ich jetzt sicherlich auch hier sitze ...«, er bricht den Satz ab für eine kurze Feststellung: »Also, ähm, es ist Betrug! Es ist so gewesen, dass man mir Stempel übergeben hat. Die Stempel entsprechen genau den Stempeln, mit denen der Prüfer des FIW München seine Pakete stempelt. Bedeutet im Endeffekt: Nachdem der Prüfer das Gelände verlassen hat, haben sie dort Pakete stehen, die er abgestempelt hat. Im Normalfall machen sie Folgendes: Sie nehmen eines dieser Pakete, geben eine Platte davon in ihr eigenes Labor und lassen die überprüfen. Und sie merken dann, dass das Paket, das sie dem Prüfer schicken sollen, nicht reicht. Dann geben sie in ihr Firmenlabor ein Paket, das er nicht abgestempelt hat, und wenn dieses Paket die Werte erreicht hat, dann stempeln sie die Pakete nach.«

»Selber«, sage ich. Selber.

Ein solcher Stempel diene dem Prüfer als Sicherheit, dass er wirklich die Pakete in sein Labor geschickt bekommt, die er zuvor im Werk ausgesucht habe, sagt mein Informant. Doch diese Stempel ließen sich leicht fälschen.

Aber: Warum nimmt der Prüfer des FIW die Platten, die er testen will, nicht sofort mit? Die Antwort meines Informanten lässt mich stutzen.

»Schauen Sie sich doch mal an, wer das FIW in München finanziert, wer da im Vorstand sitzt. Schauen Sie sich doch mal an, wer das ist«, meint er.

Eine Industrie auf dem Prüfstand

Das Forschungsinstitut für Wärmeschutz in München: So langsam gewöhne ich mich an die Tatsache, dass man mir kein Interview gewährt. Auch das FIW preist den Stolz auf die eigene Arbeit in seinen Internetauftritt mit ein: Der eingetragene Verein sei eines der führenden Forschungsinstitute in diesem Bereich in Deutschland, mit »internationalem Wirkungskreis«. Er finanziert sich aus Auftragsgeldern und von Mitgliedern, die die Forschung unterstützen. Keiner spricht mit mir, aber ich habe das Foto eines Stempels an das Institut geschickt. Die lapidare Antwort: Der Stempel ist eine Fälschung. Man wisse aber nicht von wem und wozu der Stempel gefälscht worden sei.

Ich habe den Eindruck, dass ein Prüfinstitut durchaus größeres Interesse an einem Stempel haben könnte, dessen Logo fälschlicherweise Qualität signalisiert, wo keine ist. Und wo der eigene Name druntersteht.

Die Mitgliederliste des Vereins ist lang, alle großen Firmen der Branche sind vertreten. Der Vorstandsvorsitzende des FIW war bis vor einigen Jahren Geschäftsführer eines Dämmstoffherstellers. Und ich entdecke noch einen bekannten Namen im Vorstand: Wolfgang Setzler vom Fachverband Wärmedämm-Verbundsysteme.

Sagen wir mal so: Ich habe keinen Zweifel daran, dass hier richtig gemessen wird … Aber ganz grundsätzlich drängt sich mir der Verdacht auf: Die Dämmstoffbranche überprüft sich selbst.

Letztlich führt kein Weg an einem Testat vorbei. Aus dem Internet besorge ich mir die Adressen der verschiedenen Materialprüfungsanstalten und entscheide mich für zwei, die nicht in der Nähe liegen: die in Neuwied und die in Braunschweig. In Neuwied verabrede ich mich mit dem Diplom-Mineralogen Henning Rohowski und fahre zu ihm. Die Fahrt den Rhein entlang mit den Weinbergen dahinter lässt einen ruhiger werden, das ist bei Rheinländern immer so. Der Fluss zieht träge vorbei, und ich bekomme ein Gefühl für den bevorstehenden Versuch. Ein gutes. Oder ein schlechtes, es kommt halt darauf an.

Rohowski, auch öffentlich bestellter und vereidigter Sachverständiger, erwartet mich auf dem Hof des Institutes. Im Labor präsentiere ich ihm verschiedene Styroporplatten plus Beipackzettel, die ich ihm zur Prüfung überlassen will.

Ich zeige ihm einen der Zettel und frage: »Was passiert, wenn eine Styroporplatte die Dämmwerte nicht einhält?«

»Dann hat der Hersteller Maßnahmen zu treffen. Er hat die bereits ausgelieferten Produkte zurückzuholen. Er hat das, was er noch auf dem Lager hat, zu vernichten. Insofern hat er eine hohe Motivation, dass das nicht passiert«, sagt der Ingenieur. Weil es möglicherweise einer wirtschaftlichen Katastrophe gleichkommt.

Es scheint alles geregelt zu sein auf diesem Markt. Der Hersteller stellt her, der Prüfer prüft, die Baufirma bringt's an, und der Kunde zahlt.

Halten wir fest: Bis auf den, der bezahlt, verbinden sich mit allen anderen Beteiligten Verdächtigungen, für die es mehr als nur Annahmen gibt. Hersteller arbeiten mit falschen Versprechen, sie täuschen. Prüfer prüfen so, dass sie Herstellern die Möglichkeiten lassen, Testergebnisse zu verfälschen. Was wäre einfacher, als die zu prüfenden

Blöcke gleich mitzunehmen, sie nicht zu stempeln? Lautet die Entschuldigung dafür, dass der Mittelklassekombi des Prüfers einen zu kleinen Kofferraum hat?

Es geht hier nicht um einen Allgemeinverdacht, aber jeder Prüfer, der länger in seinem Job ist, dürfte wissen, wo was wie läuft. Man ist Teil einer Maschinerie, die dämmt und die sich Kritikern gegenüber abdämmt.

Die zweite Testserie liefere ich bei Klaus Unterderweide von der Materialprüfungsanstalt in Braunschweig ab. Er soll die Styroporproben auf ihre Wärmeleitfähigkeit testen.

Es würde ihn sehr überraschen, wenn auch nur eine Probe durchfiele, sagt er.

»Ist das schon mal passiert, dass die Werte abgewichen sind?«, frage ich ihn.

»Nein. Ich habe das bisher nicht erlebt«, schränkt er ein, »die vom Hersteller deklarierten Werte – das passt eigentlich schon.«

Ich überlasse den Testern das Material und bin gespannt darauf, was sie mir einige Zeit später als Ergebnis präsentieren.

Es liegt in der Natur der Sache, dass sich langjährige Marktkonkurrenten beobachten, sich letztlich angleichen, wenn es um Qualitäten und Preise geht, weil Ausreißer nach oben und nach unten erbarmungslos ausgenutzt werden. Ich fliege nach Berlin, um mich mit Renate Glock* zu treffen, die sich ebenfalls bei uns gemeldet hat. Sie hat viele Jahre in der Verwaltung des Berliner Dämmstoffherstellers WKI gearbeitet. Ich erfahre von ihr, welche Verbindungen und Kontakte die Branche untereinander pflegt. Irgendwann wollte sie die Geschäftspraktiken ihres Arbeitgebers nicht mehr mittragen und kündigte.

Wir treffen uns mitten in der Stadt und fahren dann

gemeinsam raus nach Weißensee, Richtung WKI. Sie erzählt mir, dass WKI Styropor herstellt, um es zum Beispiel an Sto zu verkaufen. Das ist überraschend. Nicht überraschend wären Bauunternehmen, Privatleute, was weiß ich. Aber an Sto, einen anderen Hersteller?

»Aber die stellen doch selber her!«, rufe ich aus.

»Ja«, bestätigt sie, »die liefern aber nur in den südlichen Teil Deutschlands.«

Für den Norden übernehme WKI die Produktion der Platten, packe sie ab, überziehe den Block mit einer Sto-Folie. Oder auch einer von Brillux, einem anderen Hersteller. Die Platten jedenfalls seien alle gleich. Das gehe auch gar nicht anders. »Wie wollen Sie das denn machen?«, fragt sie. »Wenn Sie bei Sto innerhalb des nördlichen Raums Platten bestellen, dann bekommen Sie die von WKI, wenn Sie bei Brillux bestellen, kriegen Sie die auch über WKI. Sie bekommen immer WKI-Platten.« Aber siebzig Prozent der WKI-Produktion gingen an Sto.

Ich bin erstaunt: »Puh, Styropor ist so weiß, so rein, so sauber.«

Renate Glock lacht: »Da gibt's auch das graue. Und grau ist schmutzig.«

Wir erreichen das Firmengelände, der Lagerplatz steht voll mit von WKI hergestellten Styroporblöcken. Wir steigen aus und schlendern den Zaun längs. Die Folien um die Blöcke sind von Sto, von Weber, von Brillux ... Ich frage Renate Glock nach den Prüfmethoden für die Dämmwerte der Platten. Sie bestätigt das, was mir mein anderer Informant wenige Tage vorher schon erklärt hat: Die Proben gibt es aus dem Sperrlager, weil die Werte in der Produktion nicht erreicht werden – jedenfalls nur ganz selten.

Plötzlich werden wir unterbrochen. Zwei Mitarbeiter der WKI fotografieren das Kennzeichen unseres Autos. Es ist mal wieder so weit. Ich stelle mich vor, es entwickelt sich ein unsinniges Gespräch. Beide entfernen sich.

Wir fahren zurück. Renate Glock erzählt von der Zeit ihrer Mitarbeit bei WKI. Geschäftspraktiken zu durchblicken, das kann auch zu einer Belastung werden. Sie hat ihre Last abgeworfen.

Ich frage bei WKI nach, da mir eine Stellungnahme zu dem Sperrlager wichtig ist. Der Hersteller bestreitet Renate Glocks Aussage und schickt eine Mail zurück. Drei Zitate daraus:

»Unser Unternehmen besitzt kein separates Lager für Materialproben zur Fremdüberwachung, in dem etwa nur ausgewählte Dämmstoffe für die Prüfungen gelagert würden.«

»Materialproben für die externe Überwachung der Dämmwerte wurden und werden stets aus dem laufenden Produktionsprozess übernommen.«

»Unser Sperrlager ist beschränkt auf zurückgenommene oder im Ergebnis unserer Produktionskontrolle gesperrte Ware.«

Ich starre auf den Bildschirm, bin aber nicht wirklich überrascht. Alles andere wäre eine Überraschung gewesen.

Wie gesagt, Preisbeobachtung gehört zum Geschäft der Hersteller. Ich besorge mir die Preislisten einiger namhafter Hersteller, was gar nicht so einfach ist. Ich finde nur Listen aus unterschiedlichen Jahren. Bei allen suche ich mir eine Styroporplatte mit exakt denselben Eigenschaften heraus und vergleiche die Preise. Ich stelle fest: Überall kostet die Platte auf den Cent dasselbe.

Mit diesen Erkenntnissen wende ich mich an das Bundeskartellamt. Und die Bonner Behörde bestätigt, dass es am 12. März 2014 eine Durchsuchungsmaßnahme »im Bereich Styropor-Dämmstoffe« gegeben hat, an der 59 Mitarbeiter des Bundeskartellamtes und die Kriminalpolizei beteiligt waren. Die Durchsuchungen fanden bei mehreren Unternehmen, zwei Verbänden und in Privatwohnungen statt. Der Verdacht der Behörde richtete sich auf vermutete »Preis- und Kundenschutzabsprachen« beim Vertrieb von Styropor. Ich kannte das Kartellamt bislang von Ermittlungen gegen Bierbrauer, Versicherungskonzerne und die Stahlindustrie, vor allem also gegen die großen Player im Land. Die Dämmstoffindustrie gehört nun auch dazu.

Wändepolitik

Der Klimaschutz ist politisch gewollt, was an sich ja auch richtig ist. Mit der Energieeinsparverordnung ist das energetische Sanieren sogar gesetzlich verankert und wird jedes Jahr mit knapp einer halben Milliarde Euro vom Staat gefördert. Ein Ergebnis dabei ist, dass das Geschäft mit der Fassadendämmung aus Styropor boomt. Nur, wer profitiert letztlich mehr davon, frage ich mich: Das Klima oder die Wirtschaft? In Bonn, am Rande einer Pressekonferenz, habe ich einen Interviewtermin mit Bundesumweltministerin Barbara Hendricks bekommen können. Qua Amt ist sie die Verantwortliche für die Verordnung, auch wenn sie diese von ihren Vorgängern geerbt hat. Das Erbe wiederum will sie ausbauen.

Ihr Ministerium hat vor kurzem eine neue Kampagne gestartet: »Die Hauswende«. Ziel der Initiative: Die Hausbesitzer zu mehr Sanierungen zu bewegen. Gefördert wird die Kampagne jedoch nicht nur vom Bund, sondern – und da hält sich meine Überraschung mittlerweile in engen Grenzen – auch von dem Dämmstoffhersteller Sto und dem FIW in München.

Geht es der Politik wirklich um Klimaschutz oder doch eher um Wirtschaftsförderung?

In einem Statement hat Ministerin Hendricks zuvor beides einfließen lassen: »Das Gebäudesanierungsprogramm ist ohne Frage eine Erfolgsgeschichte, nicht nur für den Klimaschutz, sondern auch für unsere lokale Wirtschaft, letztlich natürlich also auch mit positiven Auswirkungen für den Finanzminister. Weil wir wissen, dass jeder eingesetzte Fördereuro zwölf Mal so große Investitionen ausgelöst hat. Also eine Förderquote von 1:12. Einen solchen Multiplikator hätte man konjunktur- und wachstumspolitisch gerne häufiger.«

Ich frage sie: »Konjunktur und Wachstum – was ist das Ziel der neuen Kampagne ›Die Hauswende‹?«

»Wir haben in der Bundesrepublik Deutschland fünfzehn Millionen Ein- und Zweifamilienhäuser, und die gehören ganz überwiegend privaten Besitzern, die auch in diesen Häusern wohnen. Diese Häuser müssen auch ganz überwiegend energetisch saniert werden. Die ›Hauswende‹ richtet sich an diese Eigentümer und gibt ihnen Beratungsangebote, die unabhängig von wirtschaftlichen Interessen sind.«

»Passt es denn zusammen, wenn ein Dämmstoffhersteller wie Sto diese Kampagne unterstützt?«, frage ich weiter.

Das findet Barbara Hendricks schon: »Ja. Wir finanzieren das aus öffentlichen Mitteln und auch mit Herstellern und Interessenten, das ist keine Frage. Aber es wird jetzt nicht für einen bestimmten Dämmstoffhersteller geworben.«

»Aber welches andere Interesse hat die Industrie als das, daran Geld zu verdienen?«, möchte ich wissen.

»Da liegt das Interesse«, antwortet die Ministerin, »das stimmt.«

»Und was hat der Verbraucher davon?«

»Der Verbraucher muss natürlich wissen, ob es für ihn wirtschaftlich sein kann«, sagt sie.

»Haben Sie als Bundesumweltministerin den Eindruck, dass man mit dem Verbraucher ehrlich umgeht, was die Einsparpotenziale anbelangt?«

»Es gibt Bereiche, die sind in jedem Fall wirtschaftlich«, so ihre Antwort, »wie man's auch immer rechnet. Nicht alle sind in gleicher Weise wirtschaftlich, aber was auf jeden Fall wirtschaftlich ist, ist zum Beispiel der Austausch von Heizkesseln. Und die Dämmung von oberen Stockwerken, vereinfacht gesagt des Daches, wenn es noch nicht gedämmt war. Das ist immer wirtschaftlich, egal was passiert.«

»Jetzt haben Sie die Fassadendämmung außen vor gelassen. Und die ist gerade auf dem Markt so beherrschend. Woher kommt das?«

»Die Fassadendämmung hat natürlich noch den Aspekt, dass man dabei eine Verschönerung von außen bekommt. Deswegen denken die Menschen natürlich auch darüber nach.«

Ich denke an die schöne Architektur, die manchmal dahinter verschwindet. »Aber der Effekt rechnet sich nicht«, werfe ich ein.

Die Bundesumweltministerin: »Der Effekt rechnet sich oft, aber er rechnet sich nicht immer.«

»Wenn ich diese Kampagne hier als Grundlage nehme, auf welcher Seite stehen Sie dann eher: auf Seiten der Industrie oder auf Seiten der Verbraucher?«, möchte ich von ihr wissen.

Ihre Antwort: »Ich stehe auf Seiten des Klimaschutzes. Aber natürlich müssen die Verbraucher in der Lage sein, das, was sie machen, zu finanzieren. Man kann von niemandem verlangen, dass er Geld zum Fenster herausschmeißt.«

»Sie wohnen in Kleve, was haben Sie bei Ihrem Einfamilienhaus bisher an energetischen Sanierungsmaßnahmen gemacht?«

»Das Dach habe ich saniert und den Heizkessel erneuert.«

Ich warte kurz, ob noch was kommt, doch sie fügt nichts hinzu. Ich danke ihr für das Interview und bin ziemlich erstaunt. Die meisten Politiker, denen ich bislang begegnet bin, hätten einen Teufel getan – aber sicher nicht zugegeben, dass sie ihre eigene Hausfassade nicht gedämmt haben. Barbara Hendricks nickt zum Abschied. Sie wirkt etwas verunsichert. Es ist schon einigermaßen kurios. Der Dämmstofflobbyist Wolfgang Setzler residiert in einer Baden-Badener Villa aus Stein, und auch die Bundesumweltministerin hat sich bislang noch nicht entscheiden können, ihr Haus zu ummanteln.

Die Frage ist, warum ausgerechnet die Dämmstoffindustrie so stark von den Fördermaßnahmen, den günstigen Krediten für sanierungswillige Hausbesitzer, profitiert. Eine Erklärung könnte sein, dass auch der Fachverband Wärmedämm-Verbundsysteme mit seinem Geschäftsführer Wolfgang Setzler während des Gesetzgebungsverfahrens zur Energieeinsparverordnung angehört worden ist. Ich erinnere mich an sein Buch *Wärmedämmung – Bedarf wecken*. Hat er geschafft.

Dämmen für die Konjunktur.

In der Glaubwürdigkeitsfalle

Nach wochenlangen Tests erreichen mich die Ergebnisse der Stichproben. Zuerst meldet sich die Materialprüfungsanstalt Neuwied bei mir. Die Ergebnisse kann ich kaum glauben: Von elf Proben fallen vier durch, dämmen also schlechter als auf der Packung versprochen.

Auch Klaus Unterderweide von der Materialprüfanstalt in Braunschweig übermittelt mir die Messergebnisse.

»Und«, frage ich ihn, »was ist herausgekommen?«

»Einige haben den deklarierten Wert nicht erreicht«, antwortet er, »mehrere Platten sind durchgefallen!«

»Kann man sagen, das, was Sie in der Hand halten, ist so etwas wie die Gelbe Karte für die Industrie?«

»Wenn wir diesen Hersteller in der Überwachung hätten, wäre es eine Gelbe Karte«, bestätigt er mir, »dann würden wir ins Werk fahren, würden eine zweite Probe durchführen, und wenn da wieder eine Überschreitung wäre, hätte das Konsequenzen für den Hersteller.«

»Rote Karte?«

»Rote Karte, Zertifikatsentzug.«

»Die Platte dürfte dann nicht mehr verkauft werden?«

»Genau.«

»Jetzt haben wir noch andere Platten überprüfen lassen und zwar nicht bei Ihnen. Da sind auch mehrere Platten durchgefallen«, weihe ich ihn ein.

»Also, da braucht man jetzt nicht mehr zu philosophieren«, wirft er ein, »wenn der Wert drüber ist, ist er drüber. Dann muss eine Nachprobenentnahme gemacht werden. Das darf nicht passieren.«

Knapp vierzig Prozent der Testplatten sind durchgefallen und erreichen die angegebenen Dämmwerte nicht. Dabei hätte nicht eine einzige Platte durchfallen dürfen. Nur mal so als Vorstellung: Vierzig Prozent von hundert ausgelieferten Aquarien sind undicht, vierzig Prozent einer Charge von Hemden haben Webfehler, vierzig Prozent von ausgelieferten, verzinkten Spielplatzgeräten rosten bereits nach einem halben Jahr. Egal was: Vierzig Prozent minderwertige Ware auszuliefern, ist für jede Firma, jede Industrie ein Offenbarungseid. Ein technisches und – wenn man um die Fehler weiß – ein moralisches Versagen.

Die Dämmstoffindustrie hat ein dichtes Netz geflochten. Lobbyisten finanzieren zusammen mit der Politik Werbekampagnen. Und die Hersteller lassen in Laboren prüfen, die sie selbst finanzieren. Denkt man an den Betrug mit den extra produzierten Platten, die für die Tests zur Verfügung gestellt wurden, sind es noch nicht mal mehr Gefälligkeitsgutachten, die dabei herauskommen. Das Durchstechen der falschen Argumente trifft die Bürger da, wo sie am empfindlichsten sind: in ihrem Vertrauen. Ich fürchte, das Geschäft, das Industrie und Lobbyisten Ende der Neunzigerjahre witterten, war einfach zu gut, um es sich trotz nicht überzeugender Forschungsergebnisse entgehen zu lassen.

Fünfzig Prozent Energieeinsparung allein durch die Fassadendämmung? Leider zieht da die Bauphysik nicht mit. Macht aber nichts, die Politik tut's ja.

Sie flankiert mit einem fragwürdigen Konjunkturprogramm eine Industrie, die sich bis in eine Grauzone heruntergedimmt hat. Sie setzt sich Einflüsterungen aus und lässt die Privatwirtschaft von Hersteller bis Handwerker mit falschen Versprechungen arbeiten, sie übernimmt keine Kontrollfunktion.

Sie liefert das Umweltbewusstsein so der Geldgier aus.

Klopfprobe: So klingt hohl.

Ich muss unbedingt Cordula Henze anrufen.

KAPITEL 2

Das organisierte Schulchaos:
die Nachhilfe als Reparatursystem

Wir nennen uns Bildungsrepublik Deutschland. Dennoch ist es nötig, dass Eltern pro Jahr 1,5 Milliarden Euro für die Nachhilfe ausgeben. Der Staat spart an Lehrern und Infrastruktur und gibt der Wirtschaft einen Acker zum Geldverdienen preis, auf dem doch eigentlich die Pflanze des Humanismus wachsen soll. In den vergangenen zwanzig Jahren konnte sich deshalb eine Nachhilfeindustrie entwickeln, die aus Mängeln im Schulsystem, Leistungsdruck und Zukunftsängsten der Eltern Kapital schlägt. Wie heißt es so schön in §1 des NRW-Schulgesetzes? »Jeder junge Mensch hat ohne Rücksicht auf seine wirtschaftliche Lage und Herkunft und sein Geschlecht ein Recht auf schulische Bildung, Erziehung und individuelle Förderung. Dieses Recht wird nach Maßgabe dieses Gesetzes gewährleistet.«

Ist es nicht so, dass hier ein Ideal vor die Wand gefahren wird, und kann es sein, dass die Politik dabei am Steuer sitzt? Dass sie mitschuldig ist, weil sie diese Verhältnisse erst möglich macht?

Rückblende, längst vergangene Zeiten tauchen in meiner Erinnerung wieder auf. Lateinunterricht, ich bin aufgerufen worden und stehe vor der Tafel. Tabula rasa im Hirn, die Hände kneteten den trockenen Tafelschwamm, bis kleine Kreidewölkchen aufstiegen. Cicero, Cicero, Cicero. Die Sätze standen angeschrieben, weiß auf dunkelgrünem Feld.

»Um was für Modi handelt es sich?«, fragte mich der Lehrer.

Ich wusste es nicht.

»Was für eine Konstruktion liegt im letzten Satz vor?«

Ich wusste es nicht. Ich wusste noch nicht mal, wann Cicero Konsul gewesen war. Ich wusste nur eines: Englisch fünf, Latein fünf. Damit waren die Sommerferien hin. Es würde wieder Nachhilfe geben, ich musste in die Nachprüfung.

Damals, vor der Tafel in der Klasse, war ich mein eigenes kleines Einzelschicksal. Heute weiß ich: Ich bin viele.

Wie ich auf das Thema gekommen bin? Durch eine Notiz auf dem Zeugnis des Sohnes eines Bekannten, von der er mir erzählt und über die er sich aufgeregt hatte. »Nachhilfe erbeten« habe darauf gestanden. Mein erster Gedanke war: Das ist ja so, als bezahlte ich einen ständigen Beitrag für die Instandhaltung meines Autos an eine Werkstatt und bekäme es nach einer Inspektion mit dem Hinweis zurück: »Reparatur erbeten«.

Ich weiß nicht mehr viel von Schulen, stelle ich fest und beginne Infos zu sammeln, spreche mit Pädagogen, lese mich ein. Eines steht fest: Statt »Nachhilfe erbeten« hätte der Lehrer auch schreiben können: »Hilf mir!«

Rund die Hälfte aller Schüler in Deutschland nimmt Nachhilfe oder hat sie bereits einmal genommen. Die Verkürzung des Gymnasiums auf G8 hat diesen Trend zwar beschleunigt, doch Nachhilfe beginnt heute bereits in der Grundschule. Schließlich wollen die Eltern für ihre Kinder nur das Beste. Auch die Politik wird nicht müde zu predigen, dass Bildung *der* Schlüssel für die Zukunft des Einzelnen und des ganzen Landes sei . . .

Der Staat aber lässt das Bildungssystem vergammeln. Väter, die Klassenräume streichen, Mütter, die Gardinen nähen, oder umgekehrt – das Handanlegen gehört inzwischen zur Bringschuld der Eltern. Eine Hausaufgabenbetreuung beispielsweise findet – außer an Ganztagsschulen – so gut wie nirgendwo statt. Die Kinder »auf Kurs« zu halten wird den Eltern überlassen. In den vergangenen zwanzig Jahren konnte sich deshalb eine Nachhilfeindustrie in Deutschland entwickeln, die aus Mängeln im Schulsystem, Leistungsdruck und Zukunftsängsten der Eltern Kapital schlägt. Verschönerungen sind mit einem Eimer Farbe für dreißig Euro anzubringen, und sie halten für eine gewisse Zeit. Nachhilfe aber ist auf Dauer angelegt.

Der Staat vernachlässigt eine seiner wichtigsten Aufgaben – Bildung für alle – und delegiert die Probleme und Kosten an die Eltern. Aber nur finanziell gut ausgestattete Eltern können diese Kosten auch übernehmen. Man muss es sich halt leisten können.

Chancengleichheit sieht anders aus.

Sondersteuer Nachhilfe

Morgens um halb acht vor meiner alten Schule. Am Erasmus-von-Rotterdam-Gymnasium in Viersen habe ich neun Jahre die Schulbank gedrückt. Hier wollte ich eigentlich meine Recherchen zum Thema Nachhilfe beginnen. Doch die Bezirksregierung Düsseldorf hat mir verboten, mit Lehrern und Schülern zu sprechen. Die Begründung kam per E-Mail: »Ganz unabhängig von der Intention Ihrer Reportage möchten wir es vermeiden, dass beim Zuschauer ein falscher Eindruck von der eigentlichen Förderleistung des Gymnasiums entsteht. Ich bitte Sie, diese Entscheidung zu akzeptieren.«

Nachhilfe? Offensichtlich ein sensibles Thema. Ich verabrede mich trotzdem zu einem Gespräch mit meinem ehemaligen Deutsch- und Klassenlehrer Bernd Korischem – dann eben vor der Schule. Ein Schulthema in meinem alten »Erasmus« mit meinem alten Lehrer zu erörtern – das geht mir irgendwie nahe. Ich bin halt auch ein Nostalgiker.

Korischem und ich haben uns seit Jahren nicht gesehen, wie auch? Nach der Schule ist das Leben sofort ein anderes, im Grunde vom ersten Tag an. Das Abiturzeugnis war der Passierschein ins wirkliche Leben, so kam es mir damals vor.

Korischem ist längst pensioniert. Das Stereotyp »der war noch vom alten Schlag« fällt fast immer, wenn man später respektvoll über seine alten Pauker spricht – aber so war er, ich hatte Vertrauen zu ihm. Vor allem hat er mich richtig eingeschätzt, wenn er mich einen »Saisonarbeiter« nannte. Ich war nicht sein bester Schüler. Mich bestimmte der Zweck, nicht so die Lust am Lernen. Manches ging ganz gut so, manches ging nur mit Druck. Im Klassenbuch gab es auch Einträge wie: »Dieter Können hat heute mal wieder sein Löschblatt vergessen.« Wer das jetzt als kleinlich bezeichnet, hat vielleicht sogar recht. Aber Korischem gab eine Linie vor: streng und humorvoll, geradeaus und fair. Viel mehr geht eigentlich nicht als Lehrer, das weiß ich heute.

Wenn ich das früher erkannt hätte, wäre ich vielleicht ein besserer Schüler gewesen. Jetzt will ich von ihm wissen, ob sich in den vergangenen zwanzig Jahren viel verändert hat.

Er nickt: »Ja, wenn ich auf meinen beruflichen Start zurückschaue, hat sich einiges getan. Vornehmlich ist mein heutiger Eindruck, dass wir gemeinsam ruhiger, stressfreier arbeiten konnten. Durch die vielfältigen Reformen und den Aufruhr der ersten PISA-Studie im Jahr 2000 ist sehr viel Unruhe und Belastung auf den Komplex Schule zugekommen. Das hat auch dazu geführt, dass sehr häufig zusätzliche Nachhilfe in Anspruch genommen wird, und es kommt ja nicht von ungefähr, dass so viele Institute, die diese Dienste anbieten, aus dem Boden schießen.« Der Druck sei größer geworden, was man nicht zuletzt daran merke, dass er als Pensionär an seiner alten Schule noch länger habe aushelfen müssen.

Diese Aussage am Ende eines Berufslebens ist verdammt ernüchternd, denke ich.

Nachhilfe und Schulbank drücken, warum? Reicht der Unterricht in der Schule nicht mehr aus? 1,5 Milliarden Euro pro Jahr für Nachhilfe. Wie ist es heute für Kinder, zur Schule zu gehen? Ist der Unterricht anders als zu meiner Zeit? Und wie viele Kinder müssen Nachhilfe nehmen, um einen profitablen Wirtschaftszweig zu sättigen?

Ich will wissen, wie Nachhilfe und Schulen das Leben in den Familien beeinflussen, und komme über eine Nachhilfeeinrichtung in Kontakt mit der Familie Sauer in Ratingen. Siegfried und Susanne Sauer* arbeiten bei der Polizei und zahlen seit Jahren für die Nachhilfe in Mathematik ihres Sohnes Matthias*. Er geht in die elfte Klasse eines Gymnasiums.

Als ich sie nach den Gründen frage, weshalb Matthias Nachhilfe bekommt, holt Susanne Sauer ein wenig aus. »Matthias hatte in der siebten Klasse eine Operation«, erzählt sie, »er konnte ein, zwei Wochen nicht zur Schule.

Dann gab's in der Zeit auch jede Menge Lehrerwechsel –
speziell in Mathe –, und da ist er einfach nicht mehr nach-
gekommen.«

Zwei Wochen flachgelegen, dann im Fach Mathematik
nicht mehr auf die Beine gekommen.

Ich wende mich an Matthias: »Wie viele Lehrer hattest
du im Laufe deiner Gymnasialzeit in Mathe?«

»Mindestens acht, können aber auch mehr gewesen
sein«, antwortet er.

Ich bin sprachlos. In der Mathematik ist die Acht eine
recht kleine Zahl, aber sie ist unglaublich groß, wenn es
um die Anzahl von Lehrern geht, auf die sich ein Schüler in nur einem Fach einstellen muss. Wie kann man in
einem Hauptfach Schüler mit acht nicht nur verschiedenen, sondern in ihrer Auffassung, in ihrer Art, in ihrem
Zuspruch (in ihrer Ablehnung?) sicher auch unterschiedlichen Lehrern bedrängen? Ich erinnere mich an einzelne
Lehrer, die mich während meiner Schulzeit begleitet haben, wie eben an meinen Deutschlehrer Bernd Korischem. Die waren entweder in Ordnung oder eben nicht,
aber sie waren – und das ist nicht ganz unwichtig in einem
Fach wie Mathematik – berechenbar. Manchmal tat einem
ein Wechsel auch gut, klar, aber acht Wechsel in einem
Hauptfach können unmöglich positiv sein.

Ständiger Lehrerwechsel in einem Hauptfach ist wie
Rechnen mit mehreren Unbekannten.

Obwohl mir das ein bisschen weh tut, provoziere ich
Matthias' Mutter: »Vielleicht reicht's ja auch nicht, vielleicht ist er ja zu dumm für Mathe, kann doch sein.«

»Das mag sein«, antwortet Susanne Sauer, »aber wir
haben durch die ganzen Lehrerwechsel auch festgestellt,
dass viele in seiner Klasse gerade in Mathe Nachhilfe bekommen – und die können nicht alle dumm sein.«

»Wie war der Matthias als Grundschüler?«, frage ich nach.

»Ein Superschüler! Matthias hat die erste Klasse übersprungen, wir können uns wirklich nicht beschweren, sonst wäre er ja den Schritt aufs Gymnasium auch nicht gegangen.«

Ich gucke in Gesichter von Eltern, denen ich ansehe, dass sie Jahre jünger werden, wenn ihre Kinder die Schule irgendwann mal abschließen – oder vielleicht älter, wenn sie es nicht schaffen.

»Wenn er in Mathe einst richtig gut war und sackt auf einmal so ab, was denkt man da? Was geht Eltern dann durch den Kopf?«

Vater Siegfried Sauer holt tief Luft: »Wir haben überlegt, ob es richtig war, ihn aufs Gymnasium zu schicken.«

Was hat er denn für eine Empfehlung bekommen?

»Eine Gymnasiumsempfehlung – uneingeschränkt.«

»Dann haben Sie doch nicht so viel falsch gemacht.«

»Das weiß ich nicht«, antwortet die Mutter und verweist auf Matthias' Bruder Bruno*. »Deswegen gehen wir bei ihm jetzt auch einen anderen Schritt.« Und welchen?

»Er«, sie nickt ihrem zweiten Sohn zu, »hat auch die uneingeschränkte Gymnasiumsempfehlung und ist von den Noten her in der Grundschule noch besser als Matthias – aber wir haben ihn auf der Realschule angemeldet und die Zusage dafür bekommen. Der Druck ist eben sehr hoch – auch für die Kinder.«

Matthias lächelt. Der jüngere Sohn Bruno soll nicht die gleichen Erfahrungen machen wie er. Trotz bester Noten in der Grundschule lieber weniger Druck in der Realschule.

»Beschreiben Sie mal den Druck«, bitte ich den Vater.

»Das ist schwer«, antwortet er. Siegfried Sauer lässt sich

einen Moment Zeit: »Man macht sich Sorgen um seine Kinder, wenn die Lehrer teilweise nach dem Motto ›Friss oder stirb‹ arbeiten. Das heißt, wenn einer nicht mitkommt, der bleibt auf der Strecke.«

Ich möchte mir selbst ein Bild davon machen, wie verbreitet Nachhilfe wirklich ist. Zu diesem Zweck habe ich einen Termin im Dreikönigsgymnasium in Köln verabreden können. Die Schule hat es vor einiger Zeit in die Lokalzeitung geschafft, weil die Schüler und Lehrenden noch immer auf eine Mensa warten, die ihnen bereits vor fünf Jahren versprochen worden war – das »Dreikönig« war mir also schon ein Begriff.

Die Schule ist mit über 560 Jahren eine der ältesten des Rheinlandes. Zu sehen ist das heute nicht mehr, weil das alte Gebäude 1912 bereits abgerissen worden ist. 1977 zog das Gymnasium letztlich in einen Zweckbau im Stadtteil Bilderstöckchen. Wie bei so vielen Siebzigerjahre-Bauten kann man sich auch hier fragen, warum man für das Erzielen dieser Außenwirkung Architektur studiert haben muss. Solche Gebäude dementieren alle ästhetischen Prinzipien und verbinden stattdessen ihre Zweckmäßigkeit mit einer kalten Außenwirkung. Was schade ist, denn überall dort, wo sich Ästhetik zeigt, werden Menschen positiv beeinflusst – davon bin ich überzeugt. Stimmigkeit ist ein Element der Ästhetik. Außen sehen und innen spüren – die beiden Pole sind nicht so weit voneinander entfernt.

Das Gymnasium ist eine Ganztagsschule, hier gehen jeden Tag fast 700 Kinder in den Unterricht. Ich besuche die 9b. Heute sind 21 Schüler in der Stunde. Auf dem Stundenplan steht eine Umfrage – nämlich meine.

»Guten Morgen«, grüße ich. »Guten Morgen«, schallt es zurück. Klang und Widerhall, zack, ich habe alles wieder parat. Schon auf dem Flur fühlte ich mich um dreißig Jahre zurückversetzt, weil sich auch Gerüche in der Erinnerung halten – Bohnerwachs zum Beispiel. Oder Klosteine in der Schülertoilette. Gerüche gehören zuverlässig zu meinem Erinnerungskapital – und in der Klasse noch mehr. Das zum Thema Nostalgie.

»Euer Vertretungslehrer ist da«, rufe ich, »ich brauche jetzt mal eure Hilfe.« Ich erzähle kurz, was ich vorhabe, und greife mir den nächststehenden Jungen: »Du verteilst die Karten an deine Mitschüler, und ich schreibe etwas an die Tafel.«

Kreide und Tafel sind Relikte aus weit zurückliegender Zeit. Lehrer, der einzige Beruf auf Erden, der sich innerhalb der letzten 200 Jahre nicht verändert hat, fällt mir ein – jedenfalls vor der Tafel nicht. Tafel, Kreide, Cicero. Nur ist mein Ansinnen heute ein anderes.

Ich will wissen, wer von den Schülern schon mal Nachhilfe bekommen hat und wer sie aktuell in Anspruch nimmt. Alle Jugendlichen geben mir Auskunft. Früher war Nachhilfe ein Tabuthema. Heute gehört sie offensichtlich ganz normal dazu.

Die Auswertung ergibt: Von 21 Schülern nahmen oder nehmen elf Nachhilfe. Das bedeutet, mehr als die Hälfte der Schüler zahlt privat für Bildung. Vom Stigma des leistungsschwachen Einzelkämpfers ist ein Nachhilfeempfänger jedenfalls befreit, das zeigen die Zahlen. Die Sorgen der Väter und Mütter bestimmen auch ihren Alltag. Sie wollen helfen und müssen zahlen. Wenn sie es denn können.

Ich berichte dem Mathematiklehrer Heinrich Dreier von dem Ergebnis meiner Fragestunde.

»Das überrascht mich«, sagt er. »Elf Leute, das ist ungefähr die Hälfte. Je nach Unterrichtsfach ist das sicherlich verschieden, zeigt aber, dass der Bedarf gegeben ist. Und das gibt zu denken.« Offenbar kann die Schule manche Rahmenbedingungen nicht mehr gewährleisten.

»Vielleicht ist der Anspruch zu Hause auch ein anderer, höher als das, was wir hier leisten können«, sinniert er. Da tut sich ein Problem auf, das er bislang so nicht kannte.

Dagmar Siegmann, die Direktorin der Schule, auch nicht. Ich treffe sie im Lehrerzimmer. »Ich war gerade in der 9b«, erkläre ich kurz, »ich durfte stören, weil ich wissen wollte, wer von den Kindern schon mal Nachhilfe bekommen hat.«

»Da wissen Sie jetzt wahrscheinlich mehr als ich«, entgegnet sie.

»Was schätzen Sie denn?«, frage ich.

Sie überlegt, legt den Kopf schief: »Ich schätze ein knappes Viertel.«

»Die Hälfte!«

»Oh! Das ist aus meiner Sicht zu viel. Denn eigentlich sollte Schule ja dem Auftrag nachkommen, Schülerinnen und Schüler zu bilden und zu erziehen – und nicht Nachhilfeinstitute.«

»Eigentlich?«, frage ich nach.

Sie lächelt: »Auf jeden Fall!«

Ich weiß schon, ich habe die leichtere Aufgabe, ich stelle nur die Fragen. Zum Beispiel die nach den Ursachen.

»Da gibt es sicherlich verschiedene Gründe«, meint sie, »ich denke daran, dass Eltern für ihre Kinder das Beste zu erreichen versuchen. Dazu gehört heute fast standardmäßig das Abitur. Über fünfzig Prozent der Schüler gehen heute auf Gymnasien. Eine andere Erklärung könnte sein – und das wäre ganz schlimm –, dass Schüler in der Schule nicht die notwendigen Voraussetzungen finden, um wirklich zu lernen und dann entsprechend die Lernerfolgskontrollen zu bestehen.«

Lernerfolgskontrolle, da ist Schule ganz Behörde, dafür kann die Direktorin nichts, so etwas gebiert der Bauch einer Verwaltung.

»Geht das nicht anders, geht das nicht ohne?«

Sie atmet tief durch: »Das ist eine ganz schwierige Frage. Wir versuchen das natürlich aufzufangen, indem wir die Förderung der Schüler – wir sprechen nicht gerne von Nachhilfe, wir sprechen von Förderung – selber übernehmen. Denn wir wissen ja, auf welches Bildungsziel wir hinarbeiten.«

»Kann die Schule das leisten?«, frage ich, »genau diese Förderungsmaßnahmen...«

Sie unterbricht mich: »Wir könnten sicherlich an der ein oder anderen Stelle eine zusätzliche personelle Ressource gebrauchen, um das wirklich flächendeckend hinzukriegen.«

Es gelingt also nicht.

Ich verabschiede mich und bleibe kurz noch auf dem Schulhof stehen. Mich umspringen die Kinder, sie laufen um mich herum. Ein Potenzial an Freundlichkeit und Fertigkeiten. Es kommt auf jedem Schulhof zusammen. Es zu finden ist also ziemlich einfach.

Und es zu fördern? Ist das nicht genau das, was die Politik verspricht?

»Wir wollen, wir ermöglichen, wir ...«

Beim Stöbern in altem Archivmaterial zum Thema Bildung finde ich einige interessante Videos. Eines zeigt einen Auftritt der Bundeskanzlerin. Weiße Kostümjacke, ihre Hände formen vor dem Bauch die bekannte Raute.

Angela Merkel steht vor einer Bücherwand. Kanzlerin und Physikerin. Das Amt verpflichtet sie eigentlich dazu, Visionärin zu sein. Sie ist aber auch Naturwissenschaftlerin.

»Wir haben uns vorgenommen, Bund und Länder gemeinsam, Deutschland zu einer Bildungsrepublik zu entwickeln«, sagt sie.

Ein anderer Film zeigt die NRW-Ministerin für Schule und Weiterbildung Sylvia Löhrmann im Plenarsaal. Die Ruhe zur Rautenbildung fehlt ihr. Sie rudert mit den Armen, verstärkt ihre Argumente. Ministerin und ehemalige Lehrerin.

»Wir wollen, dass alle Kinder einen gerechten Zugang zur Bildung bekommen, wir wollen die Gerechtigkeit in der Bildung verbessern«, sagt sie. Und: »Wir ermöglichen Schulen der Zukunft, und dadurch entstehen sie überall im Land. Wir ermöglichen individuelle Förderung, und dadurch wird sie an immer mehr Schulen im Land praktiziert.«

Das klingt so, als verspreche sie Pausenbrote mit Haselnussaufstrich, dabei ist der Schulalltag oft ein hartes Brot für Lehrer, Schüler und Eltern. Ohne die begleitende Finanzierung der Eltern läuft vielfach nichts.

Die Beantwortung der Frage, wie viele Schüler wirklich auf Nachhilfe angewiesen sind, ist dabei so wichtig wie keine zweite. Ich lasse Karten drucken und starte eine Umfrage unter 2500 Schülern an sechs Schulen. Eines weiß ich: Wenn das Ergebnis so wird, wie ich vermute, ist es für die Bildungspolitik ein Offenbarungseid. Hintergrund meiner Untersuchung ist eine Umfrage der Bertelsmann-Stiftung, die 2010 herausgefunden hat, dass jeder vierte Schüler Nachhilfe nimmt. Ich will wissen: Ist das heute immer noch so?

Nachhilfeinstitute versprechen guten Unterricht und bessere Noten. In ihren Werbevideos wird fröhlich gespielt – statt gepaukt. In einem dieser Filmchen etwa hockt Papa auf einem Baum, der Sohn schaukelt. So geht Nachhilfe also, mit Geld-zurück-Garantie und schon ab 8,40 Euro pro Stunde, wenn man sich ein Jahr verpflichtet. Damit ist klar: Nachhilfe ist für viele Familien wie eine erweiterte Miete. Dauermiete für eingekauftes Wissen, Lern-Leasing-Raten, mit deren Hilfe das Kind durch die Schulzeit gebracht werden soll. Es sind Einsteigerpreise für eine in der Regel auf Dauer angelegte Ausgabe.

Der Werbespot jedenfalls gibt sich dem Unernst hin. Zum Schluss springen die Kinder in ein Planschbecken, und Dieter Werkhausen, Geschäftsführer der Schülerhilfe, erklärt: »Unsere Schüler sind zwischen acht und neunzehn Jahren alt. Wir bieten Mathe, Englisch, Deutsch, Latein, aber auch alle exotischen Fächer an.«

»Und die Erklärungen sind hier meistens besser als in der Schule«, plaudert eine Schülerin aus dem Off. Es ist eine kleine Verhöhnung zum Schluss. Vergleichende Werbung ist hier erlaubt. Aber was ist, wenn es wirklich so ist, wenn die Erklärungen dort besser sind als in der Schule?

2500 Karten. Ich habe mir in NRW ein kleines geografisches Sechseck zurechtgelegt und fahre es ab: Köln, Kempen, Dortmund, Solingen, Viersen und Mönchengladbach. Wenige Tage später verteile ich meine Umfragezettel. Mit dabei sind Gymnasien, Haupt- und Realschulen. Die Auswahlmethode: der Zufall. Viele Schulen jedenfalls wollten nicht mitmachen – was ja auch schon einiges aussagt. In ein paar Tagen werde ich die Zettel wieder einsammeln. Alle Schulen werben jedes Jahr um Anmeldungen wie ein Einzelhandelsgeschäft mit ange-

schlossener Bildungstheke. Die Frage ist: Darf es ein bisschen mehr sein als das Viertel von Bertelsmann? Ich kann
nicht verhehlen, dass ich gespannt auf die Ergebnisse bin.

Am Jahresende ein Armutszeugnis

Es gibt kaum einen Berufsstand, der so unter Vorurteilen
zu leiden hat wie der der Lehrer. Aber was ist, wenn auch
sie Opfer einer Entwicklung geworden sind? Was läuft
schief an unseren Schulen, wenn aus sehr guten Schülern sehr schlechte werden? Acht Mathelehrer in sieben
Schuljahren – und die Nachhilfe fängt es auf. Wie sehen
Fachleute das Problem?

Mein erster Ansprechpartner ist die Lehrergewerk-
schaft »Verband Bildung und Erziehung« in Dortmund.
Ich verabrede mich dort mit dem Verbandsvorsitzenden
Udo Beckmann. Wir setzen uns in sein Büro und sind
schnell im Thema.

»1,5 Milliarden Euro werden jährlich von Eltern für
Nachhilfe ausgegeben – ist das normal?«, frage ich ihn.

»Nein, das *ist* eine unvorstellbare Summe«, erwidert er,
»und das ist auch gleichzeitig ein Armutszeugnis für das
öffentliche Schulsystem, weil es deutlich macht, dass erhebliche Defizite bestehen. Und dass Eltern gezwungen
sind, privat nachzusteuern, damit ihre Kinder die Ziele
erreichen, zu denen sie eigentlich in der Schule geführt
werden müssten.«

Ich habe eine Vorliebe für die Werbebroschüren der
Nachhilfeunternehmen, weil sie nicht nur die eigene
Qualität in den Vordergrund rücken, sondern mitunter
die Schulpädagogik veralbern. Ein paar dieser Prospekte

lege ich auf den Tisch: »Vorsprung durch Bildung« – »In Zukunft bessere Noten« – »Endlich eine Zwei in Mathe«. Dann folgt ein Klassiker: »Erfolgreich durch die Grundschulzeit«. Ich will die Pose des sich Empörenden eigentlich gar nicht einnehmen, aber trotz des sicherlich nicht klein zu redenden Problems mit Migrantenkindern, der Berichte über bildungsferne Schichten, dem ganzen Bohei um Inklusion: ABC, Grundrechenarten sowie Groß- und Kleinschreibung – es muss doch möglich sein, dass die Schule den Kindern das nötige Rüstzeug für die Zukunft mitgibt, ohne Hilfe teurer Institute.

»Kommentieren Sie das mal«, bitte ich ihn. Beckmann wirft einen Blick darauf. »Sie werden feststellen, dass laufend Institute aus der Erde sprießen«, meint er, »weil man erkannt hat, dass es ein interessanter Markt ist. Das staatliche Schulwesen steht unter staatlicher Aufsicht. Und so etwas müsste eigentlich auch für den Nachhilfemarkt geregelt werden – wobei ich ihn am liebsten ganz von der Fläche verschwinden lassen möchte.«

»Welche Rolle spielen da die Lehrer, welche Rolle spielt das Schulsystem?«

»In erster Linie ist es ja eine Frage, wie das Schulsystem mit personellen Ressourcen ausgestaltet ist. In Westfalen gibt es den Rechtsanspruch auf individuelle Förderung. Dieser Rechtsanspruch lässt sich aber nicht mit dreißig Kindern in einer Klasse umsetzen. Also sind wir beim Thema Klassengröße – eine der wichtigen Rahmenbedingungen.«

»Aber dreißig ist doch normal«, sage ich

»Dreißig ist normal«, bestätigt Udo Beckmann, »dreißig ist aber nicht normal, wenn man individuelle Förderung umsetzen möchte. Denn dann braucht man kleinere Lerngruppen – und davon sind wir meilenweit entfernt.«

»Aber das ist doch keine Elternfrage, das ist auch keine Lehrerfrage. Das, was Sie jetzt gerade ansprechen, ist eine Systemfrage«, finde ich.

Er nickt: »Ja, deswegen bin ich auch der Auffassung, dass man mehr in das System investieren muss, damit Nachhilfeunterricht überhaupt nicht erst entsteht.«

Beckmann tippt mit dem Finger auf die Tischplatte: »Denn Nachhilfeunterricht bewirkt ja eins: dass die bereits geöffnete Schere zwischen sozialer Herkunft und Bildungschancen noch größer wird.«

Schützt sich so eine Elite?

Ich verabschiede mich von ihm. Unterwegs zum Auto fällt mir noch mal das Zitat von NRW-Schulministerin Löhrmann ein: »Wir wollen, dass alle Kinder einen gerechten Zugang zur Bildung bekommen, wir wollen die Gerechtigkeit in der Bildung verbessern.«

Wollen kann man immer, aber ist auch die Umsetzung so vorgesehen? Man will die Inklusion ebenfalls, aber wie sieht es mit der Schaffung von Voraussetzungen aus? Mit den baulichen, personellen, sozialen Voraussetzungen? Und mehr noch: mit den finanziellen?

Der tägliche Kampf

Was Politiker wollen und was Politiker machen – das sind zwei verschiedene Paar Schuhe. Für mich wird immer deutlicher, dass es gute Bildung nur für die Bürger gibt, die sich private Nachhilfe leisten können. Oder die sich selbst die Zeit dafür nehmen und die eigene Lust am Job, am Mehrverdienst, an beruflicher Anerkennung zurückstellen.

Wie weit die Schule das Leben in den Familien bestimmt, wird mir am Beispiel der Familie Mehrsmann* deutlich, die ich im Kreis Kleve besuche. Der Vater ist Zahnarzt, die Mutter Zahnarzthelferin. Die Mutter hat bewusst ihr Berufsleben auf die schulische Situation ihrer Kinder eingestellt. Das muss man sich leisten können. Bei den Mehrsmanns kommen Fürsorge und Sorge zusammen. Vor allem die Mutter investiert Zeit, die Familie hat aber auch die finanziellen Möglichkeiten, das möglich zu machen.

Margret und Heiner Mehrsmann* empfangen mich in einem hellen, großzügigen Haus. Sie haben drei Kinder, zwei Mädchen gehen zur Grundschule, der große Bruder in die fünfte Klasse eines Gymnasiums. Wie darf ich mir denn da den Alltag vorstellen?

»Anstrengend, zeitraubend, wenig Freizeit«, antwortet Margret Mehrsmann, »weil ich mit den Kindern täglich Hausaufgaben mache. Pro Tag drei, vier Stunden sind da ganz normal.« Die Situation sei oftmals frustrierend, fügt ihr Mann hinzu.

Das sind wenig schöne Vokabeln, wenn man damit sieben Tage der Woche beschreibt. Selbst bei nur drei Stunden täglich und einer Fünf-Tage-Woche wären das wöchentlich fünfzehn Stunden elterliche Nachhilfe. Fünfzehn Stunden, vielleicht sogar zwanzig – das ist, als hätten die Mehrsmanns der öffentlichen Schule noch eine private an die Seite gestellt.

Margret Mehrsmann arbeitet halbtags, ihr Mann ist ganztags beschäftigt.

»Zum Glück«, sagt er, »können wir das so machen.«

Ich frage sie, was wohl passieren würde, wenn sie jetzt nicht so viel Zeit investieren könnte, wenn sie Vollzeit arbeiten müsste, was ja in vielen anderen Familien der Fall ist?

»In der Grundschulzeit würde es so noch gehen, aber es würden Lücken entstehen, die wir wahrscheinlich, wenn die Kinder aufs Gymnasium kommen, nicht so schnell aufgearbeitet bekämen. Vor allem nicht alleine, das schaffen die Kinder nicht. Und spätestens ab dem Gymnasium wäre dann Nachhilfe angesagt«, meint sie.

Wer gut verdient und es schafft, mit seinem Ehepartner eine funktionierende Arbeitsteilung aufzubauen, der hat es natürlich leichter. Aber auch die Mehrsmanns kämpfen täglich.

Mich bringt das zu der Frage, ob die Schule darauf vertraut, dass die Eltern in ihrer Freizeit Nachhilfe geben. Oder sind die Eltern vielleicht sogar selbst schuld, weil sie heute ambitionierter oder überambitioniert sind, wenn es um die Schulentwicklung ihrer Kinder geht?

Heiner Mehrsmann überlegt kurz: »Als wir noch keine Kinder hatten, haben Bekannte von uns gesagt: Du musst dich in der Schule engagieren und, und, und. Ich dachte, das sind, wie es heute auf neudeutsch heißt, diese ›Helikopter-Eltern‹. Dass die sich da reinstressen, damit sie irgendwelche Überfliegerkinder produzieren. So ist es aber nicht. Man muss gucken, dass man sie schulisch halbwegs durchkriegt. Halbwegs heißt für mich, entweder gute Realschule oder zumindest schlechtes Gymnasium. Ich dachte: Das kann doch nicht sein! Es wird doch in den Medien und von der Politik immer gesagt, dass jeder die gleichen Bildungschancen hat. Aber das sehe ich definitiv nicht so.«

Aus dem Nachbarzimmer dringen Geräusche.

»Ich höre die Kinder gerade spielen«, sage ich, »können wir mal nachfragen, wie es ihnen geht, so rein schulisch?«

»Natürlich«, sagt er.

Wir gehen rüber. Tom* lacht mich an.

»Endlich Freizeit, oder?«, frage ich.

»Ja«, sagt Tom.

»Nö«, meint seine Schwester. Wieso sagt sie »nö«? Schließlich geht sie gleich noch reiten. Oder fällt das auch schon unter Arbeit? Sie wird es witzig gemeint haben. Jedenfalls: Was Tom mir als seinen Tagesablauf präsentiert, grenzt schon an Kinderarbeit und macht einen Aspekt des Bildungsproblems in Deutschland sehr deutlich.

»Schule ist im Moment sehr anstrengend«, erzählt er, »ich muss morgens um Viertel vor sechs aufstehen, dann komme ich mittags – wenn ich sieben Stunden habe – nach drei erst wieder heim. Dann noch Hausaufgaben, da sitze ich manchmal bis acht, neun Uhr dran – und dann noch lernen.«

»Das glaube ich dir nicht!«

»Das stimmt aber.«

Manchmal ist es so: Man besucht eine Familie und betritt einen Hort der Zugewandtheit. Man begegnet Eltern mit ihren Kindern, spürt ihre Zuneigung, beobachtet sie und denkt, dass sie hier viel Zeit füreinander haben. Und dann präsentiert der Junge einem einen Fünfzehn-Stunden-Tag.

Pannenhilfe

Kinder wie Tom haben heute immer weniger Freizeit. Weil Eltern immer mehr Wert auf gute Noten legen? Oder scheitert das Schulsystem an seinen Aufgaben und muss deshalb privat nachgesteuert werden? 6000 Standorte für Nachhilfeinstitute gibt es schätzungsweise in Deutschland. Geht es überhaupt noch ohne Nachhilfe?

Sagen wir es mal so: Der ADAC hat auf deutschen Straßen 1700 »Gelbe Engel« als Hilfsfahrzeuge im Einsatz – und nennt es Pannenhilfe.

Matthias Sauer* meldet sich bei mir, der Sechzehnjährige mit den vielen Lehrerwechseln, der seit drei Jahren Nachhilfe bekommt. Ich will ihn noch einmal besuchen und auch seinen Nachhilfelehrer befragen. Als ich ankomme, spielt Matthias' kleiner Bruder Bruno* im Garten Fußball. Ich klingele. »Home is where your story begins«, steht an der Eingangstür. Passt irgendwie zum Thema, denke ich. Matthias öffnet die Tür, ein freundlicher Kerl. Sein Nachhilfelehrer heißt Christian Jänig*, ist gelernter Sozialarbeiter und studiert jetzt Mathematik.

»Ist ja schon gemein, oder?«, frage ich Matthias, »Bruno spielt draußen Fußball, und du musst hier ran.«

»Ja«, antwortet er, »aber was soll man machen?« Nichts als Mathe eben.

»Was steht an?«, frage ich.

»Vektorrechnung«, sagt der Nachhilfelehrer. Meine Erinnerung lässt mich ein bisschen im Stich, aber ich frische mein Wissen später bei einem ausgiebigen Besuch einer Internetseite auf.

»In der Geometrie versteht man unter einem Vektor ein mathematisches Objekt, das eine Parallelverschiebung in der Ebene oder im Raum beschreibt«, lese ich. Mir fällt sofort wieder der Junge vor der grünen Tafel ein, den trockenen, kreidigen Schwamm in der Hand. Jungs wie Matthias und Tom. Dann kommt was mit AA=BB=CC, jeweils versehen mit einem Pfeil. Zwei Pfeile, parallel, gleiche Richtung, gleiche Länge »definieren eine Äquivalenzrelation auf der Menge der Pfeile der Ebene bzw. des Raums. Die Äquivalenzklassen heißen Vektoren...«

Bruno spielt draußen Fußball. Seine Ebene ist der Platz,

er nutzt den Raum eher für einen Pass in die Tiefe. Brunos Äquivalenzklasse könnte spaßeshalber Bundesliga heißen.

Matthias' Nachhilfelehrer erklärt einen dreidimensionalen Raum und zeichnet schnell etwas aufs Papier. Lockere Stimmung.

»Das hier ist aber anders als in der Schule«, stelle ich fest.

»Ja«, sagt Matthias, »es ist viel entspannter, ruhiger, und – ich weiß nicht – er kann einfach besser erklären.«

Dann hat in diesem Fall die Stimme aus dem Off im Werbevideo wohl doch recht gehabt, fällt mir ein.

»In der Schule ist schon mehr Druck da, weil die Lehrerin auch mehr Druck ausübt. Und dieser Druck, finde ich zumindest, geht dann eher ins Negative über.«

Und, wie kommt er damit klar?

»In Klausurphasen wie jetzt habe ich schon mal öfters Magenschleimhautentzündung und Magenschmerzen.«

Alles hängt eben mit allem zusammen.

Ich wende mich an Jänig: »Ist Matthias die Ausnahme, oder stellen Sie das auch bei anderen Schülern fest?«

»Nee, das gibt's sogar ganz viel«, sagt der Nachhilfelehrer, »tatsächlich habe ich ganz viele Schüler, Schülerinnen vor allem auch, die aufgrund von Stresssituationen Probleme in der Schule haben. Es ist dann so, dass man die Leute wieder motivieren und ihnen zeigen muss: Hey, du kannst das doch eigentlich!«

Ich frage ihn nach der Entwicklung des Nachhilfemarktes.

»An Schülern mangelt es nicht, die Nachfrage ist absolut da. Ich glaube sogar, dass es mehr Nachfrage gibt als Angebote.«

Ich weiß, dass Matthias am nächsten Tag eine Mathearbeit schreibt.

»Es gibt noch viel zu tun«, sage ich, »dann will ich euch nicht länger stören.«

Ein weißes Blatt Papier, ein Stift, Magenschmerzen und Magenschleimhautentzündung. Das eine steht im Lehrplan, gegen das andere gibt es Rezepte. Aber beides gehört offenbar zusammen. Ich gehe.

Angeblich klagt jeder dritte Schüler in Deutschland über gesundheitliche Probleme. Das muss nicht alles mit der Schule zu tun haben, aber auch. Ich suche mir die Gemeinschaftspraxis für Kinder- und Jugendheilkunde von Dr. Eckhard Dierlich und Dr. Ulrike Müller in Köln aus, um dem nachzugehen. Dierlich nimmt sich etwas Zeit für mich, es ist Mittag, wenig zu tun.

»Mit welchen Problemen kommen Eltern und Kinder zu Ihnen?«, frage ich ihn.

»In letzter Zeit oder in den letzten Jahren schieben sich psychosomatische Störungen in den Vordergrund«, stellt der Mediziner fest, »das Symptombild, das uns angegeben wird, heißt in der Regel: Er hat Kopfschmerz und Bauchschmerz. Besonders ab montags morgens. Das ist aus unserer Sicht Ausdruck einer Überforderung – einer situativen Überforderung.«

»Angenommen, der zwölfjährige Jonas kommt mit seiner Mutter hier in die Praxis, wie gehen Sie da vor?«, will ich von ihm wissen.

»Dieser Junge kommt ja schon mal mit einem Selbstbewusstsein an, das sich so in Richtung Grasnarbe bewegt, und ich merke, wie gut es ihm tut, wenn ich ihm vermittle, dass er eigentlich okay ist und dass da ein Problem ist, das möglicherweise über seine Individualität hinausgeht«, antwortet Dierlich.

Und weiter: »Das heißt, dass wir konkret Adressen von Nachhilfelehrern weitergeben.«

»Aber wundert es Sie nicht selber, dass Sie den Kindern immer mehr Unterstützung auf eine ganz andere Art geben müssen – beispielsweise in Form von Tipps für Nachhilfestunden?«

Der Mediziner holt Luft: »Natürlich wundert man sich, aber man wird ja bescheiden und demütig und weiß, dass man die Banane nicht geradebiegen kann.«

Dieser Kinderarzt verschreibt eine besondere Medizin: Nachhilfelehrer. Immer noch besser als Pillen. Es gibt sie leider nur nicht auf Rezept.

Seit dem PISA-Schock im Jahr 2000 hat der Druck zugenommen, da scheinen sich Eltern, Schüler und Ärzte einig zu sein. An der Technischen Universität Dortmund treffe ich Wilfried Bos, den Professor für Bildungsforschung. Wenn man zum Thema Bildungsrepublik Deutschland recherchiert, fällt schnell sein Name.

»Was läuft schief im deutschen Schulsystem?«, frage ich ihn.

Seine Antwort kommt schnell und zielt überraschend genau auf die Pädagogen: »Dass nicht rechtzeitig von den Lehrern und Kollegien eingegriffen wird. Mag auch sein, dass wir zu wenig Lehrer an den Schulen haben, dass wir mehr Lehrer brauchen, damit dieses Eingreifen rechtzeitig stattfindet. Das kann man nicht einfach privatisieren und auslagern und sagen, liebe Eltern, kümmert ihr euch mal darum, da haben wir in der Schule nichts mit zu tun ...«

Das Thema ist natürlich ein privates, aber es ist zuerst auch ein politisches, finde ich.

»Angela Merkel hat doch die Bildungsrepublik ausgerufen«, sage ich, »wurde auch entsprechend gehandelt?« Ich meine die Ausstattung der Schulen – und auch die mit ausreichend Personal.

Bos: »Ich weiß den Betrag nicht genau, der in die WestLB geflossen ist, aber das waren auf jeden Fall mehr als vier Milliarden. Mit zusätzlichen vier Milliarden könnten wir in ganz Deutschland die Ganztagsschule finanzieren – wäre überhaupt kein Problem.«

Um zu zeigen, dass die Schulen nicht genug finanzielle Mittel bekommen, erinnert Bos an den Skandal um die ehemalige Landesbank mit Sitz in Düsseldorf, die während der weltweiten Bankenkrise 2007/2008 in einem Schuldensumpf versank und die im November 2009 die erste war, die auf der Grundlage von neuen gesetzlichen Möglichkeiten für deutsche Kreditinstitute ihre risikoreichen Wertpapiere in eine sogenannte Bad Bank ausgliederte.

Schulen sind eigentlich wie Geldinstitute, fällt mir ein. Wissen ist ein Anlagevermögen, es soll sich später schließlich auch verzinsen. Bildung sollte die Tinte sein, mit der ein Kind später seinen Lebensentwurf schreibt.

»Was wäre der Vorteil einer Ganztagsschule?«, möchte ich von Bos wissen.

»In der Ganztagsschule haben sie vom Prinzip her – also wenn sie gut gemacht ist – mehr Zeit, um gerade den Kindern zu helfen, die im Unterricht nicht mitgekommen sind. Um den Dreisatz auch noch ein zweites Mal zu erklären.«

Ich frage ihn, warum der Nachhilfemarkt derart boomt, dass es immer mehr Institute gibt und offensichtlich immer mehr Schüler, die diese Angebote in Anspruch nehmen.

»Nachhilfe wirkt!«, antwortet er. Innerhalb von neun Monaten würden gute Nachhilfeinstitute die Schülerleistung um eine Zensur steigern – das sei auch empirisch nachweisbar.

Aber wohin führt der Weg, wenn sich die Politik mehr und mehr aus ihrer Verantwortung stiehlt und der Canal Grande der humanistischen Bildung im trockenen Feld wirtschaftlicher Interessen versickert, die die 6000 Nachhilfeeinrichtungen haben – sowie die zahllosen privaten, in keiner Statistik auftauchenden Studenten und Lehrer, die ebenfalls unkontrolliert ihre Dienste anbieten? Die Eltern können am wenigsten dafür; sie erkennen den Missstand nur und steuern dagegen. Ihr Denken ist von Pragmatismus gesteuert: Bis sich die Politik ändert, ist mein Kind mit der Schule durch. Lehrplan ist Lehrplan, Lehrplan ist heute. Und heute hilft nur der Nachhilfelehrer.

»Wo steuern wir hin?«, frage ich Professor Bos.

»Also Japan besitzt eine Abiturquote von fast neunzig Prozent«, antwortet er, »aber die kostet auch, weil man dort viele Nachhilfeschulen hat.« Die Frage sei: Wollen wir die auch?

Schnaps und Schopenhauer

Auch in Deutschland steigt die Abiturquote seit Jahren. Wird das Abitur ohne Nachhilfe immer mehr zu einer Ausnahme? Müssen Eltern dafür zahlen, dass der Staat seinen Bildungsauftrag nicht mehr erfüllt? »Gutes Geld mit schlechten Noten« – so titelte die Wochenzeitung *Die Zeit* im Jahr 2010 auf ihrer Website. Drei Jahre später ist der Verlag selbst ins Nachhilfegeschäft eingestiegen – mit einem eigenen Angebot.

Ich halte fest: Private Nachhilfeinstitute übernehmen zunehmend schulische Aufgaben.

Aber das ist noch längst nicht alles, denn nahezu skandalös finde ich, dass die beiden größten deutschen Institute, »Schülerhilfe« und »Studienkreis«, bereits von Finanzinvestoren aufgekauft wurden. Die beiden Branchenriesen bringen es auf jeweils rund tausend Niederlassungen. Skandalös ist dabei nicht der Vorgang an sich, sondern das Vorhaben dahinter. Mir schwant: Nichts anderes als staatliches Versagen sorgt für das Milliardengeschäft der Anleger.

Das Geschäftsmodell kann man im Internet nachlesen. Der Käufer von Studienkreis – die börsennotierte Beteiligungsgesellschaft Aurelius AG – hatte 2014 einen Umsatz von 1,6 Milliarden Euro. Geld bringen unter anderem Alkohol (»Berentzen«), Chemikalien (»CalaChem«) und Unterhaltungselektronik (»Blaupunkt«). Die Schülerhilfe dagegen wurde von der Deutschen Beteiligungs AG (vielleicht bekannter als DBAG) gekauft. Die verdient unter anderem Geld mit Internetservices (»DNS:NET«), einer Textilholding (»XK«) und einem Automobilzulieferer (»Formel D«). Es geht um Geld, um viel Geld – und jetzt auch um Bildung.

Schnaps und Schopenhauer.

Beide Branchenriesen werben mit besseren Noten und einer Geld-zurück-Garantie. Sie schalten TV-Werbung zur Primetime. Bezahlt wird das von den Eltern. Das Angebot von Schülerhilfe und Studienkreis wird staatlich nicht einmal kontrolliert. Und das, obwohl über das Bildungs- und Teilhabepaket jedes Jahr Millionen in die Institute fließen. Seinen Franchisenehmern verspricht der Studienkreis, dass sie mit einem sechsstelligen Verdienst rechnen können, und dabei muss man noch nicht mal ausgebildeter Pädagoge sein. Beide Anbieter kooperieren bereits mit einzelnen Schulen. Das lohnt sich. In einer

Werbebroschüre des Studienkreises steht in aller Deutlichkeit: »Wer Nachhilfe braucht, ist auch bereit, dafür zu zahlen.« Und: »Man muss den Eltern immer das Gefühl geben, dass ihr Kind bei uns gut aufgehoben ist. Dann ist der Preis nicht mehr das vorrangige Entscheidungskriterium.«

Ich lese das und bin mindestens erstaunt: Werbebroschüren richten sich doch eigentlich nach außen, an die potenziellen Kunden. Die beiden zitierten Sätze, vor allem aber der zweite, klingen eher wie eine interne Anweisung an die Mitarbeiter zum Geldmelken.

Okay, überlege ich, was machen Finanzinvestoren? Sie fächern Märkte auf, bewerten Unternehmen, setzen beispielsweise auf bestimmte Technologien, weil das Geld ihrer Anleger hungrig nach mehr Geld ist. Sie interessieren sich für Produktivitätsfortschritte, erfolgversprechende Entwicklungen. Dass sie sich für Nachhilfeunternehmen interessieren, ist eigentlich völlig atypisch und sollte der Politik zu denken geben. Geldgeber arbeiten gewinnorientiert und setzen so gewissermaßen auf eine weiterhin schlechte schulische Qualität, weil ja auch solche Unternehmen in die Zukunft investieren – in diesem Fall in den Rohstoff »Kind«.

Gibt hier die Politik nicht ein Feld preis, bei dem sich ganze Pädagogen-Generationen auf Humboldt und den Humanismus berufen haben? Wird hier nicht ein Bildungsideal untergepflügt zum Zwecke der Geldvermehrung?

Das bringt mich zu der Frage, welchen Einfluss Finanzinvestoren auf Nachhilfeinstitute ausüben. Ich treffe noch einmal Margret Mehrsmann*. Sie macht mit mir eine Stichprobe. Ich will wissen, was Nachhilfeinstitute ihr raten. Sie wird sagen, dass ihr Sohn in die fünfte Klasse geht und im Fach Englisch auf 4- steht. Als Erstes testen wir eine Filiale der Schülerhilfe in Köln.

Das Büro wirkt wie ein Lehrerzimmer, ein bisschen Palme, ein bisschen Lehrerkalender und ein bisschen Zuspruch und Verständnis. Die Schülerhilfe-Mitarbeiterin empfiehlt:

»Zweimal die Woche. Das ist keine Pflicht, aber es soll ja auch was bringen. Dann geht es jeweils über neunzig Minuten. Das sind zweimal zwei Unterrichtsstunden zusammengefasst.«

Sie macht die Rechnung auf: Vier Stunden Nachhilfe pro Woche. Der Preis für sechs Monate liegt bei 930 Euro, für ein Jahr bei 1670 Euro. Ihre Empfehlung: die längere Variante, der Zwei-Jahres-Vertrag.

Zwei Jahre Nachhilfe für einen Fünftklässler mit Englischproblemen? Damit er vielleicht von der Note 4 auf die Note 3 kommt? Und das für ein Fixkostenplus, eine Bildungssondersteuer von etwa 140 Euro im Monat? Und was ist, wenn Mathe dazukommt? Mein Eindruck: Schwere Autos fährt man, wenn man Geld übrig hat, aber wenn man keine Lust auf zivile Stadtpanzer und SUVs hat, kann man sein Geld auch in Nachhilfe stecken.

Nächster Versuch. Was empfiehlt die Kollegin des Studienkreises in Köln Rodenkirchen?

»Einmal pro Woche neunzig Minuten, dann kann man sich auch längerfristig festlegen – für sechs oder für zehn Monate. Aber da weiß ich gar nicht, ob das so sinnvoll ist«, überlegt sie, »fünfte Klasse, da ist noch so viel möglich.«

Die Beraterin des Studienkreises kommt uns fairer vor. Hier heißt es, dass in der fünften Klasse längerfristige Verträge nicht sinnvoll sind. Und generell gilt: Immer Probeunterricht vereinbaren und flexible Laufzeiten aushandeln.

Das empfiehlt auch die Vorsitzende des Verbandes der Nachhilfeinstitute VNN. Cornelia Sussieck ist Deutschlands oberste Lobbyistin, wenn es um Nachhilfe geht. Ganz klar, dass ich mich mit ihr verabrede. Sie bringt frischen Spargel mit, was zugegeben ein etwas ungewöhnlicher Einstieg in das Thema ist. Macht aber nichts. Mich interessiert vor allem, wie der Nachhilfebereich organisiert ist und ob er kontrolliert wird.

Grundsätzlich meint sie, dass Nachhilfe notwendig sei, wenn äußere Rahmenbedingungen nicht stimmten und bei den Kindern die innere Bereitschaft zum Lernen fehle. Sie sei sogar absolut wichtig, weil jedes Kind anders lerne. »In der Schule wird einfach ein Durchschnittsangebot gemacht«, findet sie, »was ja auch völlig richtig ist. Ich glaube nicht, dass das öffentliche Schulsystem etwas anderes anbieten sollte, sondern einfach eine sehr gute allgemeine Bildung. Schüler, die etwas anderes möchten oder auch etwas anderes brauchen, benötigen eine individuelle Förderung, den individuellen Coach – und das bieten wir.«

»Wie sichern Sie die Qualität«, möchte ich von ihr erfahren, »also das, was Sie sich selber als Standard vorgeben?«

»Also die Standards überprüft zunächst niemand«, schränkt sie ein, »sollte aber ein Kunde bei uns vorstellig werden und sagen, dass in dieser oder jener Nachhilfeschule dieses und jenes nicht eingehalten wird, werden wir sofort aktiv.«

»Jetzt haben Sie mal gesagt, dass Sie keine staatliche Kontrolle Ihrer Arbeit durch willkürlich erdachte Kriterien wollen. Warum wollen Sie denn keine staatliche Kontrolle?«, möchte ich von ihr wissen.

Cornelia Sussieck findet, dass der Staat keine Ahnung

vom Nachhilfeunterricht habe. Sie lacht: »Ich denke, was er in den Schulen macht, ist zum Teil schon schlimm genug. Wir kennen den Nachhilfemarkt, und wir arbeiten ja auch den Schulen zu. Wir wissen ganz genau, was unsere Nachhilfelehrer brauchen.«

»Das heißt, Sie wollen nicht, dass der Staat Ihnen ins Handwerk pfuscht?«, hake ich nach.

Die Lobbyistin stutzt kurz: »Ja, könnte man so sagen. Aber deshalb, weil wir der Meinung sind, dass er keine Ahnung von der Nachhilfe hat.«

Ich komme auf das Bildungs- und Teilhabepaket der Regierung zu sprechen, das ja vor allen Dingen auch Schülerinnen und Schüler aus sozial schwächeren Familien helfen soll: »Dafür müssten Sie sich eigentlich bei den Politikern bedanken, oder?«

Sie wiegelt ab: »Es sind ja nicht viele Schüler, die über das Teilhabepaket kommen, das Gros wird von den Eltern selber finanziert. Wir sagen also nicht: Klasse, jetzt werden wir endlich noch reicher.«

Nun ja, immerhin wurden im vergangenen Jahr 14,7 Millionen Euro in NRW aus dem Teilhabepaket abgerufen. Geld vom Staat für private Nachhilfeinstitute.

Ich frage die Verbandsvorsitzende, wie es zu erklären sei, dass die beiden größten Institute, also Studienkreis und Schülerhilfe, nicht Mitglieder ihres Verbandes sind.

»Die waren ja in unserem Verband«, antwortet sie, »und sie sind ausgetreten, bevor oder nachdem sie das erste, zweite, dritte Mal an einen Hedgefonds verkauft wurden. Diese sogenannten Großen haben überhaupt kein Interesse an dem Nachhilfemarkt, sondern nur daran, viel Geld zu verdienen.«

»Aber es geht doch hier um Bildung...«

»Das ist auch meine riesengroße Kritik daran. Die enorm

aggressive Werbung, die diese Firmen im Augenblick machen, gefällt uns überhaupt nicht und ist zum Nachteil sowohl des Marktes allgemein als auch der Schüler.«

Fast Food

Werbung mit guten Noten. Der Studienkreis ist von der Wettbewerbszentrale bereits abgemahnt worden. Grund: Irreführende Werbung mit Kundenzufriedenheit und Geld-zurück-Garantie. Ich gucke mir den Clip nochmal an. Papa in einer Art Baumhaus, sein Sohn schwingt auf einer Liane lachend ins Reich der guten Noten – so schön kann Nachhilfe sein. Fast schöner, als nachmittags Fußball zu spielen.

Die vom Hedgefonds DBAG übernommene Schülerhilfe kümmert sich noch um eine andere Klientel als Schüler. Sie ist auch Ansprechpartner für alle, die sich in diesem Metier selbstständig machen wollen. Clip Nr. 2: »Die Schülerhilfe ist zudem der größte Franchisegeber im Bereich Nachhilfe«, heißt es dort. Und weiter: »Franchisepartner müssen keine ausgebildeten Pädagogen oder Lehrer sein. Partner sollten gerne mit Menschen zusammenarbeiten wollen und engagiert unternehmerische Ziele verfolgen.«

Ziemlich unverfroren, denke ich. Das ist nichts anderes als unverhohlen flaches Anrobben an die Franchisenehmer: Hey, mietet euch bei uns ein, ihr müsst keine Ahnung vom Geschäft haben, aber Lust an einem solchen! Die Schülerhilfe verkauft nur Möglichkeiten, kassiert ab und entlässt sich selber aus der Verantwortung. Die Franchisenehmer – keine Pädagogen, keine Lehrer – sind die nächsten, die verdienen wollen. Das Risiko liegt bei ihnen, sie müssen als Geschäftsführer fürs Personal und die Qualität der Arbeit sorgen. Wenn's funktioniert, sind das schon zwei Absahnebenen, bevor es überhaupt zur ersten Nachhilfestunde kommt. Wenn nicht, entschuldigen Sie bitte!

Hilfe – diese Vokabel mit Solidaritätsanspruch ist da völlig fehl am Platz. Der Schüler und seine Eltern stehen in der Nahrungskette »Bildung« am Ende. Schülerhilfe – das klingt wie eine Handreichung durch Ehrenamtliche auf Vereinsebene. Aber das ist es nicht, es ist ein knallhartes Schülergeschäft auf Kosten der Eltern.

Damit liegt der Anspruch endgültig auf dem Grabbeltisch für Bildungsideale. Der Studienkreis macht es ähnlich. Auch hier schaue ich mir einen Werbeclip an.

»Sie suchen einen kompetenten Partner für den Schritt in die Selbstständigkeit?«, fragt eine Dame im schwarzen Kostüm. »Der Studienkreis gehört nicht nur zu den führenden privaten Bildungsanbietern, sondern er ist auch einer der größten Franchisegeber Deutschlands.«

Ähnlicher Auftritt, gleiche Versprechungen. Ist es so einfach, ein Institut aufzumachen, frage ich mich, und was verdiene ich damit? Es wird Zeit für einen Selbstversuch. In einem Telefonat mit dem Studienkreis bewerbe ich mich als Franchisenehmer. Es folgt ein Gespräch, das eine Dreiviertelstunde dauert. Ich liefere einen Lebenslauf und bin erstaunt, wie genau mein Gesprächspartner nachfragt. Er lässt sich berufliche und zeitliche Lücken erklären, fragt nach Eigenkapital und finanziellen Sicherheiten. Für ihn steht fest, »dass wir das nur machen, wenn die Wahrscheinlichkeit hoch ist, dass es gut geht. Wir gucken mit mehreren Augen auf den Kandidaten und entscheiden erst ganz am Ende – nach einem Kennenlernen.«

Ich gebe mich nicht als Journalist zu erkennen, weil

mein Gegenüber sofort misstrauisch werden würde. Er hält Sachen zurück oder macht ganz zu. Bin ich einfach nur ein Interessent, wollen wir beide etwas voneinander – und das Gespräch wird auf eine Art ehrlicher, wenngleich es auf einer nicht ganz ehrlichen Basis fußt.

»Was pädagogische Vorerfahrung angeht, die habe ich jetzt nicht«, gebe ich allerdings wahrheitsgemäß zu, »spielt das eine Rolle?«

Nein, nicht unbedingt, lautet die Antwort. Die nächste Frage verblüfft mich allerdings: »Sind Sie irgendwo Mitglied in einem Sportverein, oder haben Sie anderswo schon mal Führungsaufgaben übernommen?« Ich erinnere mich an alte Handballzeiten. »Ja, ich bin Trainer!«

Es folgt die dann doch grandiose Beförderung vom Trainer zum Unternehmer. »Da geht es doch schon los. An die Dinge denkt man nicht so schnell, aber dafür bin ich ja da«, sprüht der Telefonberater. Dann unterhalten wir uns über Verdienstmöglichkeiten. »Sie können in den sechsstelligen Bereich kommen, da haben wir genug Beispiele.«

Wenn es auch ein intensives und langes Gespräch war, bleibt als Ergebnis: Mit etwa 20 000 Euro Startkapital und ohne pädagogische Vorerfahrung kann jeder in Deutschland ein Nachhilfeinstitut eröffnen. Mit Bildung werden Geschäfte gemacht wie mit Fast Food.

Ganz offiziell rufe ich ein paar Tage später in der Bochumer Zentrale des Studienkreises an, um ein paar offene Fragen zu klären, die sich mir stellen. Der pädagogische Leiter des Unternehmens, Max Kade, sagt einem Interview zu. Bemerkenswert ist die Empfangskultur am Eingang des verlassen wirkenden Gebäudes. Der Pförtner ist offenbar outgesourct; ich muss vom Foyer aus selbst im Büro des Studienkreises anrufen und warten, bis mich jemand abholt.

Nach der Begrüßung konfrontiere ich Max Kade mit der Aussage, die ich in der Studienkreis-Broschüre auf der Seite zehn gefunden habe:

»Man muss den Eltern immer das Gefühl geben, dass ihr Kind bei uns gut aufgehoben ist. Dann ist der Preis nicht mehr das vorrangige Entscheidungskriterium.«

Spielt Geld keine Rolle?

Die Antwort kommt etwas zögerlich: »Ja, also, na ja, wir reden über ein Geschäft, das extrem mit Vertrauen zu tun hat. Ich gehe vertrauensvoll hin, und es gibt keine einzige Drucksituation, sondern ich fühle mich wohl. Und nur dann kann ich auch Lernen initiieren.«

»Aber wenn dieses Wohlfühlen so eine große Rolle spielt und auch das Vertrauen, das Sie aufbauen wollen, wie passt das dann zu dem doch sehr aggressiven Werbeverhalten, das das Unternehmen an den Tag legt?«

Er fragt mich, ob ich das spezifizieren kann. Ich erkläre es ihm: »Sie sind auf dem Markt sehr aktiv, Sie sind einer der wenigen, die TV-Werbung schalten.«

»Die TV-Werbung ist ein Stück weit Reaktion«, antwortet Max Kade, »wir haben lange keine gemacht. Haben sie jetzt wieder gemacht, weil wir auch feststellen, dass eine Reihe von Mitbewerbern durchaus stark in dem Bereich ist.«

»Das heißt, die Konkurrenz ist größer geworden.«

Der pädagogische Leiter bestätigt das.

»Ist das vielleicht der Grund dafür, dass man Grenzen überschreitet?«, will ich von ihm wissen. »Wie ist es denn zu erklären, dass Sie von der Wettbewerbszentrale abgemahnt worden sind?«

Kade weiß von nichts: »Wir sind abgemahnt worden? Wofür?«

Ich erläutere ihm, dass es eine Unterlassungserklärung

gab, die die Anwälte vom Studienkreis unterschreiben mussten. »Kein Kommentar«, sagt Kade, »davon weiß ich nichts.« Warum sind der Studienkreis und auch die Schülerhilfe nicht Mitglied im größten Verband, dem Verband für Nachhilfeinstitute (VNN)? Auch das weiß er nicht. Er verweist mich an die Geschäftsführung.

Zwei Wochen später bin ich wieder in Bochum. Doch die Geschäftsführung steht für ein Gespräch nicht zur Verfügung. Stattdessen gab es zwischenzeitlich offenbar Nachhilfe für Max Kade. Denn zwei Fragen sind noch offen: die Abmahnung der Wettbewerbszentrale und die Mitgliedschaft im VNN.

Ich treffe Kade in der Eingangshalle des Gebäudes. Heute ist er informiert. Thema Abmahnung: »Wir haben zwei Hinweise von der Wettbewerbszentrale bekommen. Einmal den, dass der Hinweis zur Kundenzufriedenheit – ein sehr hoher Wert – nicht genau erläutert wurde. Also dass man nicht erkennen konnte, welche unabhängige Quelle das festgestellt hat. Und der andere Hinweis bezog sich...«, er stockt kurz.

»Auf die Geld-zurück-Garantie«, helfe ich ihm weiter. Die Werbung schmückt die Wand in der Eingangshalle. Ich merke seine Anspannung.

»Richtig, auf die Geld-zurück-Garantie«, ruft er. Die Geld-zurück-Garantie soll der Studienkreis jetzt genau auf seiner Homepage erklären, sagt mir Max Kade. Und die Mitgliedschaft im VNN habe sich nicht mehr gelohnt.

Ich fasse zusammen: Der Studienkreis, einer der Marktführer in Deutschland, gekauft von einem Finanzinvestor, wird staatlich nicht kontrolliert. Dabei fließen Steuergelder ins Nachhilfegeschäft. Das Bildungs- und Teilhabepaket der Bundesregierung unterstützt sozial schwache Familien nicht nur mit Geldern für Mittagessen und

Schulausflüge, sondern auch für Nachhilfe. 14,7 Millionen Euro waren es 2013 allein in NRW. Nur für Nachhilfe.

Geld für die Schulen

Es gibt Leute, die haben Ideen, wie das Geld direkter vom Bund in die Schulen fließen könnte. Zu ihnen gehört Jack Onkelbach. Er ist Rektor der Hauptschule Kirchhecke in Mönchengladbach. Über Gespräche mit Lehrern bin ich auf seine Schule gestoßen. Wir setzen uns in einen Klassenraum. Mich interessiert, was aus seiner Sicht am Bildungspaket verbessert werden muss, damit es zielgenau bei den Schülerinnen und Schülern ankommt.

»Ich würde mir wünschen, dass die Mittel nicht in den Bereich der freien Wirtschaft hineinfließen«, meint er, »sondern dass stattdessen die Schulen die Mittel direkt zur Verfügung gestellt bekommen, um dann eigenständig schülerorientiert das zu organisieren, was an zusätzlichen Fördermaßnahmen erforderlich ist.«

»Aber was ist so schlecht daran, wenn der Nachhilfemarkt die Schulen unterstützt, Hilfestellung leistet?«, will ich von ihm wissen.

»Ich kann da nur eine eingeschränkte Unterstützung feststellen«, konstatiert er, »denn es gibt ja ganz, ganz häufig überhaupt keine Rückkopplung zwischen den Trägern dieser Nachhilfemaßnahmen, die zum Teil Wirtschaftsunternehmen oder Privatpersonen sind, die vor sich hin wurschteln und kaum das Feedback mit der Schule suchen.«

Es gebe einen gewaltigen Unterschied zwischen Anspruch und Wirklichkeit. Wenn man, vor allem bei den großen Trägern, die Hintergründe beleuchte, stelle man fest, dass es eigentlich wirtschaftliche Interessen seien, die da verfolgt würden. »Es wird Gewinn gemacht in diesem Bereich.«

»Angenommen, Sie müssten den Satz jetzt fortführen: Wenn schon Nachhilfe, dann...«

»... mit Trägern, die Erfahrung im Bildungsbereich haben und die sich ganz, ganz intensiv mit den Schulen verknüpfen lassen«, vervollständigt er. Er hat ein Beispiel parat. Seine Schule arbeite mit der Familienbildungsstätte in Mönchengladbach zusammen.

»Da kommen Honorarkräfte zu uns in die Schule und betreiben hier in der Schule eine Kleingruppenförderung – ergänzend zum normalen schulischen Angebot. Das ist was Sinnvolles!«

Geld direkt vom Bund in die Schule? Jack Onkelbach lächelt wie jemand, der weiß, dass seine Forderung verhallen wird. Aber man hat wenigstens etwas probiert.

Doch meistens läuft die Nachhilfe völlig unkoordiniert neben der Schule her. Inzwischen sind alle meine Umfragezettel zurück. 2500 Schülerinnen und Schüler hab ich befragt, ob sie Nachhilfeunterricht nehmen. Die Bertelsmann-Studie aus dem Jahr 2010 spricht von jedem vierten Schüler, der Nachhilfe nehmen muss. Bei meiner Umfrage haben 2488 Schüler mitgemacht – davon 1218 mit ja geantwortet. Fast die Hälfte. Das heißt: Jeder zweite Schüler ist – laut meiner Umfrage – auf Nachhilfe angewiesen.

Kein Wunder, dass der Nachhilfemarkt derart boomt.

Was sagt die NRW-Bildungsministerin Sylvia Löhrmann dazu? Kennt sie die Missstände, und ist sie bereit, etwas dagegen zu tun? Ich besuche sie im Düsseldorfer Ministerium. Meine säuberlich gestapelten Umfragekarten trage ich mit mir – eine Beweislast von ein paar Kilogramm. Nicht besonders gewichtig, aber – wichtig.

Es ist nicht ganz einfach, sich mit ihr zu verabreden. Zwei Stunden Wartezeit haben wir bereits hinter uns, als sie erscheint. Es ist Mittagszeit, sie begrüßt mich, und ich beginne das Gespräch mit einer Entschuldigung: »Sie kennen das Gefühl, wenn man Ihnen die Mittagspause klaut?«

»Nein, ich habe in der Regel keine Mittagspause. Aber wissen Sie was«, fragt sie zurück, »soll ich Ihnen mal was zeigen?«

Die ehemalige Lehrerin packt eine Butterbrotdose aus: »Schulbrote für die Schulministerin!« Geschmiert von ihrem Mann. Mit Radieschen, plus Apfelstückchen. Alles wie früher – nur ohne Pausenklingel.

Sie ist nett, sie ist ein Medienprofi. Sie beherrscht den einnehmenden Small Talk, wenn es um die großen Themen geht – was überhaupt nicht schlimm ist. Als gelernte Gesamtschullehrerin bringt sie also nicht die schlechtesten Voraussetzungen für ihr jetziges Amt mit. Ist das so?

»Ja, ich habe außerdem eine Schwester, die Grundschullehrerin ist, und einen Schwager, der Hauptschullehrer und Sonderpädagoge ist. Und sechs Nichten und Neffen – ich weiß, wie Schule von innen funktioniert.«

Weiß sie auch, wie viele Kinder und Jugendliche zusätzlich zum Unterricht ihren Stoff bimsen müssen?

»Da habe ich jetzt keine Zahl im Kopf, aber bundesweit gibt es eine Million Nachhilfe«, schätzt sie.

»Es gibt eine Bertelsmann-Studie, da ist die Rede von jedem vierten Schüler.«

Sylvia Löhrmann nickt: »Das wären 25 Prozent, das kann sein, ich hätte jetzt gesagt zwanzig bis dreißig Prozent. Das schwankt.«

»Das hier«, sage ich, »ist das Ergebnis meiner Recherche. Das sind 2500 Schüler, die das an sechs verschiedenen Schulen in NRW mitgemacht haben. Das Ergebnis ist: Jeder zweite nimmt Nachhilfe oder hat schon mal Nachhilfe genommen. Das ist deutlich mehr.«

Wieder nickt sie und flüchtet sich dann in wolkige Forderungen: »Das ist keine gute Zahl. Sie zeigt, wie groß der Druck ist, wie groß die Angst ist zu versagen, etwas nicht zu schaffen. Und das zeigt: Wir brauchen eine Kultur der Unterstützung, der Potenzial-Orientierung in den Schulen, damit die Schülerinnen und Schüler gestärkt werden – jedes Kind kann etwas.« Sie glaubt, gute Schulen sollten die Begleitung und Unterstützung selber leisten können. Jedenfalls: »Diesen Nachhilfemarkt, wie wir ihn in Deutschland haben, den gibt es in anderen Ländern nicht.«

Ich hake nach: »Wollen Sie den denn?«

»Es gibt ihn, und ich greife natürlich nicht ein, wenn Eltern sagen, ich möchte hier eine Unterstützung haben, dann bekämpfe ich nicht den Nachhilfemarkt.«

Meine Nachfrage klingt simpel, aber ich will die Antwort wissen, weil ich die Auswüchse dieses Ausverkaufs an Bildung zu kennen glaube, die die Politik auf den Verkaufstresen der Wirtschaft gewuchtet hat: »Warum nicht?«

»Weil ich das gar nicht kann. Ich untersage den Eltern nicht, dass sie für ihre Kinder Nachhilfe organisieren. Aber ich freue mich, wenn es in einer Schule gelingt, dass Eltern nicht dafür bezahlen müssen, dass ihre Kinder gut mitlernen können.«

»Aber damit sagen Sie doch, dass es zur Bildungsaufgabe der Schule selber gehört, dafür zu sorgen, dass ihre Schüler richtig lernen.«

»Verantwortliche Schulen nehmen das Thema an und nehmen das Thema ernst, aber ich kann nicht eine Tradition verändern von heute auf morgen – sie verändert sich mittelfristig. Und da wage ich auch keine Prognose, wann es vielleicht und ob es vielleicht diesen Nachhilfemarkt in dieser Form irgendwann nicht mehr gibt.« Er sei von den Eltern unterstützend gewollt.

Ich frage sie, ob denn jede Schule aus ihrer Sicht die Möglichkeit habe, die Kinder so zu fördern, wie es notwendig ist.

»Wir arbeiten insgesamt in Nordrhein-Westfalen an der systematischen Verbesserung der Schul- und Unterrichtsqualität. Wir haben eine sehr gute Besetzungsquote der Lehrerinnen- und Lehrerstellen. Über 99 Prozent der Stellen sind auch besetzt worden, glaube ich.«

Die Frage ist nur: Sind es auch 99 Prozent des echten Bedarfs?

»Wenn Eltern jetzt sagen, auch mein Kind ist betroffen, auch mein Kind spürt diesen Druck und muss vielleicht deswegen Nachhilfe nehmen, was könnten Sie denen empfehlen?«

»Ich könnte den Eltern empfehlen, sich mit der Schule, mit dem eigenen Kind hinzusetzen und zu fragen: Was ist unser Problem? Ich finde immer am besten, man redet über die Dinge, man versucht gemeinsam, Ziele zu entwickeln – und die Kinder sollten immer einbezogen werden.«

Verantwortliche Schulen nehmen das Thema ernst, sagt sie. Für mich schimmert Hilflosigkeit durch. Die Ministerin wehrt Verantwortung ab und spielt den Ball den Schulen zu, sie nimmt sich und ihr Amt raus aus dem Spiel. Sie kann mit keiner Tradition brechen. Aber wo bleibt da die Gestaltung, die politische Verantwortung? Sie lässt es laufen, den Eindruck habe ich.

Der Ball liegt bei den Eltern, der Ball liegt bei den Schulen. Sylvia Löhrmann möchte da nicht mitspielen.

Das war's mit dem Interview, ich gehe. »… weil der Nachhilfemarkt unterstützend für die Eltern gewollt ist«, fällt mir im Weggehen ein. Doch wer will ihn? Die Eltern, die ihre Kinder in Englisch von der Note zwei auf eins bringen wollen, dürften in der Minderheit sein. Also andersrum: Will ihn jemand, der ihn nicht wollen muss? Und warum für etwas bezahlen, das zur Daseinsvorsorge gehört wie Bildung? Haben die Eltern dafür nicht schon mit ihren Steuern bezahlt?

Das Sechseck Köln, Kempen, Dortmund, Solingen, Viersen und Mönchengladbach, dieses Hexagon und meine 2500 Karten offenbaren doch eher blanke Not.

Nach Ansicht von Ministerin Löhrmann müssten gute Schulen in der Lage sein, private Nachhilfe zu vermeiden – Jack Onkelbach lässt grüßen. Und in guten Schulen kann jeder das Gespräch suchen. Aber entspricht das der Realität? Gibt es im Schulalltag überhaupt die Zeit und die Mittel, jedes Kind individuell zu fördern? Ohne Nachhilfe? Und mit dreißig Schülern in der Klasse?

Eine Schulzeit ganz ohne Nachhilfe, das wünscht sich auch die Pilates-Trainerin Brigitte Bernhard* aus Köln für ihre Tochter Silke*. Ich habe die Familie über einen Bekannten kennengelernt. Silke geht in die vierte Klasse einer Grundschule. Ich treffe sie vor der Schule.

»Welche Rolle spielt denn Nachhilfe in Ihrer Familie?«, frage ich sie.

»Bisher noch keine, und wir wollen auch, dass das so bleibt. Obwohl sie die Empfehlung für das Gymnasium bekommen hat, möchten wir schon, dass sie auf die Gesamtschule geht.«

»Was war der ausschlaggebende Grund?«

»Weil sie dort Zeit hat, in neun Jahren das Abitur zu machen«, sagt Brigitte Bernhard.

Wir gehen langsam weiter.

»Ich habe mit der Schulministerin gesprochen. Die hat gesagt, dass das im Prinzip kein Problem ist. Man muss nur mit der Schule reden, mit der Klassenlehrerin, also den offenen Dialog suchen, und dann sei Nachhilfe auch kein Thema mehr.«

»Das finde ich reichlich realitätsfremd, weil die Klassen 25 bis 35 Kinder stark sind. Wenn jedes Kind das Gespräch suchen würde, dann hätten die Lehrer noch mehr zu tun. Sie sind zeitlich schon so eingespannt, und dadurch verringert sich der Stoff – und das pädagogische Konzept wird schon gar nicht besser dadurch.«

Ich wende mich an Silke: »Freust du dich denn schon auf die Schule?«

»Ja, sehr, weil meine Freundin auch hier auf die Schule kommt. Und wir gehen in die gleiche Klasse.«

Das ist schön, Silke freut sich auf die Schule.

Nachhilfe in Deutschland: Der privat finanzierte Nachhilfeunterricht ist an der Tagesordnung und ein Umdenken in der Schulpolitik nicht in Sicht. Also sind wieder die Eltern, die Lehrer und einzelne Schulen gefragt. Die Politik macht sich auf die Suche nach guten Beispielen und hofft auf deren Verbreitung.

Alle wissen Bescheid: Die Politik, die sich zwar mit einem Bildungspaket brüstet, sich aber dennoch immer mehr zurückzieht und damit ein Ideal den Marktinteressen opfert, das sie hochzuhalten selber nicht mehr in der Lage ist. Sie überlässt schlicht der Privatwirtschaft einen Teil ihrer Aufgaben und wälzt so die Finanzierung auf die Eltern ab.

Die Wirtschaft kennt sich ebenfalls aus, denn sonst

hätte sie den Nachhilfemarkt gar nicht als Betätigungsfeld erkannt. Finanzinvestoren machen sich breit, die Heuschrecken erfreuen sich eines weiten Feldes, auf dem es noch reichlich zu knabbern gibt.

Und auch die Eltern sind nicht ahnungslos: Sie wissen, dass sie an der Preisgabe der Bildung durch die Politik kaum etwas ändern können. Ohne ihre Co-Finanzierung geht es nicht, sie sind die Schatten hinter den Lehrern, bügeln aus, was die Pädagogen nicht zu leisten imstande sind, weil die Umstände nicht stimmen. Für die Lehrer auch nicht immer angenehm.

Der Nachhilfemarkt ist somit einer der wenigen Bereiche, auf dem die Opfer die Geldstrafe zahlen müssen und nicht die Täter. Einziger Vorteil für die Eltern: Sie dürfen die Summe abstottern.

Stunde für Stunde – etwa 1,5 Milliarden Euro im Jahr.

KAPITEL 3

Außenstellen der Bedürftigkeit:
das Geschäft mit Altkleidern

Mit der Erfindung des Altkleider-Containers hat das Sammeln von Kleidung Umfänge erreicht, die das Maß oder die Möglichkeit einfacher Weitergabe sprengen. 750 000 Tonnen Altkleider – so viel spenden die Deutschen pro Jahr. Dabei bleibt eine Frage offen: Wem spende ich überhaupt meine Klamotten? Fest steht: Die alte Kleidung ist eine Handelsware. Und das Geschäft mit Altkleidern boomt. Ein Boom hat immer seinen Preis. Er bewegt sich derzeit zwischen 300 und 400 Euro, lag aber auch schon mal bei 500 Euro pro Tonne. Was allein für den deutschen Markt einen Einkaufswert von etwa 375 Millionen Euro ausmacht. Die erste Wahl wird häufig nach Osteuropa verkauft, die zweite nach Afrika, und die schlechteste Qualität wird zu Putzlappen verarbeitet.

Wer weiß schon, dass die Kommunen zwar jahrzehntelang Gebühren von den Aufstellern kassieren, wenn die Container auf öffentlichem Grund stehen, dass sie aber nicht kontrollieren, ob die Kleiderspende wirklich gemeinnützigen Zwecken zugutekommt, wie es die Werbung signalisiert. Das tut sie nämlich oft nicht. Die Herzschmerzsymbolik auf den Containern appelliert an das Gute im Menschen – aber wer das Gespendete lediglich weiterverkauft und das verschweigt, der handelt ehrenrührig. Moralisch ist das vergleichbar mit einer »unterlassenen Hilfeleistung«, wenngleich der juristische Begriff darauf natürlich nicht anzuwenden ist.

Inzwischen aber haben auch die Kommunen erkannt, dass mit Altkleidern viel Geld zu machen ist. Sie steigen ein in das lukrative Geschäft, das häufig unter dem Deckmantel der Barmherzigkeit gemacht wird.

Dem Spender ist das gemeinhin egal, wem er etwas in den Container wirft. Er nimmt in der Regel an, dass die Kleidung an Bedürftige weitergegeben wird. Kleiderkammern von caritativen Vereinen, die Stadt und illegale Sammler – alle gieren nach Klamotten. Die Spender könnten sich getäuscht fühlen, wüssten sie, dass Millionen damit verdient werden.

Ich habe es auch nicht gewusst.

Alle wollen Altkleider

Einkaufen zu gehen, das ist bei mir oft verbunden mit der Entsorgung von Glas, von Papier und manchmal auch von Kleidung, weil die Container gerne am Rande von Supermarkt-Parkplätzen aufgestellt werden. Die Normalität der Handlung lässt kaum Fragen aufkommen: Korb leeren, anschließend in den Laden gehen, Korb wieder füllen, zahlen und nach Hause fahren. Alltagsphänomene ohne großen Erinnerungswert.

Das ändert sich erst, wenn einem die Anonymität der Blechboxen auffällt, in die die Kleidung so fleißig eingeworfen wird. Wenn man darauf kommt, dass in den Containern ja eigentlich Werte verschwinden. Dass auf ihnen aber nicht steht, wer was damit macht, an wen die gespendeten Sachen eigentlich gehen. Aber was ist, wenn der Aufsteller genau diese Ahnungslosigkeit bei mir voraussetzt?

Einkaufsgänge, fällt mir ein, das sind manchmal auch »Gedankengänge«. Man muss nur lange genug auf das Blech eines Altkleidercontainers starren. Die Fragen kommen automatisch, wenn man eine alte Dame, die nach nichts anderem als nach einer schmalen Rente aussieht, dabei beobachtet, wie sie einen Sack mit Altkleidern in die Öffnung wuchtet. Oder einen schneidig vorfahrenden SUV, dessen Fahrer gleich zwei, drei Säcke in den Container schmeißt.

Sind der Mangel und der Überfluss nicht Brüder? Wohnen sie nicht zusammen? Zum Beispiel auf diesem Parkplatz eines Supermarktes in Köln, auf den ich regelmäßig am Samstagvormittag mein Auto lenke? Wenn es so ist, dann wohnen der Mangel und der Überfluss genau in diesen Altkleider-Containern. Ohne den jeweils anderen geht es beiden schlecht. Hilf mir, signalisiert der Mangel. Ich gebe dir, sagt der Überfluss. Des einen Währung ist der Dank, des anderen Guthaben das Gefühl, geholfen zu haben.

Sammeln ist die Vorstufe des Bettelns, Sammeln signalisiert Barmherzigkeit und Weitergabe an Bedürftige. Jeder Container ist eine Außenstelle der Bedürftigkeit.

Wenn ich es darauf anlege, würde ich schnell Dutzende Zettel von Sammelunternehmen in der Hand halten. Die Zettel liegen aus in Kneipen, sie flattern in Briefkästen, sie liegen in Eimern, die mir vor die Haustür gestellt werden und in die ich meine alten Schuhe schmeißen soll. Nicht nur sie, sondern auch all die Hemden mit abgeschabten Kragenrändern, die farbverschossenen Pullis, ausgebeulten Sakkos, alles landet auf diesem Komposthaufen für abgelaufene Moden.

Im Durchschnitt kauft jeder Deutsche fünfzehn Kilogramm Kleidung im Jahr. Und sortiert sie irgendwann leise weinend wieder aus, weil Kleidung nicht nur etwas zum Anziehen gegen das Wetter ist, sondern für die meisten Menschen auch Ausdruck ihrer selbst. Mode ist längst nicht Jacke wie Hose, Mode ist an Geschmack gebunden, und der hat relativ schnelle Verfallszeiten. Irgendwann müssen die Klamotten weg – weil man sie nicht mehr sehen kann, weil sie zu eng und zu klein geworden sind. Und obwohl man sich nur schweren Herzens davon trennt. Aber nützt ja nix. Genau dafür hat man Altkleidercontainer erfunden.

Alle wollen Altkleider. Aber wollen sie diese auch für einen guten Zweck? Spende oder Sanierungsgrundlage, das ist hier die Frage.

Ich nehme mir die Container auf dem Parkplatz des Supermarktes noch einmal vor und suche nach einem Logo, einer Telefonnummer, irgendeinem Hinweis, der mich auf die Spur des vermeintlichen Wohltäters bringen könnte – null. Ich fahre ein paar Straßen weiter. Der nächste Container beim nächsten Boxenstopp macht noch mehr den Eindruck, als sei er illegal aufgestellt – er steht sehr abgelegen. Allerdings lese ich einen Aufkleber mit einer Handynummer darauf. Sie wirkt wie eine vertrauensbildende Maßnahme: 0177 782370. Ich wähle die Nummer ohne großartige Erwartung und werde nicht enttäuscht. Eine Stimme aus dem Off ertönt: »Diese Rufnummer ist uns leider nicht bekannt.« Plus Angebot einer kostenpflichtigen Auskunft – aber wen sollte ich nennen? Und warum dafür bezahlen?

Mir schwant: Wer so sammelt, tut es nicht für Bedürftige. Wer so sammelt, tut es möglicherweise für sich und sein Bankkonto.

Ich fahre weiter, aber nicht viel. Der Aufsteller des

nächsten Containers verspricht sogar 2500 Euro Belohnung für denjenigen, der meldet, wenn der Behälter von »anderen Fahrzeugen« geleert oder sogar mitgenommen wird: »Rufen Sie uns umgehend an, oder melden Sie den Diebstahl direkt bei der örtlichen Polizei, bei der wir bereits Anzeige erstattet haben.« Scheint ein umkämpfter Markt zu sein – für mich völlig überraschend. Aber auch dieser Anruf findet keinen Abnehmer.

Neben Containern gibt es eine weitere Möglichkeit, seine Altkleider zu spenden: direkt bei einer Kleiderkammer wie der des Roten Kreuzes in Köln zum Beispiel, deren Adresse ich im Internet finde. Vielleicht erfahre ich ja hier, wohin meine Kleider gehen. Ich rufe dort an und verabrede mich mit der Mitarbeiterin Marianne Kuhno*. Bei meiner Ankunft türmen sich vor der Tür Säcke und Tüten zuhauf. Die großen Pflanzschalen davor schaffen es nicht, die Unordnung zu kaschieren.

Innen erhält das Chaos dann Struktur, Regale mit Schuhen neben Regalen mit geordneten Anziehsachen. Ich habe selbst eine Tüte mit. Und zwar die, die mir meine Nachbarin Gitte Pohland* mitgegeben hat, weil die Pullis ihren Kindern zu klein geworden sind. Ich hatte ihr von meiner Recherche erzählt. Mütter von kleinen Kindern dürften zu den häufigsten Spendern gehören. Beim Nachwuchs geht es voran, Schuhgröße um Schuhgröße, aus Kleidergröße 140 wird schnell 164. Das schnelle Wachstum lässt die Regale überquellen.

Wie erklärt man Kindern das Spenden? Indem man ihnen sagt, dass das T-Shirt mit dem geliebten Teddy vorne drauf an ein Kind weitergegeben wird, das kein T-Shirt hat. Und keinen Teddy.

»Mein Sohn denkt, dass seine abgelegten Sachen direkt an Arme verteilt werden«, hatte Gitte Pohland bei meinem Besuch gesagt. Er malt noch schnell ein Bild mit Buntstiften dazu. Ein orangefarbenes Strichmännchen und ein grünes.

»Das«, sagt er und zeigt auf das grüne, »ist der Arme!«

Ich jedenfalls halte kurz nach meiner Ankunft in der Kleiderkammer die Tüte der Pohlands hoch über einen Haufen Säcke.

»Tag zusammen. Hier hin?«, frage ich.

»Ja bitte«, antwortet Marianne Kuhno. »Alles ausschütten, das wird sortiert!«

Ich zeige ihr einen rosafarbenen Pullunder, dessen guten Zustand sie auf Anhieb erkennt: »Der geht gleich ins Regal, Abteilung Kinder. Und morgen kommen die Leute und holen sich das schon ab.«

Der schnelle Warenumschlag wundert mich angesichts der hier lagernden Mengen.

»Sie glauben wirklich, dass das alles an den Mann und an die Frau kommt?«, frage ich sie.

»Wir haben 11 000 Besucher im Jahr«, antwortet sie.

Die Zahl finde ich für nur eine Anlaufstelle recht ordentlich.

Während sie erzählt, falten ihre Hände Pullover und Blusen, zum Schluss streicht sie jedes Teil glatt, bevor es im Regal verschwindet. Akkuratesse im Vorübergehen. Ordentlichkeit ist keine Frage des Preises, des Stoffes, des Schnitts, Akkuratesse ist eine Sache der Behandlung. Ihre Kollegin tut das Gleiche und führt dazu noch eine Strichliste.

45 Röcke, 53 Blazer, 44 Hemden, 23 Hosen, drei Kleider, zwei Kostüme, ein Teddy: Köln macht sich fein an diesem 4. Oktober um 11.50 Uhr. Diese Menge dürfte die Tagesbelieferung eines formidablen Bekleidungsgeschäftes in Kölner Citylage um einiges überschreiten.

Ich frage, auf welche Mengen im- und exportierter Ware die Kleiderkammer im Jahr insgesamt kommt.

»Wir sammeln hier 200 Tonnen im Jahr, und ich finde das ganz erstaunlich, dass die Kölner uns so viel spenden...«

Ich muss ihr Recht geben. »Achtzig Tonnen, also knapp vierzig Prozent davon, müssen wir allerdings kostenpflichtig entsorgen«, ergänzt sie. Klamotten, die so kaputt oder verschmutzt sind, dass sich keine Weitergabe lohnt. Gewaschen wird nichts, die Sachen müssen in Ordnung sein.

Ich frage sie noch, was mit den ganzen Kleidungsstücken passiert, die aus den Altkleidercontainern kommen, aber Marianne Kuhno winkt ab.

»Wir haben grundsätzlich keinen einzigen Container im Stadtgebiet«, antwortet die DRK-Frau. »Wir haben die Erfahrung gemacht, dass die Containerware ganz schlecht ist.« Später erfahre ich, dass das nicht ganz stimmt, das Rote Kreuz aber wirklich nur zwei Altkleidercontainer auf dem Kölner Stadtgebiet stehen hat.

Ich verabschiede mich und verlasse dieses Waren-Drehkreuz. Wenn die ganze Kleidung aus den anderen Containern nicht hier landet, wo dann?

Zurück in der Redaktion schaue ich die Handzettel durch, die ich zuvor gesammelt habe. Auf einem der Werbezettel lese ich »Sämmelburo« und frage mich, ob ich da Klamotten oder doch eher Brötchen bekomme. Ich setze mich ans Telefon und wähle die Nummer.

»Guten Tag, mein Name ist Könnes, bin ich bei Ihnen richtig, wenn es um Altkleider geht?«

»Ja, sind Sie«, antwortet mein Gegenüber. Schon die nächste Antwort kommt der Wahrheit sehr nahe, ohne dass ich ausdrücklich danach gefragt habe. Ich wundere mich sowieso, wie offen er ist.

Die Antwort lautet: »Also, wir sammeln kommerziell.«

Klingt wie leicht geständig, wird im nächsten Satz aber pflaumig relativiert: »Sicherlich auch ein bisschen gemeinnützig. Wir exportieren ein bisschen, ein bisschen geht an Bedürftige, und der Rest wird verkauft oder kommt in den Reißwolf. Also ich mach das ein bisschen karitativ, aber nicht ganz. Sprit kostet Geld, die Zettel kosten Geld und das Büro auch. Ich bekomme gerade mal 25 Cent pro Kilo – also ich habe nichts davon!«

Sagen wir mal so: Er macht's halt so, wie es ihm nutzt. Alles andere wäre ja doof. Zumindest ein bisschen.

Auf dem nächsten Zettel prangt ein weißes Kreuz auf rotem Grund, was nicht dem Roten Kreuz auf weißem Grund entspricht. Allerdings gelingt die gedankliche Hinführung zum Roten Kreuz auf weißem Grund perfekt. Geschickt gemacht. Ich wähle die nebenstehende Nummer an.

Nach der Begrüßung stelle ich mich ein wenig doof und frage: »Da ist ja ein Kreuz auf Ihrem Flyer, sind Sie vom Deutschen Roten Kreuz?«

»Nee, das ist eine Firma in Duisburg«, lautete die Antwort, »wir sortieren die Kleider – die nicht tragbaren Sachen werden verkauft und die tragbaren kommen nach Afrika.«

Ich erkundige mich nach den Kosten für die Verschiffung der Ware, bekomme aber keine Antwort und schließe das Gespräch mit einer letzten Frage: »Ich hatte immer gedacht, dass die Sachen, die ich in diesen Container werfe, in Deutschland an Leute weitergegeben werden, die sich Kleidung nicht leisten können. Werden die Klamotten also über Organisationen wie das Rote Kreuz weiterverteilt?«

»Nein, die werden immer verkauft.«

Der Altkleidermarkt ist sehr undurchsichtig, und für den Bürger ist nur schwer zu erkennen, wer da sammelt. Wer anders sollte die Oberaufsicht darüber führen als die Stadt? Und warum greift sie bei so offensichtlichem Betrug nicht durch? Ich will darüber mit dem Ordnungsamt der Stadt Köln sprechen.

Doch ich bekomme eine Absage ohne Begründung. Dafür darf ich netterweise zuschauen, wie die Stadt im schicken Köln-Marienburg illegalen Sammlern zuleibe rückt.

Einige Tage später stehe ich dafür wieder neben einer blechernen Ikone vermeintlicher Selbstlosigkeit, die Auskünfte über ihre Herkunft beharrlich verweigert. Meine Auflage für dieses Treffen: Ich darf mit den Männern vom Ordnungsamt nicht reden.

»Tag zusammen«, grüße ich.

»Guten Tag!« Damit ist unser Vokabular erschöpft.

»Wo sind wir denn jetzt?«, fragt einer den anderen.

»Am Südpark«, sagt der, »öffentliches Straßenland.«

Sie forschen nach einer Hausnummer zur Kenntlichmachung des Standortes, sie suchen nach Hinweisen, die den Aufsteller nennen.

»Hier steht nur ›Kleider-Box‹. Keine Telefonnummer, nichts. Keine Hinweise.«

Der Container wird fotografiert und erhält einen Aufkleber – dann sind sie durch und ziehen ab.

»Das war's schon?«, rufe ich hinterher.

»Joh!«

Köln, diesmal eine Stadt ohne viel Worte. Die Erfahrung war's wert, und wundern tut's mich auch.

Die Bekämpfung illegaler Sammler hatte ich mir irgendwie anders vorgestellt. Nach hartem Durchgreifen sieht das jedenfalls nicht aus. Aufkleber drauf und gut. Laut Aufkleber gibt die Verwaltung dem Aufsteller noch vier Wochen Zeit zum Abtransport – plus fünf Tage Karenz. »Sonst werde ich diesen kostenpflichtig entfernen und verwerten«, droht der Oberbürgermeister über das Bauaufsichtsamt im Stadthaus Deutz Westgebäude an. Wildwest im Straßenland. Trotzdem frage ich mich: Warum erhalte ich keine Auskunft von der Stadt? Warum ist der Öffentliche Dienst in diesem Fall nicht öffentlich?

Bei mir verdichtet sich der Eindruck, dass Altkleider eine echte Handelsware sind. Ich will dieses Geschäft verstehen, will unabhängig von Schätzungen wissen, wer wie viel an unseren Kleidern verdient. Das geht nur, wenn ich selbst zum Anlaufpunkt werde, besser gesagt: meinen eigenen Container aufstelle. Von der Stadt Köln erhalte ich eine Sondergenehmigung.

Jetzt brauche ich nur noch einen Container. Was ich mir schwierig vorgestellt habe, geht reibungslos über die Bühne. Übers Internet finde ich einen Container-Service, ein Anruf, und zwei Tage später liefert Waldemar Bogdan* den Container mit seinem Lieferwagen an.

Eine schöne Ecke in Köln-Lindenthal. Schicke Altbauten – schickere Altkleider?

Die Blechbox steht so millimeter-passgenau im Kleintransporter, als ginge er damit schwanger. Bogdan wuchtet ihn alleine mithilfe eines Bauchgurtes aus dem Wagen.

Ich habe jetzt etwas Eigenes, mein »Sämmelburo«. Es steht auf dem Bürgersteig, sozusagen im Weg. Und das soll diese Trutzburg der Wohltätigkeit auch. Ich will Wegezoll: Klamotten. 150 Euro kostet mich der Container für zwei Wochen. Ich versehe ihn noch mit zwei Aufklebern: »Helfen Sie armen und in Not geratenen Menschen« und »Spenden statt wegwerfen«. Mein Container sieht jetzt nicht anders aus als alle anderen. Er steht nur etwas besser, nicht so verhuscht im Grünen, nicht in splitterübersäter Nachbarschaft zu Altglascontainern, sondern recht feudal in Lindenthal. Die Frage ist nur: Wird auch jemand etwas einwerfen?

Weil ich meine Ungeduld nicht zügeln kann, spreche ich schon direkt nach dem Aufstellen Passanten an.

»Würden Sie grundsätzlich Ihre Sachen in den Altkleidercontainer werfen?«, frage ich einen Mann.

»Aber sicher, das habe ich auch schon häufiger getan.«

»Ist Ihnen wichtig, was auf dem Container steht?«

»Ich nehme den Container, der am nächsten steht und am bequemsten zu erreichen ist.«

Quadratisch, praktisch, gut – ein Verhalten ohne ideologische Aufladung.

Eine vorbeieilende Frau, die ich noch anspreche, zeigt sich kritischer und gut informiert. Sie würde sichergehen wollen, wer in den Genuss der Spende kommt, es gebe schließlich auch Wiederverkäufer, und die wolle sie eher meiden. Eine weitere Passantin wiederum gibt sich als Anhängerin des weitverbreiteten Spendenglaubens zu erkennen. Auf meine Frage, wo denn die Kleiderspende wohl lande, wenn sie sie hier bei mir einwerfen würde, und wem sie zugutekäme, antwortet sie: »In Afrika. Für arme Leute, die das wirklich brauchen. Würde ich mir denken.«

»Wird damit Geld verdient?«

»Hoffentlich nicht!«

Gemeinnützig oder gemeiner Nutzen?

Damit Altkleider nicht in falsche Hände geraten, geht man im sauerländischen Arnsberg schon länger rigoros gegen illegale Sammler vor. Ich lese davon in der Zeitung, und so lande ich wenig später bei Dirk Taron vom Arnsberger Ordnungsamt, der mir den städtischen Umgang mit der Altkleider-Problematik erklärt.

Die Inaugenscheinnahme erfolgt bei einem Spaziergang längs der Ruhr: Kein Container stört die Idylle. Aber schon bei der Hinfahrt zum Termin war mir aufgefallen, dass in der Stadt relativ wenige Kleiderboxen zu sehen sind. Was er mir bestätigt: »Wir überprüfen Sammlungen und schauen nach, wer hinter den Containern steht und ob die Sammlungen tatsächlich gemeinnützig erfolgen. Das ist leider häufig nicht der Fall.«

2010 wurde in Nordrhein-Westfalen das Sammlungsgesetz abgeschafft, nach dem Straßensammlungen angemeldet und bisweilen genehmigt werden mussten, angeblich, um Kosten und Aufwand zu sparen. Geradezu eine Einladung für Sammler.

»Wie hat sich denn die Situation in NRW verändert, seitdem es das Gesetz nicht mehr gibt?«, frage ich ihn.

Taron findet einen guten Vergleich: »Ich möchte es mal so sagen: Man hat den Behörden die Arme zum Zupacken abgehackt, aber die Beine zum Hinterherlaufen drangelassen – es liegt nun an uns zu schauen, wer sammelt.«

Wenn man feststelle, dass ein Spendenbetrug vorliege oder mit irreführenden Mitteln gearbeitet werde, greife die Behörde zwar durch. Insgesamt aber sei es so: Seitdem es das Sammlungsgesetz nicht mehr gebe, würden dubiose Vereine wie Pilze aus dem Boden sprießen.

»Es wird gesammelt ohne jegliche Kontrolle«, sagt Taron, »oder mit nur sehr wenig Kontrollmöglichkeiten.«

Ich zähle ein paar Adressaten auf: »Humedica e.V.«, »Behinderte Kinder in Deutschland e.V.«, »Babynotfallhilfe«, »Hilfe bei Kinderkrebs e.V.«,»Friends for Africa e.V.«, »Hilfe für Tansania« – klingt toll.

»Das geht ans Herz«, bestätigt er mir, »man spendet in Erwartung, dass eben diese Spenden den armen Kindern in Afrika zugutekommen.«

Was aber häufig nicht der Fall sei. Ich frage ihn nach den Möglichkeiten, die er hat, um dem Einhalt zu gebieten.

»Ich schaue nach, wer hinter den Sammlern steckt. Ich recherchiere im Rahmen meiner Möglichkeiten und komme häufig auf überraschende Erkenntnisse.«

Und welche?

»Dass nur ein Bruchteil der gesammelten Mittel gemeinnützigen Zwecken dient. Und darin erkenne ich schon eine Spendertäuschung. Einen Spendenbetrug, wenn man das auf den Punkt bringen will.«

Auffällig ist bei den Zetteln die Herzschmerzsymbolik: Ein Handschlag zwischen Schwarz und Weiß, helfende Gesten, ein Schwan, dessen ausgebreitete Flügel ein Herz symbolisieren und der seine Jungen füttert – also einer, der gibt. Als man einem gewerblichen Sammler das Sammeln mit »Herz-Schmerz-Zetteln« untersagt habe, habe er anschließend mit neutraler Werbung weitergemacht. Und?

»Das Sammelergebnis ist um sechzig Prozent eingebrochen.«

Das Sammeln funktioniert offenbar nur gut mit einer emotionalen Ansprache. Ein Verein ist mir dabei besonders aufgefallen: die »Babynotfallhilfe«. Auf der Homepage des Vereins, die ich nach meiner Rückkehr in die Redaktion aufrufe, steht, dass ich sogar Babyretter werden kann. Allerdings: In Rheinland-Pfalz ist dieser Verein verboten, musste sogar 12 000 Euro Zwangsgeld zahlen, wie ich bei der weiteren Recherche erfahre. Ein Impressum finde ich auf der Webseite nicht, aber immerhin eine Telefonnummer. Ich rufe an – ohne Erfolg.

Also fahre ich zum Sitz des Vereins nach Dortmund. Vor dem betreffenden Gebäude verkabele ich mich aufwändig, weil ich die Verantwortlichen zur Rede stellen möchte. Leider vergebens: Aufs Klingeln reagiert keiner, obwohl das Büro jeden Tag von 7.30 bis 12 Uhr besetzt sein soll. Ich treffe eine weitere Mieterin des Hauses, sie lässt mich herein, und ich stehe vor der verschlossenen Tür der »BNH e. V. Familienhilfe« – eines Vereins, der in ganz Deutschland seine Container aufstellt und vorgibt, Gutes zu tun.

Aber wie laufen die Verwertungslinien? Und was ist mit den karitativen Unternehmen – geben die nur weiter, oder verdienen sie ebenfalls daran? Im Laufe meiner Internetrecherchen klicke ich mich durch, bis ich auf eine kirchennahe Organisation stoße, die sich Transparenz bei Altkleidersammlungen auf die Fahne geschrieben hat. Sie heißt »FairWertung« und hat ihren Sitz in Essen. Ich rufe dort an und verabrede mich mit dem Vorsitzenden Andreas Voget. Wir treffen uns in seinem nüchtern eingerichteten Büro, und Voget macht auf mich den Eindruck, als kenne er sich sehr gut aus, was das Wachsen und das Wuchern des Altkleidermarktes anbelangt. Als sei er – sorry – gut im Stoff. Er sollte sich zum Spiritus Rector hinter meinen Recherchen entwickeln.

Ich zeige ihm ein paar Flyer, die ich mitgebracht habe. »Kommt Ihnen das alles bekannt vor?«, frage ich ihn.

»Ja, das sind die gleichen Bilder. Einmal in schwarz-weiß, einmal in bunt und zwei verschiedene Vereinsnamen dazu. Man sieht: Da ist ein gewerblicher Händler unterwegs, der einfach verschiedene Namen gemietet hat, mit denen er dann operiert. Das ist eine dieser Firmen, die die Kleiderspenden auf dem Weltmarkt als Secondhand-Kleidung verkaufen, weil man damit Geld verdienen kann.«

Gewerbliche Sammler benutzten also wohltätige Symbole, um in die eigene Tasche zu wirtschaften. Ich frage ihn, ob sich das mit den karitativen Unternehmen ähnlich verhält. Sozusagen mit den »guten«, dem Roten Kreuz zum Beispiel?

»Die vielen gemeinnützigen Vereine kriegen auch Geld für die Textilien, die sie verkaufen. Jeder, der Kleider sammelt, tut das, um Geld zu verdienen«, sagt er. Und: »Das ist aus unserer Sicht auch nicht verwerflich. Allerdings sollte ehrlich darüber informiert werden, was tatsächlich mit der Kleidung passiert. Aber wer erzählt, dass die Spende in die Kleiderkammer geht, sie tatsächlich aber verkauft, betreibt eine Form von Rosstäuscherei und irreführender Werbung!«

In seinem Büro hat Andreas Voget eine Weltkarte an der Wand hängen. Wir gehen rüber, und mit wenigen Strichen zeichnet der »FairWerter« die weltweiten Haupt-Handelslinien für Altkleider darauf: von Europa nach Russland, weiter nach Asien, von Asien nach Afrika, von den USA nach Afrika.

Und wer entscheidet, welche Ware wohin kommt?

»Der Importeur im jeweiligen Land kauft bei Sortierbetrieben in Deutschland, den USA ein. Er weiß, was in seinem Land gefragt ist.«

Der Verein schätzt, dass in Deutschland etwa 18 000 illegale Altkleidercontainer aufgestellt sind. So langsam ist das Wort Spende für mich ad absurdum geführt. 750 000 Tonnen Altkleider pro Jahr in Deutschland, und der geringste Teil davon landet in den Kleiderkammern. Hinter diesen Mengen müssen große Strukturen stecken. Sie interessieren mich mehr als der kleine Sammelbetrieb. Eine Info von Voget bringt mich in Kontakt mit dem größten Textil-Sortierwerk der Welt, der Firma »SOEX« in Bitterfeld-Wolfen.

Es wird eine wunderbare Fahrt unter jeansblauem Himmel zu einem Betrieb in Sachsen-Anhalt, in dem 600 Menschen in drei Schichten Altkleidung sortieren. Nach 550 Kilometern bin ich da und steige vor dem Unternehmen aus. Lkw um Lkw passiert das Werktor, alle vollgepackt mit blauen Altkleidersäcken. Lange hat es gedauert, bis SOEX mir einen Termin für einen Besuch gewährt hat, aber letztendlich erklärt sich Geschäftsführer Matthias Fühßer bereit, mit mir zu sprechen. Bei SOEX landen Altkleider aus ganz Deutschland, aber auch aus Holland, Belgien und Frankreich. Wir gehen durch die riesigen Hallen, die direkt an der Autobahn stehen und wie tote Wale in der Landschaft liegen. Was Fühßer mir zeigt, übersteigt meine Vorstellungen von Stofflichkeit. Ich fühle mich umschwärmt von Gabelstaplern, die einzelne Kubikmeter-Pakete und Gitterkästen übereinanderstapeln oder Wände damit bauen – bunte Waben.

Mir bleibt nur Staunen: »Wie viele Tonnen Altkleider kommen hier eigentlich an?«

»Hier im Werk sortieren wir täglich 440 Tonnen«, sagt er. »Das sind umgerechnet circa 30, 35 Lkw.«

Ich frage nach dem Wert einer Tonne Altkleider, und er erzählt mir, dass die Preise zuletzt stark gestiegen seien –

auf über 300 Euro die Tonne. Zwischenzeitlich sogar auf über 500 Euro. Derzeit bewegt er sich für unsortierte Ware zwischen 300 und 400 Euro.

Der Weltmarkt verlangt nach Secondhand-Kleidung. SOEX muss also viel bezahlen, verkauft aber auch für gutes Geld. Der Gewinn beispielsweise 2013: ein zweistelliger Millionenbetrag. In der Halle findet der Betrieb nicht nur zu ebener Erde statt, denn auch unter der Decke werden Altkleider über eine Hängebahn und ein viereinhalb Kilometer langes Schienensystem transportiert. Es ist laut, lauter als man sich Arbeit mit Altkleidern vorstellt. Zig mannshohe gelbe Säcke spucken ihren Inhalt auf die Tische der Sortiererinnen. Deren Hände greifen zu, werfen die Sachen in nummerierte Blechtonnen.

Was passiert da, frage ich mich. Es geht schnell, aber ich erkenne die Kriterien nicht, nach denen sortiert wird. Ich ahne: Die Mitarbeiterinnen hier würden die Regalarbeit in Marianne Kuhnos Kleiderkammer lieben. Hier geht es mitunter zu wie bei einem Damen-Basketballspiel mit Drei-Punkte-Würfen – genau und weit. Ich frage Fühßer nach den Kriterien der Trennung.

Die Antwort überrascht mich vollends: »Insgesamt sortieren wir nach 400 Artikeln.«

400 Artikel fliegen also in weitgehend verschiedene Behälter. Ich überlege, ob es nicht einfacher wäre, noch einmal eine Fremdsprache zu lernen, als sich 400 verschiedene Kriterien zu merken!

»Ja«, sagt Fühßer, und ich merke ihm den Spaß über mein Erstaunen an. »Das geht los mit Hemden, Hosen, Jacken, dann Kinder, Damen, Herren, dann Sommer, Herbst, Winter. Dann verschiedene Qualitätsstufen. Erste Qualität, zweite Qualität, dritte Qualität, und wir müssen Gegebenheiten beachten.« In ein islamisches Land könne man schließlich keine Miniröcke und keine Tops verkaufen.

Werfen, werfen, werfen.

Fühßer erzählt, dass hier jede Frau etwa drei Tonnen Kleidung am Tag sortiert. Im Durchschnitt werde dabei jedes Stück dreimal angefasst. Ein Kleidungsstück durchlaufe den gesamten Prozess in nur einer Stunde. Selbst Teddybären und Brautkleider haben eigene Behälter. Sie sind noch etwas Besonderes in diesem Ozean aus Stoff. Schuhe sind es übrigens 20 000 Paar am Tag.

Ich komme mit einer Mitarbeiterin ins Gespräch und frage sie, was sie sortiert. Ihre Antwort kommt so, wie man sie oft aus Kaufhaus-Lautsprechern hört: »3820 bitte 1407.« Also im Insider-Slang.

»Ich sortiere direkt die Kinderabteilung«, sagt sie, »mache Winter, Sommer zum Beispiel und Training, und die andere Seite ist für Trikot zuständig.« Klar, was sonst, zwischen Training und Trikot läuft ihr Äquator. Sie erzählt mir, dass sie acht Stunden am Tag sortiere – mit einer halben Stunde Pause. Ihre Kollegin trägt eine Handgelenksmanschette. Hinter ihnen laufen die Transportbänder, obendrüber schweben die Säcke, vor ihr stehen die Metallboxen.

Jacke wie Hose – jeder Tag.

Wir gehen weiter, und Fühßer erklärt mir, dass der Hauptlieferant das Deutsche Rote Kreuz sei. Seit 1962 arbeite man bereits zusammen. Kleine Einschränkung: Nicht mit *dem* Roten Kreuz, sondern mit etwa fünfzig Prozent der über 400 DRK-Kreisverbände.

Das Rote Kreuz verkauft also auch, liefert nicht nur an Kleiderkammern und in Katastrophengebiete. Diese Zusammenarbeit mit dem kommerziellen Verwerter hat das DRK über Jahrzehnte im Dunkeln gelassen.

»Es gibt ja auch Kleidung, die – anders als bei Ihnen – in illegal aufgestellten Containern landet. Was passiert eigentlich mit dieser Ware?«, frage ich weiter.

Das wisse er auch nicht so genau, antwortet Fühßer. Es gebe allerdings Vermutungen, dass sie illegal nach Osteuropa verkauft würde. SOEX kaufe auf keinen Fall Ware von illegalen Sammlern.

Und wohin liefert SOEX?

»Das Gros der Ware geht auf den afrikanischen Markt«, meint Fühßer – also die billigen oder zumindest günstigen Artikel. »Da fehlt die Kaufkraft, das ist leider einfach so.« Die hochpreisigen würden dagegen meist nach Osteuropa verkauft.

Mir werden die Vermarktungswege so langsam klar: SOEX verschickt die Altkleider nicht einfach in die ganze Welt, sondern Händler aus verschiedenen Ländern bestellen sich das, was sie auf ihren Märkten dann auch verkaufen können.

Zu 45-Kilo-Ballen gepresst, verschnürt mit Packbändern und von Folie umwickelt, warten die Pakete auf ihre Abnehmer.

Hier wird die Spende zur Ware, und die wenigsten Spender wissen das.

Wir gehen in Richtung Ausgang. An Bergen von Altkleidung vorbei, die die Leute in der Annahme abgegeben haben, sie würde weitergespendet. Kleidung sei eben mit vielen Emotionen verbunden, sagt Fühßer. Wer viel Geld dafür ausgebe, dem gehe es vielleicht besser, wenn er weiß, dass Abgelegtes von ihm Bedürftigen helfe. Ich frage ihn noch nach der fehlenden Transparenz. Der Manager sieht noch Verbesserungspotenzial in der Öffentlichkeitsarbeit.

»Da müssen sich sicherlich die gemeinnützigen Organisationen ein Stück weit öffnen und transparenter werden«, meint er. Und zwar bestenfalls, indem man auf den Containern vermerkt, was mit der Kleidung passiert – dass man sie verkauft.

Wir sind auf unserem Rundgang durchs Werk am Ende der SOEX-Wertschöpfungskette angelangt. Heftige Schlaggeräusche schneiden uns das Wort ab. Neben uns zerstückeln metallene Schneidplanken mit großer Wucht den bunten Rest der Klamotten, die den prüfenden Blicken der Sortiererinnen nicht standgehalten haben. Sie zerfetzen, fleddern mit großem Getöse gekaufte Individualität und schlechten Geschmack, bringen billig Erstandenes und teuer Erkauftes auf den kleinsten gemeinsamen Nenner: Malervlies und Putzlappen.

Wisch – aber danach endgültig weg.

Von der Sachspende zur Geldspende

St. Martin, du alter Mantelteiler und Sinnstifter, was ist von dir geblieben?

Ich bin überrascht und fühle mich ein bisschen getäuscht, denn auch die karitativen Organisationen verkaufen ihre Kleider. Was nicht schlimm ist, weil sie Gutes mit den Erträgen machen, aber transparent sollte es schon sein. Wir müssen jedenfalls festhalten: Die Sachspende Altkleider verwandelt sich in Deutschland größtenteils in eine Geldspende.

In der Redaktion nehme ich mir Archivmaterial vor. Haben uns karitative Organisationen nicht jahrelang etwas anderes vorgegaukelt? Allen voran das Rote Kreuz? Ich finde Aufnahmen von 1985. Damals wurde gesammelt, um angeblich Katastrophenhilfe leisten zu können, oder um die Kleidung kostenlos an Bedürftige zu verteilen. Sagte der damalige DRK-Sprecher Uwe Schwarz. Von Verkaufen jedenfalls war überhaupt nicht die Rede.

Die Trennschärfe der Argumente hatte sieben Jahre später schon nachgelassen, denn 1992 wurde bereits angedeutet, was mit der gesammelten Kleidung passiert. Wieder Uwe Schwarz: »Wir haben einen freien Weltmarkt, und insoweit ist es ganz schwierig, diese Prozesse zu kontrollieren. Wir haben hier versucht, mit Wirtschaftsprüfern unsere Partner zu prüfen. Es werden aber Tochterfirmen gebildet, die sich dann letztlich unserer Kontrolle entziehen.« Schon mal ein bisschen schwammiger.

Im letzten Beitrag, den ich finde, einem Interview mit einer DRK-Mitarbeiterin 2012, ist die Kontrolle wieder da – oder doch nicht?

Auf die Frage des Moderators nach den Vertragspartnern antwortet sie: »Natürlich prüfen wir unsere Vertragspartner und haben uns versichern lassen, dass die für das Rote Kreuz gesammelten Kleider nicht nach Afrika verschifft werden.«

»Versichern lassen«, wiederholt der Moderator, »das klingt jetzt ein wenig weich...«

»Das ist eine vertragliche Sache. Also wir haben vertragliche...«

Er lässt sie nicht ausreden: »Kontrollieren Sie das?«

»Ja, ich...«

»Müsste man das vielleicht kontrollieren?«

»Das kann sein. Ich kenne die Wege nicht, wie man es kontrollieren könnte.«

Ein Geschäft, das sich ihrer Kontrolle entzieht. Ich lasse mich in meinen Sessel zurückfallen und blicke auf ein großes Durcheinander. Ich bin keinen Schritt weiter.

Mir ist klar, dass ich jetzt jemanden von der Spitze des DRK sprechen muss, und rufe in der DRK-Zentrale in Berlin an, frage nach einem Interviewtermin mit einem Verantwortlichen. Zu meiner Überraschung klappt das. Bernd Schmitz vom Bundesvorstand der Organisation erklärt sich bereit zu einem Gespräch.

Bei meiner Ankunft in der Carstennstraße im Berliner Stadtteil Lichterfelde staune ich über das feudale Umfeld. Der Bau, der neben dem Präsidium auch das Generalsekretariat sowie den Verband der Schwesternschaften beherbergt, sieht teuer aus. Das Jugendstil-Hauptgebäude wurde vor dem Umzug des DRK von Bonn nach Berlin im Jahre 2001 aufwändig restauriert – ein formidables Stadtschloss nebst gehörigem Grund und Boden.

Eine Stunde Zeit bekomme ich für das Interview, um Licht ins Dunkel zu bringen. Kommen die gesammelten Altkleider wirklich armen und hilfsbedürftigen Menschen zugute? Wir sitzen in einem großzügigen Empfangssaal, und Schmitz lässt sich geduldig verkabeln. Ich frage ihn, woran es wohl liegt, dass die deutschen Spender, die ihre Kleidung durch Weitergabe entsorgen, glauben, dass sie kostenlos an andere Menschen weitergegeben wird.

»Das ist eine gute Frage«, antwortet er und nimmt die mitschwingende Kritik auf: »Wir müssen besser werden in der Transparenz, wir haben nichts zu verbergen. Irgendwo haben wir es nicht geschafft, deutlich zu machen, was wir mit den Altkleidern machen.«

Ich frage mich schon, ob das Rote Kreuz aus freien Stücken je hätte deutlicher werden wollen.

»Wie werden denn die gesammelten Altkleider letzten Endes verwertet?«, frage ich weiter. »Was passiert damit?«

»Also ungefähr zehn Prozent von dieser verwertbaren Kleidung geht in unsere Kleiderläden oder unsere Kältebusse oder in unsere Flüchtlingslager, kommt also direkt hilfsbedürftigen Menschen in Deutschland zugute. Und den ganzen Rest, den verkaufen wir an Altstoffverwerter«, antwortet er.

Neunzig Prozent der gesammelten Kleidung werden also verkauft, was allein einen Gewinn von zwölf Millionen Euro im Jahr ausmacht. Geld, das man für gemeinnützige Projekte brauche. Nur informiert wird darüber nicht.

»Hat das Deutsche Rote Kreuz einen Einfluss darauf, wo die Kleidung, die verkauft wird, hingeht?«

»Wir haben keinen direkten Einfluss«, sagt Schmitz, »aber sollten wir mit solchen Informationen konfrontiert werden, wie sie uns vor ein paar Monaten erreicht haben, dass Altkleider einen Drittmarkt kaputt machen, muss es Ziel vom Deutschen Roten Kreuz sein, dass wir Einfluss drauf nehmen – dass wir das unterbinden.«

Denn zuletzt hieß es immer wieder, dass Kleiderspenden aus Deutschland die afrikanische Textilindustrie zerstören. Ist unser Zuviel an Kleidung mitverantwortlich für das Zuwenig an Arbeitsplätzen in Afrika? Ich nehme wieder mal Kontakt mit Andreas Voget auf – und er hilft mir weiter. Von ihm erfahre ich, dass Daressalam in Tansania einer der größten Umschlagsorte für gebrauchte Kleidung in Afrika ist. Voget war schon dort, kennt sogar den Vorsitzenden eines Kleinhändlerverbandes in der Stadt.

Sind unsere Kleiderspenden nun Fluch oder Segen? Das kann ich nur vor Ort erfahren. Ich kümmere mich sofort um ein Flugticket.

Modern mit Mitumba

Ich habe noch ein paar Tage Zeit bis zum Abflug. Suche mir geeignete Kleidung zusammen und lasse mich impfen. Cholera, Hepatitis, Malaria, Gelbfieber sind die Vokabeln, die mich noch mehr beeindrucken als das romantisch fremd klingende Ziel Daressalam, Tansania. Knapp 7000 Kilometer sind es bis in die wichtigste Hafenstadt Ostafrikas, wo ein Großteil der gespendeten Kleider ankommt. Mitumba wird sie dort genannt – was so viel wie Bündel heißt. Ich bin gespannt, wie sich die Recherchen anlassen.

Nach Umstieg in Doha und einem insgesamt zwanzigstündigen Flug erschlägt mich Afrika bei der Ankunft in Daressalam mit einem seiner kostenlosen frei verfügbaren Elemente – der Sonne. Zum Allgemeinwissen über Afrikas Metropolen gehört, dass die Städte in der Regel übervoll sind, überborden vor Verkehr, dass ein buntes Treiben herrscht. »Buntes Treiben« – der touristisch verbrämte Vorzeigeausdruck für Chaos. Der Verkehr ist das moderne Grundrauschen Afrikas abseits der Natur. Ich werde wohl etwas länger als einen Tag benötigen, um anzukommen.

Das erste Hotel, in dem ich einchecke, heißt »Rainbow«, hat aber Zimmer, die nicht so aussehen. Eine abgerockte Absteige ohne Klimaanlage mit einem lediglich betriebswirtschaftlich nachzuvollziehenden Umgang mit Laken und Kissen – ich schätze, dass die Wäsche zwar regelmäßig, allerdings nur jeden Monat gewechselt wird. Ich finde Schweißflecken und Haare im Bett, der Blick aus dem Fenster fällt auf eine Schotterpiste. Am Rande sitzt ein Mann auf einem weißen Plastikstuhl und trägt eine alte Flinte im Arm.

»Sehr diesseits von Afrika«, denke ich mir, packe gar nicht erst aus und zahle dreißig Dollar dafür, dass ich abhauen darf. Buchen übers Internet zahlt sich nicht immer aus.

Die nächste Unterkunft, das »New Africa Hotel«, ist aber in Ordnung, und wenig später treffe ich in der Lounge Paul, meinen Dolmetscher. Wir ziehen sofort los. Paul arbeitet bei einer Stiftung als Deutschlehrer und spricht perfekt Suaheli. Mit ihm möchte ich herausfinden, wo unsere Kleidung landet und wer sie trägt. Wir gehen an Läden vorbei, die lange Garderobenstangen rausgestellt haben, an denen Mengen gebrauchter Jacken, Hosen, Hemden hängen. Hier sind wir richtig. Paul spricht vier junge Männer an.

»Das, was die Jungs hier tragen, ist das Mitumba?«

Paul übersetzt. Ja, alles Mitumba. Fast alles, einer sagt, er trüge eine Jeans aus dem Laden für umgerechnet zwölf Euro. Solch eine Hose würde als Mitumba 2,50 Euro kosten, erklärt einer der Jungs. Er trägt eine.

Wir werden schnell zur Attraktion, weitere Passanten sammeln sich um uns. Sie erklären uns Mitumba, dieses vokalwarm und -weich klingende Wort. Mitumba, das Bündel, entpuppt sich schnell als gute, wenn nicht bessere Ware im Vergleich zu neuer Kleidung aus Tansania oder aus China. Die beginne nach der vierten Wäsche auseinanderzufallen, erklärt Paul, »und ist dann im Eimer«.

Suaheli, frei übersetzt.

»Das heißt mit anderen Worten: Man ist hier auf die Altkleider angewiesen und freut sich darüber, dass es dieses Angebot gibt?«

Paul übersetzt die Antwort, die meine Annahme bestätigt: »Sie meinen, sie brauchen Mitumba, weil die Qualität besser ist.« Man kaufe eine Hose für zwei Jahre und nicht nur für sechs Monate, deshalb habe man mehr Geld für anderes zur Verfügung.

Günstiger und bessere Qualität als Neuware aus Tansania oder China, überlege ich. Dass unsere Altkleider, obwohl sie verkauft und nicht als Spenden kostenlos verteilt werden, trotzdem besser und beliebter sind als neue Kleidung, finde ich erstaunlich.

Andreas Vogets verdanke ich wenig später den Kontakt zu Gaston Kikuwi. Der Vorsitzende eines Kleinhändlerverbandes organisiert Märkte und kennt viele Mitumba-Verkäufer. Wir nehmen uns ein Taxi. Wir hätten uns auch ein Taxi-Motorrad mieten können, aber die Sterblichkeitsrate dort soll höher sein als im Auto, warnt uns einer. Und sowieso sei sie im Verkehr höher als durch Malaria. Klar, keine Prophylaxe, keine Impfung – sondern direkte Auseinandersetzung. Fußgänger–Autos, Autos–Motorräder, Motorräder–Fußgänger – alles lebt hier sehr nah zusammen.

Wir fahren an Märkten vorbei, die wie bunte Kulissen wirken. Stände wie Staffagen. Ein aufgestellter Farbrausch. Ich kenne durchaus Märkte – aber nicht diese Pracht. Wenn ich so etwas sehe, meine ich manchmal, das sei extra so arrangiert. Aber es ist echt.

Kikuwi empfängt uns in seinem winzigen Büro am Rande eines Marktes. Wendeltreppe, erster Stock. Trotz der Hitze trägt er weißes Hemd und Krawatte. Wir kommen schnell ins Gespräch, das wir auf Englisch führen.

»Wie wichtig ist Gebrauchtkleidung heute für die Menschen in Tansania?«, frage ich ihn.

»Sie ist sehr wichtig, und zwar aus zwei Gründen«, antwortet er. »Erstens für das Einkommen. Denn, wissen Sie, die Menschen, die mit gebrauchter Kleidung handeln, verdienen damit ihren Lebensunterhalt. So können sie ihre Kinder zur Schule schicken und haben Geld für soziale Aktivitäten. Und zweitens geht es natürlich auch um das Tragen der Kleidung. Mehr als achtzig Prozent der Menschen hier in Tansania tragen gebrauchte Kleidung.«

Die Zahl erstaunt mich dann doch.

»Sie auch?«

»Ja, ich selbst auch. Seit mehr als fünfundzwanzig oder dreißig Jahren trage ich Mitumba. Dieses Hemd«, er schiebt den Ärmel hoch, »gebraucht. Und auch diese Hose. Sogar meine Krawatte. Sogar meine Schuhe.«

Wir verlassen sein Büro und schlendern über den Markt. Die Altkleider hängen an Ständen, sie liegen auf Planen auf dem Boden. Ursprünglich sei Mitumba als Spende für Waisen und behinderte Menschen nach Tansania gekommen, erklärt er mir. Als es aber Mitte der Achtzigerjahre der staatlichen Textilindustrie wegen einiger wirtschaftlicher Veränderungen schlecht gegangen und immer weniger Kleidung produziert worden sei, habe die Regierung den Handel mit Mitumba erlaubt.

Die Spenden wurden plötzlich zur Ware.

»Was, glauben Sie, würde passieren, wenn es Mitumba nicht mehr gäbe?«, frage ich ihn.

»Es gäbe sehr viel weniger Jobs.«

Gaston nimmt mich mit auf einen der größten Mitumba-Märkte in Daressalam. Das Gewusel ist die äußerste Steigerung des Begriffs »Betriebsamkeit«. Wir steigen über die ausgelegte Ware, zwängen uns durch Stände. Die grellen Farbtöne moderner Fußballschuhe wirken in dieser Stoffexplosion wie Lichtblitze. Jeder Händler sucht sein Geschäft, und manchmal zweifele ich daran, dass er es in diesem Chaos findet. Jetzt weiß ich, was man mit Massenware meint.

Alles was dort verkauft wird, sind gebrauchte Kleidungsstücke, die aus der ganzen Welt Tansania erreichen. Mit dem, was wir weggeben, wird hier gehandelt und gefeilscht. Hier bekomme ich eine Jeans für etwas mehr als zwei Euro. Auf den ersten Blick günstig – aber der Durchschnittsverdienst liegt in Tansania bei nur dreißig Euro im Monat.

Ein wahnsinniges Treiben. Rund 4000 Menschen arbeiten auf diesem Markt, und alle wollen Mitumba. Neben mir wehen Fußballtrikots im Wind. Sämtliche erste Ligen der Welt sind hier versammelt, so scheint es. Mit einem Verkäufer komme ich ins Gespräch. Ich frage ihn, wie wichtig Ware aus Deutschland oder Europa ist. Er lobt die Qualität der Kleidung aus Europa und vor allem – sie verkaufe sich ziemlich gut. Wir sprechen darüber, dass es sich bei den Sachen in der Regel um gespendete Dinge handelt. Was der Händler auch gar nicht schlimm findet.

»Sie ermöglichen uns hier in Tansania und anderen afrikanischen Ländern, diese gute Kleidung zu tragen, die wir uns sonst nicht leisten könnten. Aus meiner Sicht: Ja, das ist eine gute Sache.«

Ein paar Stände weiter führt mich ein anderer Händler in sein Lager. Hier liegen die Stoffballen, denen die gebrauchte Kleidung ihren Namen Mitumba verdankt. Ein Verschlag voller Ballen, Säcke, Pakete – Ruhekissen, die sich ein Junge zum Dösen ausgesucht hat. Was in den Ballen steckt, weiß der Händler beim Kauf nie genau. Auf seinem Verkaufstisch liegt hauptsächlich Kinderkleidung. Er nennt ihn den »Tausender-Tisch«, weil jedes Teil hier tausend Schilling kostet – also etwa fünfzig Cent.

Wir setzen uns noch eine Zeit lang der Wärme und der Sinnlichkeit dieses Marktes aus, einem Kokon aus Geräuschen und Gerüchen. Dann verabschieden wir uns von

Gaston Kikuwi, weil wir hinunter zum Hafen wollen – denn dort wird das große Geld mit Mitumba gemacht.

Während der Fahrt trübt sich das Wetter ein. Der Himmel verliert sein strahlendes Blau, der riesige Hafen von Daressalam präsentiert sich unter einer dumpfen Glocke von Grau. Dazu passt es irgendwie, dass ich keine Drehgenehmigung bekomme. Dolmetscher Paul gibt alles – aber es hat keinen Zweck. Hier sitzen die Großhändler, die das meiste Geld mit Mitumba verdienen. Ein einziger Container voll mit Altkleidern hat einen Wert von 20 000 Euro, was den Begriff der »Kleiderspende« noch einmal ad absurdum führt.

Wir fahren langsam durch den einsetzenden Regen und lassen die Kamera mitlaufen. Im trüben Hafenwasser schiebt der Containerfrachter »City Of Xiamen« sein Heck herum und sucht seine Position. Wenig später sollte dieses Schiff Eingang in die Nachrichtensendungen finden, weil es im Golf von Guinea von Piraten überfallen wurde, die fünf Besatzungsmitglieder entführten.

Anhalten will unser Fahrer nicht. Lieber in Bewegung bleiben, meint er, die Händler ließen sich nicht gerne in die Karten schauen.

Zurück im Hotel gehe ich meine Informationen noch einmal durch, fächere auf, was ich gesehen und gelesen habe. Also: Unsere Altkleider kommen tatsächlich bei Menschen an, die sie gebrauchen können. Nur nicht als Spende. Denn wenn Mitumba wie eine Spende kostenlos verteilt werden würde, wären all die Menschen auf den Märkten, die mit abgelegten Kleidern handeln, die sie umnähen, arbeitslos.

Dennoch bleibt die Frage, ob Mitumba nicht schädlich für die einheimische Textilindustrie ist. Über FairWertung ist auch der Kontakt zu einer Pfarrerin zustande gekommen, die in Daressalam eine Gemeinde betreut. Sie hilft mir, jemanden zu kontaktieren, der uns einen Besuch in eine der wenigen Fabriken Tansanias vermittelt, die noch traditionelle Stoffe herstellt. Die Fahrt führt uns stadtauswärts durch eine wahrhaft triste Gegend, wobei ich fairerweise feststellen muss, dass Gewerbegebiete auch bei uns nicht den Kriterien landschaftlicher Schönheit genügen. »Nida Textile Mills« produziert seit 2003, und das nicht nur für den einheimischen Markt, sondern auch für den Export. Rund 300 Mitarbeiter sind dort beschäftigt, die meisten Einheimische. Die Fabrik ragt vor uns auf wie ein Hochsicherheitstrakt, Wachleute stehen vor dem Tor, Überwachungskameras beobachten nicht nur uns, sondern die ganze Gegend um das Gebäude. Wir treffen auf den Geschäftsführer Hasnai Pardesi. Der gebürtige Pakistani zeigt uns stolz seine Fabrik. Nein, kein Mitumba-Typ.

Ich weiß jetzt nicht, was mich zuerst umhaut. In der feuchten, schwülwarmen Luft der Halle vermischt sich die afrikanische Hitze mit dem Chemiedunst aus dem Rohrsystem der Fabrik. Es zischt, es dampft, Mitarbeiter schieben riesige Stoffballen auf Loren in Position, von großen Spulen werden Stoffbahnen abgewickelt, die in den Druckmaschinen verschwinden, um mit folkloristischen Motiven wieder aufzutauchen. Ein Junge füllt mit einem verbeulten Kanister Farbe nach. Wertschöpfung per Hand.

Hier stellt sich nicht die Frage nach Arbeitssicherheit, hier stellt sich zuerst die Frage nach Arbeit, denn die Arbeitslosigkeit in Tansania ist hoch.

Der Schritt wieder nach draußen vor die Halle ist wie eine Wiederbelebung. Ist Mitumba eine Gefahr für die Arbeitsplätze in Hasnai Pardesis Fabrik?

»Was ist das größte Problem für ein Unternehmen wie Ihres?«, frage ich ihn.

»Das größte Problem ist …«, er zögert kurz, »na ja, es gibt eine Menge Probleme hier. Viele Menschen sind nicht gut ausgebildet. Die Energiepreise sind hoch. Mitumba ist manchmal auch ein Problem – aber eher ein kleines. Denn wenn man gute Qualität herstellt, ist man auch gefragt. Gerade sind Bettlaken gefragt, also produzieren wir Bettlaken.«

»Gibt es eine Art Wettbewerb zwischen Ihren Produkten und Mitumba?«, will ich weiter von ihm wissen.

Das sieht er nicht so. »Mitumba ist etwas ganz anderes als das hier. Die traditionelle afrikanische Kleidung gehört zur Kultur«, sagt er, »aber Mitumba wird niemals zur Kultur gehören. Die Menschen kaufen Mitumba, weil es günstig ist. Unsere Produkte tragen sie aus Tradition.«

Ich bin mit meinen Recherchen am Ende, bedanke mich bei Pardesi und zwänge mich wieder ins Auto. Auf dem Weg zurück ins Hotel sauge ich noch einmal die Eindrücke auf, die Wärme, die Geschäftigkeit der Märkte und das tiefe afrikanische Dunkel, das sich schnell über den Hafen von Daressalam senkt. Für mich steht fest: Auch wenn unsere Spenden in Tansania anders ankommen, als die meisten von uns glauben, sie helfen den Menschen. Ich packe, morgen geht mein Flug zurück.

Die Kommune macht Kasse

Zurück in Köln verlässt mich die Sinnlichkeit Afrikas schnell, zu schnell. Der Trostpreis kommt per Post. Ich bekomme ein äußerst interessantes Schreiben. Darin steht, dass die Stadt Köln ab dem Frühjahr 2013 die Altkleidersammlung selbst übernehmen wird. Der Gewinn landet folglich bei der Stadt.

Das ist also der Grund, warum man mein Interview damals abgesagt hat – die Kommune schnappt sich das Geschäft von denen, die bislang in die eigenen Taschen gewirtschaftet haben. Ich wundere mich: Dass es Unternehmen gibt, die unter dem Deckmantel eines Vereins mit Altkleidern Geld verdienen, na ja, aber dass das inzwischen auch eine Stadt macht. Damit wird doch der Kerngedanke des Spendens total ad absurdum geführt.

Aber was macht eigentlich mein Container? Zwei Wochen steht er nun schon auf der Straße in Lindenthal. Ich rufe Waldemar Bogdan an und verabrede mich mit ihm. Er kommt mit dem Schlüssel vorbei. Ich bin gespannt – es ist schließlich Bescherung. Wir öffnen den Container, und mir rollen Säcke und Beutel voller Zeug entgegen. Mein Mitumba. Ich habe mir eine Waage besorgt und bin überrascht: 147,45 Kilogramm zeigt sie an. Ich breite die Kleidung aus und stehe vor einer bestimmt hundert Quadratmeter großen Fläche. Ich glaube, man kann Nutzfläche dazu sagen. Mit all den Sachen könnte ich mich locker zwei Jahre kleiden. Ich mache meine eigene kleine Rechnung auf: Wenn man die knapp 150 Kilo jetzt mit dem marktüblichen Preis von 25 Cent pro Kilo multipliziert, dann hätten die Säcke einen Wert von etwa 37 Euro. Wenig Bargeld für mich, wollte ich meine Ausbeute verkaufen. Ich verzichte auf eine Vermarktung und bringe das Zeug zu einer Kleiderkammer.

Kleidersammlungen bringen also nur in großem Stil Geld. So wie beim Roten Kreuz.

In einem Interview vor ein paar Wochen hatte das Rote Kreuz mir versprochen, dass man in Zukunft ehrlich informieren will, was mit den gesammelten Kleidern passiert. Beim DRK in Düsseldorf frage ich noch mal nach. Ich verabrede mich mit Hartmut Krabs-Höhler vom Vorstand. An einem Container.

»Wenn mir eins bei dem Thema Altkleiderspende aufgefallen ist«, fange ich das Gespräch an, »dann ist es die fehlende Transparenz.«

»Wir wollen das mit diesem Aufkleber gezielt ändern«, sagt Krabs-Höhler. Er trägt eine Folie unter dem Arm. »Ihre Spende hilft uns helfen!« steht darauf. Und dass die Kleidung an eine Verwertungsgesellschaft verkauft werden würde. Der Erlös komme der Arbeit des DRK zugute.

»Sie sagen ganz klar, dass Ihre Arbeit damit finanziert wird?«

»Das ist so. Wir werden jeden einzelnen Cent, den wir aus dem Erlös dieses Verkaufes erzielen, in unsere Arbeit stecken, die dann wieder Menschen zugutekommt. In ganz vielen Bereichen, in der Seniorenarbeit, in der Kinder- und Jugendarbeit – in allem, für das das Rote Kreuz steht.«

»Gilt das für das gesamte Deutsche Rote Kreuz?«, frage ich nach.

Ja, bestätigt er. »Wir haben vereinbart, dass das im ganzen Bundesgebiet so umzusetzen ist. Nach und nach werden solche oder ähnliche Aufkleber auf alle Altkleidercontainer des Deutschen Roten Kreuzes geklebt werden.«

Das Nachhaken hat sich ausgezahlt, das DRK lässt den Worten jetzt auch Taten folgen. Wir bekleben den ersten Container. Der erste Aufkleber in Deutschland, der ehrlich informiert.

Ein Jahr später

Das wirklich Interessante an Reportagen ist, dass sie manchmal sogar etwas bewirken. Manche Probleme werden nach der Veröffentlichung schneller oder überhaupt erst gelöst, manche Betrügereien hören auf – aber manches beginnt auch wieder neu.

Ungefähr ein Jahr, nachdem mir das Rote Kreuz versprochen hat, transparenter mit Informationen umzugehen, was es mit den Kleiderspenden auf sich hat, greife ich zum Telefonhörer. Das DRK weist auf seiner Homepage auf seine Transparenz-Initiative und außerdem auf meine Altkleider-Reportage sowie die neuen Aufkleber hin.

Doch was ist mit den Kreisverbänden, die vor Ort die Arbeit machen?

Ich frage nach. Das Ergebnis meiner Stichprobe ist ernüchternd: Von fünfzehn Kreisverbänden haben gerade fünf ihre Container mit den Aufklebern versehen, deren Einsatz das DRK seit 2013 flächendeckend versprochen hat. Mir fällt mein Gespräch mit Andreas Voget vom Verein FairWertung über die Herz-Schmerz-Symbolik ein. Darüber, wie wichtig es ist, bei den Spendern für ein gutes Gefühl zu sorgen. Transparenz stört offenbar dabei.

Der Wille war da – allein die Aufkleber fehlen.

Währenddessen steigt der Preis pro Tonne Altkleider weiter. Selbst auf eBay sind Altkleider inzwischen heiß begehrt.

»Ich suche Altkleider und Schuhe bis zu hundert Tonnen im Monat«, lese ich. Preis: Verhandlungsbasis. Da wo sonst Privatpersonen Schnäppchen machen wollen, suchen sehr viele gezielt Altkleider. Allerdings nicht zum Tragen – sondern zum Verkaufen. Und jetzt drängen of-

fensichtlich auch noch Kommunen auf den heiß um-
kämpften Markt.

Ich nehme noch einmal Kontakt zu Andreas Voget auf,
der den Altkleidermarkt bereits seit Jahren beobachtet.
Auch er ist darüber überrascht, wie die Nachfrage in den
vergangenen Monaten gestiegen ist. Mir kommt ein Verdacht. Ich erzähle Voget, dass ich versucht hatte, mit der
Stadt Köln über das Problem zu reden – und dass mir ein
Interview dazu verweigert worden war.

»Anscheinend sind sehr viele Städte im Moment hinter den Kulissen mit Planungen beschäftigt, selber Kleider zu sammeln«, antwortet er. Es werde damit argumentiert, dass man das Geld gut dazu brauchen könne, Löcher
in der Stadtkasse zu stopfen.

Die Zeitungslektüre führt mich nach Essen. Ein Artikel beschäftigt sich damit, dass die Stadt dort bereits seit
fünfzehn Jahren die Altkleider selber einsammelt. Ein
System, das sich für die Kommune zu lohnen scheint.
Und anders als in Köln ist man in der Ruhrmetropole bereit, mir ein Interview zu gewähren. In einem Wohnge-
biet treffe ich Bettina Hellenkamp von der Entsorgungs-
betriebe Essen GmbH – und zwar an einem giftgrünen,
sauberen Container. Ich frage sie nach der Anzahl der
Container, die in der Stadt stehen. Es sind 370.

»Welche Menge an Altkleidern kommt da zusammen?«

»Etwa 2000 bis 2100 Tonnen im Jahr«, schätzt sie.

»Und wie viel Geld nimmt die Stadt Essen dadurch
ein?«, möchte ich von ihr wissen – ahnend, dass ich keine
genaue Antwort bekomme.

»Eine hübsche sechsstellige Summe kommt dabei zusammen.«

»Wie hoch ungefähr? Damit man sich das mal in etwa
vorstellen kann?«

Sie lächelt: »Dabei würde ich es belassen. Bei hübsch.«

Wir unterhalten uns noch kurz darüber, was mit den zusätzlichen Einnahmen passiert. Bettina Hellenkamp erklärt, dass der Ertrag der Gebührenkasse der Stadt gutgeschrieben werde und letztlich dabei helfe, die Müllgebühren im Griff zu halten.

Nicht schlecht, denke ich und schaue auf den Container. »Das heißt, wenn ich hier meine Kleidung reinschmeiße, senke ich als Essener Bürger direkt meine eigenen Müllgebühren?«

»Genau.«

Dass sich die Kommune Köln ebenfalls selbst um das Sammeln von Altkleidern kümmern möchte, wurde nach und nach im Stadtgebiet deutlich. Im August 2013 ist ein Pilotversuch gestartet worden. Ursprünglich sollte das Projekt sechs Monate dauern, war aber bereits nach drei Monaten schon derart erfolgreich, dass die Stadt entschied, ab 2014 im gesamten Stadtgebiet selber die Altkleider einzusammeln. In schicken dunkelgrauen Containern mit orangener Leibbinde.

»Ihre Kleiderspende für mehr Umweltschutz«, steht darauf. Und: »Sauber. Einfach. Besser.«

Ich rufe in der Stadtverwaltung an, und auf einmal ist es vorbei mit der Heimlichtuerei. Gerd Brust, Aufsichtsratschef von den Abfallwirtschaftsbetrieben in Köln, hat nichts dagegen, dass wir uns verabreden. Im Vorort Ehrenfeld, genauer am Container 37. Was mich zu meiner ersten Frage bringt, wie viel Container die Stadt inzwischen stehen hat.

»In Ehrenfeld sind etwas über vierzig Container aufgestellt worden«, antwortet er. Ich frage weiter nach dem Erfolg des Pilotprojekts, den er mir bestätigt.

»Also, wir haben größere Mengen gesammelt als gedacht, und der Preis war auch okay. Wir können heute nach drei Monaten sagen: Das lohnt sich.«

Ich frage ihn nach den Einnahmen.

»Wir gehen davon aus, dass wir nach Abzug aller Kosten etwa 370 000 Euro an Erlös übrig behalten. Der Erlös soll zur Hälfte in die Senkung der Abfallgebühren gehen, und die andere Hälfte soll auf die sozialen Träger verteilt werden.«

»Inwieweit sind Sie schon im Dialog mit den karitativen Trägern, ob die lieber Geld wollen oder vielleicht doch die Kleider, die dann ja vielleicht in Zukunft fehlen?«

Es sei mit fast allen Trägern gesprochen worden, antwortet Brust, bis auf zwei seien alle eher am Geld interessiert. Und die, die lieber die Kleider wollten, bekämen halt die Sachen – die Kleiderkammern beispielsweise.

Kleiderkammer oder Container, das ist eine Frage, die sich manche Bürger stellen. Eine Fußgängerin kommt auf uns zu, sie trägt einen Mantel über dem Arm. Ich spreche sie an. Eigentlich, sagt sie, möchte sie das gute Stück lieber zu einer Kleiderkammer bringen, doch der städtische Container stehe nun mal vor der Tür. Ich biete ihr an, den Mantel selber bei einer Kleiderkammer abzugeben. Das findet sie nett, sie gibt mir den Mantel, und ich mache mich gleich auf den Weg.

Mit dem Mantel unterm Arm betrete ich die Kleiderkammer der Caritas in Köln. Dort werden täglich Kleider an Bedürftige verteilt, die Einrichtung benötigt deshalb auch ständig Nachschub. Ich treffe auf Vorstand Peter Krücker. Im Flur stehen einige Kisten und Tüten mit Altkleidern herum. Inzwischen weiß ich ja, dass selbst eine kurze Hose Teil eines großen Geschäfts ist, aber hier, in dieser unaufgeräumten Stimmung uneigennütziger Weitergabe, beschleicht mich wieder das Gefühl von wahrer Hilfe.

Ich frage Krücker nach den Erfahrungen, die die Caritas mit dem Pilotprojekt gemacht hat.

»Wir haben erst mal sehr dramatische Erfahrungen gemacht«, antwortet er. »Das heißt, die Kleiderspenden, die uns hier erreichen, sind um zwei Drittel bis drei Viertel zurückgegangen, und im Moment bekommen wir nicht mehr das Maß an Kleidung, das wir wirklich brauchen, um unsere Nachfrage zu bedienen. Das ist wirklich dramatisch.«

»Was bedeutet das für Sie?«, möchte ich von ihm wissen.

»Das bedeutet, dass wir auf jeden Fall darauf angewiesen sind, dass die Stadt ihre Versprechen wahr macht – dass sie tatsächlich die karitativen Träger mit Ware bedient, damit wir wieder genug haben, um sie an die Bedürftigen weiterzugeben.«

Wir reden noch über das für die Stadt Köln einträgliche Geschäft, das sicherlich dazu beigetragen hat, den Pilotversuch bereits nach drei Monaten abzubrechen.

»Mich macht diese Eile skeptisch«, meint Krücker, »und verstehe sie auch nicht wirklich. Ich glaube, dass an dieser Stelle ein bisschen das Geld lockt. Ich glaube, dass es besser wäre, jetzt erst mal gründlich mit den karitativen Trägern ein Verfahren abzustimmen und dann erst auszuweiten. Es ist ein unmittelbarer, unverzichtbarer und humanitärer Bedarf da. Das ist wichtiger, als die Müllgebühren zu senken. Da muss die Priorität liegen!«

Er glaubt grundsätzlich, dass das System funktionieren kann, aber geregelt sei noch nichts. Bis dahin rät er Kleiderspendern, ihre Sachen direkt in den Kleiderkammern abzugeben.

Fünfzehn Kilogramm Kleidung kauft jeder von uns im Schnitt pro Jahr. Vieles davon wird schnell wieder aussortiert. Gut, wenn man die Sachen wenigstens spendet. Doch an wen? Das Sammeln von Altkleidern und das Verkaufen ist ein lukratives Geschäft, und man sollte sich gut überlegen, wem man die Kleider gibt. Den illegalen Aufstellern, die ausschließlich daran verdienen wollen, den karitativen Einrichtungen, die zwar auch verkaufen, aber immerhin Gutes damit tun, oder möglicherweise auch der Stadt, die die Klamotten ebenfalls verkauft, aber damit die Müllgebühren senken will?

Es liegt an Ihnen.

Und dann fällt mir noch einmal Martin von Tours ein, der Edle, der in einem bitterkalten Winter um das Jahr 334 herum seinen Mantel mit dem Schwert teilte, um die eine Hälfte einem frierenden Bettler zu schenken. Er ging als der heilige Sankt Martin in die Geschichte der Guten ein.

Es dürfte sich um die erste dokumentierte Kleiderspende überhaupt gehandelt haben. Der hat's noch richtig ernst gemeint.

Die heute meinen es auch ernst.

Nur anders.

KAPITEL 4

Krankenhauskeime:
Wie das Leben von Patienten aufs Spiel
gesetzt wird

Dass Menschen in Krankenhäusern sterben, ist nichts Ungewöhnliches. Dass Menschen in Kliniken an Krankheiten sterben, die sie sich dort zugezogen haben, schon eher. Bei 15 000 Patienten ist das laut Bundesgesundheitsministerium jährlich der Fall (andere Schätzungen wie die der Deutschen Gesellschaft für Krankenhaushygiene kommen sogar auf 30 000 Tote). Sie werden von Infektionen dahingerafft, die von antibiotikaresistenten Keimen verursacht werden. Diese Todesursachen sind Folgen einer unsachgemäßen Hygiene in deutschen Krankenhäusern. Aber sie sind auch Folgen einer fehlgeleiteten Landwirtschaftspolitik, die den prophylaktischen Einsatz von Antibiotika in der Massentierhaltung erlaubt. Das Tier wirkt als Medikamentenspeicher – genau wie der Mensch, der sich vom Tier ernährt. Die ständige Medikamentierung sorgt dafür, dass Antibiotika zunehmend an Wirkung verlieren, dass Krankheitserreger resistent werden. Damit wird die Medizin einer ihrer schärfsten Waffen beraubt.

Erhebliche Hygienemängel waren der Grund, weswegen im Bremer Klinikum Mitte 2012 drei Kinder starben. Die Frühchenstation wurde ein Jahr lang aufwändig saniert, doch auch nach der Wiedereröffnung erkrankten Säuglinge. Der Keimherd wurde nie gefunden, die Station geschlossen. Und auch das Mannheimer Universitätsklinikum musste im Oktober 2014 den OP-Betrieb nahezu einstellen, weil Hygienevorschriften nicht eingehalten worden waren.

Die Gesundheitspolitik stellt keine einheitlichen Regeln auf, die eine Kontrolle zwingend notwendig machen. Sie überlässt die Überprüfung den örtlichen Gesundheitsämtern, die sie nach Gutdünken durchführen – mal einmal im Jahr, mal alle zwei Jahre. Hinzu kommt, dass viele Kliniken den Bereich Hygiene kaputtsparen. Sie vergeben Aufträge an Reinigungsunternehmen, die sich gegenseitig unterbieten, um den Zuschlag zu bekommen. Tatsache aber ist: Billig und sauber passt nicht zusammen.

Ist das Keimproblem nicht mehr in den Griff zu kriegen? Wer ist schuld daran, dass Krankenhauskeime inzwischen zu einer Gefahr für jeden Patienten geworden sind? Die Zahl der Infektionen steigt jedes Jahr. Und wer einmal von einem multiresistenten Keim krank wird, hat mit schwersten Komplikationen zu rechnen.

Auf das Thema gekommen bin ich durch einen Kollegen, der sich nach einer OP eine Keiminfektion zugezogen hatte, die er aber glücklicherweise folgenlos überstand. Also begann ich zu recherchieren. Ich suchte jemanden, der Opfer einer solchen Keiminfektion und dem ein Routineeingriff zum Verhängnis geworden ist. Beim Surfen durchs Internet stieß ich auf den Rechtsanwalt Dr. Burkhard Kirchhoff, der sich vorwiegend medizinischen Themen widmet. Kirchhoff nannte mir den Namen von Martin Mann*. Ein kurzer Anruf, und ich verabredete mich mit ihm. Eine Kreuzband-OP war bei ihm gründlich schiefgegangen. Im Krankenhaus hatte er sich mit einem Keim infiziert. Und heute, nach dem Krankenhausaufenthalt, geht es ihm schlechter als vorher.

Villmar an der Lahn ist definitiv eine Gegend, in der man sich gerne draußen aufhält. Hier gibt es Rundwanderwege, einen Sportplatz, die Lahn als Kanu-Strecke und die zu erklimmende Burg Runkel darüber. Hier, stelle ich mir beim Ankommen vor, kann man alles gut gebrauchen – nur kein defektes Kreuzband. Ein defektes Kreuzband, das ist verordneter Stillstand.

Mein Navi findet für mich den Weg in eine Siedlung, durch die noch ein Bäckerbus fährt. »Sie haben Ihr Ziel erreicht«, plärrt es mich an. Beim Aussteigen höre ich schon Kinder im Garten Fußball spielen und schelle erst gar nicht. Ich gehe gleich ums Haus. Meine Ahnung täuscht mich nicht. Martin Mann lehnt, das rechte Knie bandagiert, nebst zwei blauer Krücken an einer Bank und schaut seinen Kindern zu.

Ich begrüße ihn mit einem gängigen Sportlerspruch: »Das sieht nicht gut aus.«

»Nee, wirklich nicht«, antwortet er. Fußballspielen gehe nicht, seitdem er sich vier Monate zuvor am Kreuzband hat operieren lassen. Und – er zeigt auf sein Knie, es sei immer noch dick.

Als wir uns ins Haus begeben, springen die Kinder auf dem Trampolin: Das wäre ebenfalls nichts für Martin Mann. Aber auch Zugucken kann weh tun. Einen kranken Mann im Haus zu haben, sagt Manns Frau Lisa* und lacht, als sie uns reinkommen sieht, sei noch schlimmer, als sich um kranke Kinder kümmern zu müssen.

Vierzehn Monate muss Martin Mann noch zu Hause bleiben, und wenn ich sehe, wie er die Treppe hinaufhumpelt, ahne ich, wie schwierig diese Zeit wird. Bevor er ein neues Kreuzband bekommt, muss erst der Keim weg.

Vierzehn Monate Sitzsport, der auch zum Denksport wird, denn die Laune wird nicht besser.

»Wann war für Sie das erste Mal klar, dass etwas schiefgelaufen ist?«, frage ich ihn, nachdem wir uns in die schwere rote Couch haben fallen lassen.

Mann überlegt kurz. »Klar war mir das nach dem siebten Tag«, sagt er, »da war ich schon zu Hause, und dann fing es damit an, dass das Knie immer schmerzhafter, dicker wurde und die Narben Rötungen aufwiesen.«

Was er anschließend erzählt, eröffnet einem den Blick für die Nachlässigkeiten eines Systems, das eigentlich keinen Platz für menschliche, technische oder therapeutische Fehler bieten sollte. Sein Bericht macht deutlich: Martin Mann konnte seinem Knie keine Zeit geben, in Ruhe zu heilen. Weil nichts heilte. Ganz im Gegenteil. Mit massiven Schmerzen habe er das Krankenhaus erneut aufgesucht, in dem er operiert worden sei – mit dem Ergebnis, dass lediglich die Dosis der Schmerzmittel höhergeschraubt wurde.

»Und keiner hat auf das Knie geguckt?«, frage ich ihn.

Er schüttelt den Kopf.

»Sie waren zweimal da und sind nicht am Knie untersucht worden?«, hake ich ungläubig nach.

»Genau!«

Am Samstag drauf sei er dann nach Frankfurt gefahren und habe sein ramponiertes Knie einem Mediziner in der Uniklinik vorgestellt – sozusagen ein Notfall nach Eigendiagnose. Der Arzt habe sich sofort über die starke Schwellung gewundert und eine Blutabnahme veranlasst. Ergebnis: »Der Entzündungswert war viel zu hoch.« Das Klinikum habe entschieden, das Knie noch am selben Tag zu operieren.

»Und da ist dann auch das erste Mal das Wort Keim gefallen«, sagt Mann – und dass es anschließend »richtig zur Sache« gegangen sei.

Das Knie sei geöffnet und ausgespült worden, wobei die Mediziner festgestellt hätten, dass die in den Knochen geschraubte Schraube, mit der das Kreuzband fixiert worden sei, »komplett los« war.

»Losgefressen«, sagt er.

Wahrlich kein schöner Begriff für etwas, das sich mit dem Inneren des eigenen Körpers verbindet. Es sei alles wieder entfernt worden.

»Kreuzband, Schraube – alles raus. Den Knochen erneut durchbohrt, um Keime und Infektionen, die vielleicht noch im Knochen sitzen, rauszukriegen.«

Er fasst immer an sein Knie, dreht das geschiente Bein im Ganzen. Eine hilflose Geste, als könne er die Beweglichkeit so wieder trainieren.

»Hätten Sie jemals gedacht, dass ein hygienisches Problem Sie derart treffen könne?«

»Nein, nie«, sagt Mann, »nie. Es hieß, das sei ein ganz einfacher Routineeingriff. Wird ständig gemacht. Aber dass man durch einen Keim solche Probleme kriegt, dass man so lange von der Arbeit ausfällt ... Da hängen mehrere Sachen dran: die Versorgung der Familie und, und, und. Das geht einem nach einem gewissen Zeitraum an die Psyche. Man sitzt daheim und kann gar nichts machen.«

Seine Antwort offenbart unser aller Problem. Sie macht unsere Mechanikermentalität deutlich. Abschrauben, abflexen, dranschrauben, dranschweißen. Wir wollen den schnellen Austausch. Kreuzband gegen Kreuzband, Herz gegen Herz. Nur kennt der Maschinenbau keine Zeit des Heilens, kein Austarieren weißer und roter Blutkörperchen, keine Infektion. Es sei denn, ich verwechsele beim Tanken Benzin mit Diesel. Maschinen leben nicht, sie funktionieren. Wir wollen auch funktionieren, bei uns kommt allerdings noch einiges andere hinzu: der Schmerz, die Sorge, die Überraschung, dass es manchmal nicht klappt.

Es gibt vielleicht Routine – aber keinen Routineeingriff.

Martin Mann ruht auf der roten Couch, das rechte Bein liegt hoch. Er hat noch Glück gehabt, weil der Keim früh genug entdeckt wurde, es bestand keine Lebensgefahr. Mir fällt später der schlanke, von einer Schlange umwundene Äskulapstab ein, das Symbol des ärztlichen und pharmazeutischen Standes.

Für Mann ist er zu einer Krücke geworden.

Ich verabrede mich mit Dr. Peter-Michael Rath, Professor am Mikrobiologischen Institut der Universitätsklinik in Essen. In diesem Institut werden Patientenproben auf resistente Keime untersucht. Ein großes Portrait des Mediziners Robert Koch prangt in der Eingangshalle. Koch war es im Jahre 1876 als Erstem gelungen, den Erreger des Milzbrandes in Kultur zu vermehren – Voraussetzung dafür, ihn für die Entstehung der Krankheit verantwortlich zu machen. 1882 entdeckte Koch den Erreger der Tuberkulose und 1884 noch den Cholera-Erreger. 1905 erhielt der Wissenschaftler für seine Arbeit den Nobelpreis für Medizin oder Physiologie.

Mikrobiologe Rath empfängt mich vor der Tür seines Labors. Er packt mich in einen weißen Kittel, ermahnt mich, nichts anzufassen, ohne vorher zu fragen, und führt mich ein in die Welt des gefährlich Winzigen, in die Universen, die in Petrischalen Platz finden.

Rath nimmt sich solch eine Schale mit einer angelegten Kultur. Tiefes Rot und Schlieren signalisieren für mich schon mal: Achtung!

»Wenn man sie gegen das Licht hält, werden die roten Blutkörperchen aufgelöst«, erklärt er mir. »Das war gestern Abend mal ein Keim. Die teilen sich alle zwanzig Minuten, das heißt, da sind jetzt 100 000 Keime drin. Wenn man sich das ins Auge schmiert oder in eine Wunde, dann kriegt man eine richtig schwere, eitrige Infektion.«

Mit seiner Arbeit könne er bestimmen, welch einen Keim ein Patient hat.

»Bei einer Blutvergiftung etwa schwimmen Bakterien in Ihrem Blut«, erklärt er. Und dann müsse man natürlich wissen: »Was sind das für Bakterien und welche Antibiotika wirken noch? Damit die Kollegen auf der Station das richtige Medikament einsetzen können.«

Ich frage den Wissenschaftler, ob ich mir solch eine Probe mal unterm Mikroskop ansehen kann. Kein Problem, Rath stellt das Mikroskop an, und ich tauche ein in diese Welt aus schwarzen Punkten, orangenen Schlieren und violetten Inseln. Psychedelischer Sound aus den Siebzigerjahren würde als Musik gut dazu passen. 18 bis 24 Stunden müssen die Kolonien wachsen, erläutert Rath, je schneller sie analysiert werden, umso besser können die Ärzte auf der Station reagieren.

Im Krankenhaus sind multiresistente Keime eine Bedrohung für jeden Patienten. Die Mitarbeiter in den Kliniken kennen die Probleme. Sie decken ihre Kleidung zusätzlich mit grünen Kitteln ab, und ich beobachte, mit welchem Geschick Taster und Bügel bedient werden, um den Händen, die ja die eigentlichen Werkzeuge sind, jeden überflüssigen Kontakt zu ersparen. Zum Schluss stülpen sie sich Einmalhandschuhe über. Aber selbst diese Ganzkörperumhüllung scheint nicht auszureichen. Die Frage ist also: Warum infizieren sich dann trotz dieser Vorsichtsmaßnahmen Tausende?

Saubere Sache

Die Universitätsklinik Münster ist ein Vorreiter im Kampf gegen multiresistente Keime. Man stößt schnell auf gerade diese Klinik, wenn man im Internet zum Thema Keime forscht. Das Klinikum setzt vor allem auf Handhygiene. Überall stehen Emulsionsspender für eine hygienische Händedesinfektion. Denn da, wo auf engstem Raum Menschen zusammenkommen, ist die Ansteckungsgefahr am größten. Einen dieser engen Räume, den Fahrstuhl, benutze ich, um auf die Etage zu kommen, auf der ich meinen Gesprächspartner treffe. Es ist Dr. Frank Kipp, leitender Krankenhaushygieniker und somit ein Mediziner, der keine Patienten behandelt. Aber einer, der seine Arbeit ernst nimmt. Kaum angekommen, sitze ich schon in einem Labor, und mir wird mit einem Wattestäbchen eine Probe entnommen. Die Abstriche von Mund und Nase finden ihren Weg in Petrischalen, kleine Keimparadiese, in denen sie in Nährlösungen schwimmen.

Das Problem ist: Jeder von uns kann bereits einen multiresistenten Keim tragen – also auch ich. Hätte Martin Mann vor seiner Knie-Operation einen entsprechenden Test machen lassen, hätte er unter Umständen (vorausgesetzt das Ergebnis wäre negativ gewesen) Beweise gegen das Krankenhaus. So kann sich die Klinik rausreden und die Schuld an der Infektion auf den Patienten schieben. In Deutschland tragen schätzungsweise 1,6 Millionen Menschen multiresistente Keime in sich. Am häufigsten kommt MRSA vor – das Kürzel steht für Methicillin-resistenter *Staphylococcus aureus*. Der Keim ist aber nur einer von vielen. Auf Haut und Schleimhaut ist er erst mal nicht gefährlich, da macht er nicht krank.

Erst wenn er in die Blutbahn gerät, wird er zur lebensbedrohlichen Gefahr.

Wir verlassen Kipps Büro und gehen auf die Station 14A Ost zu, die Mund-, Kiefer- und Gesichtschirurgie. Dabei steuern wir das kleine Gerät mit der grünblauen Flüssigkeit rechts neben der Tür an. »Bevor wir die Station betreten, desinfizieren wir uns die Hände«, fordert Kipp mich auf, »das ist die Hauptaufgabe, um die Übertragung von Krankenhauskeimen zu verhindern.«

Ich sage ihm, dass ich das am Eingang bereits gemacht habe, und ahne, dass ihm das nicht reicht.

»Aber Sie haben seitdem noch viele Möglichkeiten gehabt, sich zu infizieren. Sie haben Türklinken angefasst, andere Menschen begrüßt«, erklärt er.

Wir befänden uns auf einer Krankenstation mit Menschen, von denen ebenfalls eine Infektionsgefahr ausgehen könnte. Die Station ist rund angelegt, was den hochtechnischen Eindruck von Behandlung und Unterbringung noch verstärkt. Die Wände eierschalenfarben hell mit blau abgesetzten Türen, der Kunststofffußboden weiß-schwarz-grau gesprenkelt. Alles wirkt so, wie es an einem solchen Ort wirken soll – klinisch rein.

Ich weiß nicht, warum mir der Blödsinn einfällt, und ich fürchte, dass ich beim Hygieniker Kipp damit eine Schnappatmung auslösen werde, aber ich bücke mich und wische mit der Hand über den Fußboden. So etwas geht normalerweise als Schwiegermutter-Satire zum Thema Staubprobe durch. Das muss im Krankenhaus mindestens einem mittelschweren Vergehen gleichkommen.

Ich betrachte die Hand. »Ich habe vielleicht ein bisschen Staub drauf, ein bisschen Dreck, was ganz normal ist«, stelle ich fest, »ist das hygienisch ein Problem?«

Kipp bleibt ruhig und lächelt: »Nein.«

»Aber es ist ja nicht sauber!«

»Nein, aber Sauberkeit und Hygiene sind unterschiedliche Sachen, denn Sie liegen als Patient nicht auf dem Boden.« Es sei eine Selbstverständlichkeit, dass ein Krankenhaus sauber sein müsse, aber: »Krankenhaushygiene, wie wir sie verstehen, ist etwas anderes.«

»Heißt das, die Reinigung von Zimmern hat mit Hygiene nichts zu tun?«

Die Antwort überrascht mich dann doch.

»Nein, Sie können beides nicht gleichsetzen. Ob gereinigt ist oder ob die Wollmaus unterm Bett liegt – das ist das, was der Patient sieht. Wichtiger aber ist, dass sich der Arzt, wenn er zum Patienten geht, die Hände desinfiziert. Wir müssen die Hygiene an die Mitarbeiter und an die Patienten tragen.«

Kipp bestätigt, dass es heute ein größeres Infektionsrisiko für Patienten gibt. Der Umgang mit Hygiene müsse ständig geübt und kontrolliert werden. Er reicht mir eine grüne Kittelfolie, die ich über meinen Arztmantel ziehe, sowie einen Mundschutz und eine Haube. Der Mediziner zeigt mir, welche Maßnahmen zwingend vorgeschrieben sind bei dem Besuch eines Keimpatienten. Wir betreten Zimmer 231, das Bett ist unter einer Folie verborgen. Ich desinfiziere erneut meine Hände, was nach der Bodenprobe gewiss sinnvoll ist, aber doch nicht so notwendig, wie ich dachte. Handhygiene – nur so könne man das Problem noch in den Griff bekommen, sagt Kipp. Und dieses Problem nehme in den letzten Jahren deutlich zu.

»Wie hoch ist die Anzahl der Todesfälle?«, frage ich ihn.

»Das sind Spekulationen, an denen ich mich nicht mehr ...«, er stockt kurz, »... an denen ich mich nicht beteiligen möchte. Denn jeder Mensch, der durch eine Infektion im Krankenhaus stirbt, die er vorher nicht gehabt hat, ist einer zu viel. Aber es gibt Kollegen von mir, die schätzen die Zahl zwischen 15-, 20- oder 30 000 Menschen.«

Und Handhygiene soll die Lösung sein? Das kommt mir dann doch zu einfach vor.

»Wie viel Prozent der Todesfälle könnte man reduzieren, wenn man Maßnahmen treffen würde wie Ihr Klinikum?«, möchte ich von ihm wissen.

»Es gibt Untersuchungen, die besagen, dass man – je nach Infektionsart – sicherlich die Hälfte verhindern könnte.« Aber nur bei wirklich guten Hygienemaßnahmen.

Die Hälfte von 15 000 ist immer noch ziemlich viel. Aber vielleicht sind es ja auch 30 000. Ich kann ohnehin kaum glauben, dass jährlich Tausende Menschen wegen mangelnder Hygiene in deutschen Krankenhäusern sterben. Saubere Informationen von Dr. Kipp jedenfalls. Ich bedanke mich dafür und verabschiede mich von ihm.

Auf der Rückfahrt in die Redaktion beschließe ich, mehrere Krankenhäuser zu besuchen, um das, was ich erfahren habe, an der Realität zu messen. Ich, der Besucher. Beim Schlendern durch die Flure sehe ich immer wieder defekte Desinfektionsmittelspender. Oder die Geräte stehen kaum erreichbar in der letzten Ecke. Statt in bessere Hygiene zu investieren, wird das Problem verharmlost, totgeschwiegen – den Eindruck habe ich. Patienten wie Martin Mann fühlen sich ohnmächtig, weil sie selber die Schwachstellen in den Kliniken nachweisen müssen.

Ein paar Tage später nehme ich Kontakt zu Manns Rechtsanwalt Dr. Burkhard Kirchhoff auf und besuche ihn im hessischen Weilburg. Ein Luftkurort, genau das Richtige für einen Anwalt, der sich auf Klagen gegen Krankenhäuser spezialisiert hat. Seine Haltung ist eindeutig: Eine Keimerkrankung ist kein Schicksal. Von ihm möchte ich wissen, ob und mit welchen Argumenten sich Kliniken aus der Verantwortung stehlen.

Seine Sekretärin lotst mich eingangs an einem Plakat vorbei, auf dem »No handshake« steht. Und: »Schützen Sie Patienten, Ihre Angehörigen und sich selbst.« Der Rechtsanwalt begrüßt mich recht locker. Und ohne Handschlag.

»Wir verzichten auf den Händedruck«, sagt er und lacht.

»Sie haben sich also gerade selbst geschützt«, stelle ich fest.

»Genau«, antwortet Kirchhoff. Üblicherweise handhabe er das so bei herkömmlichen Kontakten, er sei der Auffassung, dass der Händedruck besonders in Kliniken überflüssig ist. Und das, obwohl ich gar nicht krank bin. Aber auch das lässt er nicht gelten.

»Vielleicht haben Sie ja den Grippevirus schon an sich. Aber wir wollen es nicht hoffen.«

Er bittet mich in sein Büro, und wir kommen ins Gespräch.

»Wenn ich operiert werde, dann unterschreibe ich eine Einverständniserklärung und bestätige, über Nebenwirkungen und auch Risiken aufgeklärt worden zu sein. Wie sieht es da mit Keimen aus?«

Er nickt. »Ich werde als Patient in Deutschland immer darüber aufgeklärt, dass die Gefahr einer Infektion besteht, das bedeutet aber noch lange nicht, dass dann, wenn ich mir diese Infektion mit einem gefährlichen Krankenhauskeim tatsächlich einfange, die Klinik auch haftet.«

»Wie reagieren Krankenhäuser auf Sie, wenn Sie kritisch nachfragen?«

»Die Mehrzahl der Kliniken, die wir anschreiben, antwortet sehr pauschal und allgemein. Wir erhalten Antworten nach dem Motto: Wir halten alle Richtlinien auf dem Gebiet der Hygiene ein, wir setzen alle Hygienegesetze um und haben eine ganz tolle Hygiene. Was wir auch immer hören, ist: Wir machen bei der Aktion ›Saubere Hände‹ der Bundesregierung mit. Auf dem Papier ist das immer alles wunderbar, aber schöne Zertifikate im Foyer einer Klinik sind für mich noch kein Beweis für eine gute Hygiene.«

Ich frage ihn, wie er an Informationen aus Kliniken herankommt, wenn es darum geht, hygienische Fehler nachzuweisen, und Kirchhoff macht keinen Hehl daraus, dass er relativ schnell zu einem unangenehmen Gegner werden kann. »Beim Eindruck eines krassen Verschuldens«, sagt er, »erstatten wir Strafanzeige bei der Staatsanwaltschaft wegen des Verdachts der fahrlässigen Körperverletzung. Und über die Staatsanwaltschaft beantragen wir dann auch die Beschlagnahmung klinikinterner Unterlagen.«

Es gibt immer mal wieder Fälle fehlerhafter Diagnosen oder Therapien, die die Öffentlichkeit erreichen. In der Regel aber schotten sich Mediziner ab. Kaum ein anderer Bereich kann sich so gut hinter Spezialwissen verstecken, Missgeschicke vertuschen, das Schicksal als Verursacher heranziehen wie die Medizin. Keiner blickt durch – nur andere Mediziner.

Der Rechtsanwalt nimmt mich mit in den Keller. In meterlangen Regalen liegen Hunderte von Akten – papiergewordener Schmerz, Verlust an Lebensqualität, an Geld. Kirchhoff zieht eine Akte aus einem Fach – der Fall eines Patienten, der eigentlich im Krankenhaus gesund werden wollte, aber stattdessen noch kränker wurde. »Ein ganz tragischer Fall«, sagt er. Erst ist ein Leben groß und die Krankheit klein. Dann wird die Krankheit groß und das Leben klein. Dann wird das Leben sogar so klein, dass es in eine Akte passt.

»Sie haben von Maßnahmen gesprochen«, sage ich. »Stichwort: mehr Kontrolle?«

»Wir brauchen eine unabhängige, flächendeckende, effektive Kontrolle«, antwortet der Jurist. »Wenn es nur Vorschriften gibt, aber deren Einhaltung nicht kontrolliert wird, dann besteht immer die Gefahr, dass sich schwarze Schafe über diese Vorschriften hinwegsetzen.«

Mit jedem Tag, den ein Patient im Krankenhaus liegt, steigt sein Risiko, sich mit einem Keim zu infizieren. Bis zum fünften Tag liegt es bei zwanzig Prozent. Nach zehn Tagen ist das Risiko bereits auf fünfunddreißig Prozent gestiegen. Meine Quelle: das Statistische Bundesamt.

Als Hauptursache gilt der leichtfertige Umgang mit rezeptpflichtigen Antibiotika. Aber leichtfertig ist nicht nur der Griff zu Hause ins Regal zur schnellen Eigentherapie, leichtfertig ist vor allem, wie wenig sich die Politik darum kümmert, dass der Verbrauch von Antibiotika eingeschränkt wird.

Antibiotika zu verschreiben ist eine Sache. Sie setzt zumindest in der Regel den Besuch bei einem Arzt voraus. Aber Antibiotika zu verschicken, ist eine ganz andere. Ich probiere aus, wie leicht man an Antibiotika kommt, setze mich an den Computer und benötige exakt vier Klicks, bis ich mein Antibiotikum im Warenkorb liegen habe. Bei Borreliose, Nasennebenhöhlen- oder Blasenentzündung, zur Aknebehandlung oder zur Malariaprophylaxe – egal. Wenige Minuten später erhalte ich eine E-Mail von einem angeblichen Arzt. Und obwohl er mich nie gesehen, geschweige untersucht hat, genehmigt er meine Behandlung. Eine Ferndiagnose als Luftnummer.

Möglicherweise verabreden sich dabei zwei Interessenten zu einem postalischen Geschäft, die beide keine Ahnung haben.

In Deutschland wurden 2013 – also in einem einzigen Jahr! – 630 Tonnen Antibiotika verschrieben. In der Massentierhaltung wurden noch einmal 1452 Tonnen Antibiotika eingesetzt. Fachleute sprechen von »hohem Keimdruck« in den Ställen durch das Zusammenpferchen der Tiere auf engem Raum – schon das Wort ist widerwärtig. Antibiotika werden prophylaktisch eingesetzt, damit es gar nicht erst zu Krankheitsausbrüchen kommt. Ich stoße im Internet auf eine niederländische Untersuchung, dass in Betrieben, in denen Schweine routinemäßig mit Antibiotika behandelt wurden, sechzig Prozent der Tiere mit MRSA befallen waren, während in Betrieben, die Antibiotika nur fallbezogen einsetzten, nur fünf Prozent der Schweine »besiedelt« waren.

Auch hier: Behandlung über den Postweg.

Keine 24 Stunden nach meiner Bestellung halte ich drei Päckchen in den Händen. Zur Eigentherapie.

Problemresistenz

Je mehr Antibiotika geschluckt werden, desto größer ist die Gefahr der Bakterienresistenz. Schon jetzt stehen die Krankenhäuser vor großen Herausforderungen. Aber wie sieht es im Alltag auf den Stationen aus? Ich treffe mich mit einem Arzt aus dem Ruhrgebiet, der mir die Situation schildern will. Wie wir in Kontakt gekommen sind und wo er arbeitet, muss hier verborgen bleiben. Das ist Teil unserer Absprache.

Wir verabreden uns zu einem Spaziergang in einem Bochumer Park. Es ist nicht seine Stadt, nur eben die Stadt, in der wir uns zu Interview und Kameraaufnahmen treffen. Daher wird es eines dieser Schlapphutgespräche. Mein Gesprächspartner ist vorsichtig – verkleidet mit einem weiten Mantel, verborgen unter einer Hutkrempe. Er hält es für besser, nicht erkannt zu werden, und fürchtet um seinen Job. Aber er macht trotz der etwas schrägen Situation einen aufgeräumten, in sich ruhenden Eindruck auf mich. Ich denke, dass die Kliniken eigentlich froh sein müssten, solche Leute in ihren Reihen zu haben, die den Finger in die Wunde legen – was in diesem Fall sogar das passende Bild wäre.

Auf meine Frage, wie das Krankenhaus, in dem er arbeite, ausgestattet sei, wenn es um resistente Keime gehe, zieht er einen großen Vergleich.

»Also da, würde ich sagen, können wir mit der Bundeswehr locker mithalten: Wenn man sich nicht genügend kümmert, dann können Sie auch nicht erwarten, dass Sie genügend geschützt sind«, stellt er nüchtern fest.

Er erzählt, wie unzufrieden er mit den hygienischen Umständen in seiner Klinik sei. »Wir haben keine regelmäßigen Kontrollen. Die Kontrollen werden immer dann gemacht, wenn irgendwas auffällig ist. Also dann, wenn das Kind schon in den Brunnen gefallen ist«, stellt er fest.

Ich frage ihn, an wen er sich wenden könne, wenn ihm etwas auffalle.

»Es gibt zwar einen Hygienebeauftragten«, antwortet er, »aber da erntet man dann auch nur Kopfschütteln und Ratlosigkeit.« Es sei dem Zufall überlassen, wie es weitergehe: »Eine richtige Strategie gibt es bei uns nicht.«

»Heißt das, dass die eigentliche Fachkraft in dem Moment selber nicht so richtig weiß, was sie tun soll?«, frage ich ihn.

»Genau«, bestätigt er. Seine Schilderungen klingen so, als sei es reiner Zufall, wer den Posten des Hygienebeauftragten in seiner Klinik bekommen habe. Sinngemäß so: Mach du mal Hygiene, du hast am wenigsten zu tun, beleg mal so einen Kurs, dann wird es schon gut sein. Angesichts der horrenden Zahlen an Infektionen ein wohl zu leichtfertiger Umgang mit dem Thema.

»Was müsste denn passieren, damit die Hygiene in Krankenhäusern besser wird?«, will ich von ihm wissen.

»Wir müssen das Thema selber ernster nehmen. Wir müssen auch untereinander sagen: Komm, jetzt desinfiziere mal deine Hände. Es ist doch überall ein Spender da!«

Meine letzte Frage führt zu einem Offenbarungseid. »Würden Sie sich in Ihrem Krankenhaus behandeln lassen?«

»Besser nicht. Wenn ich länger ins Krankenhaus müsste, dann lieber in Holland als in Deutschland.«

Mein Unverständnis wächst. Die Wissenschaft Medizin macht in der Behandlung von Krankheiten, bei der OP-Technik unglaubliche Fortschritte. Und scheitert letztendlich an – unzureichender Hygiene? Das Thema unseres Gespräches sollte eigentlich so normal sein, dass wir es mit dem Direktor seiner Klinik an dessen Schreibtisch führen könnten. Ist es aber nicht.

Wir gehen weiter durch den Park, unter unseren Füßen knirscht der Kies, er zieht den Mantelkragen höher und den Hut tiefer ins Gesicht. Eine fast surreale Szene: der Spion, der aus der Klinik kam.

In der »Isolatiekamer«

Das Treffen in Bochum setzte bei mir die Überlegung in Gang, mich in den Niederlanden in einem Krankenhaus als vermeintlicher Risikopatient vorzustellen. Roermond liegt nahe am Rheinland, ich rufe dort in der Laurentius-Klinik an und frage, ob man mir das holländische Modell der MRSA-Bekämpfung erklären könne – am praktischen Beispiel, mit mir als Semi-Patienten vor laufender Kamera. Zu meiner Überraschung bekomme ich eine Zusage.

Die Stadt, an der Maas gelegen, umfängt mich mit dieser typisch holländischen Mischung aus Tradition und Modernität. Rote Backsteinbauten in einer Stadt, der der Kiesabbau zahlreiche miteinander verbundene Seen beschert hat und die daher einen sympathischen holländischen Grachtencharakter mitbringt. Hier will ich testen, wie ein Durchschnittskrankenhaus mit dem Keimproblem umgeht. Ich stelle meinen Wagen ab und verwandele mich auf dem Weg in die Notaufnahme der Laurentius-Klinik in einen vorgeblichen Patienten. Schon im Wartezimmer warnen Informationsblätter vor MRSA. Die Niederländer haben bereits vor Jahren dem Keim den Kampf angesagt.

Ihr Gefecht ist offensichtlich erfolgreich. Denn Blutuntersuchungen in beiden Ländern haben ergeben: In Deutschland ist das Bakterium *Staphylococcus aureus* zu 12,7 Prozent resistent gegen Antibiotika, in den Niederlanden nur zu 1,2 Prozent. Die Frage ist: Wie haben die Nachbarn das geschafft?

Eine Schiebetür öffnet sich, und ich werde aufgerufen. Den Raum, den ich zuerst betrete, ist die »Isolatiekamer«. Eine »Kamer«, in der Unterdruck herrscht, damit beim Öffnen der Tür keine Luft nach außen dringen kann. Hier scheint das Prinzip der grundsätzlichen Verdächtigung zu herrschen, und ich empfinde das noch nicht mal als ehrenrührig. Ich nehme Platz und tische einer Krankenschwester, die mich nach möglichen Keimrisiken befragt, meine konstruierte Geschichte auf. Kurzum: Ich sei vor zwei Monaten in einer deutschen Klinik gewesen, habe dort eine Infusion bekommen und seitdem Schmerzen.

Die zeitliche Einordnung löse bei ihr sofort Alarm aus, erklärt sie mir. Jeder, der in den vergangenen Monaten in Deutschland behandelt worden sei, ist hier automatisch Risikopatient. Mit der Folge, dass sie sich sofort Schutzkleidung anlegen müsse: Kittel, Haube, Mundschutz, Handschuhe. Es folgt ein Test auf MRSA. Mir wird dazu mit einem Wattestäbchen eine Probe von meiner Nasenschleimhaut entnommen. Halb im Spaß erklärt sie mir, dass ich die Isolierkammer erst verlassen darf, wenn feststeht, dass ich keine MRSA-Keime habe. Das sei in den Niederlanden ganz normal.

Ein kleines Spiel mit ernstem Hintergrund. Ein Spiel mit dem Risikopatienten Deutschland. Wenig später kommt Tanja Schülin herein, eine deutsche Ärztin, die bereits seit Jahren in den Niederlanden arbeitet.

»Ich bin etwas überrascht«, beginne ich unser Gespräch und erkläre ihr, dass ich mich sozusagen zum Spaß wegen einer Fußverletzung sowie Komplikationen nach einer Infusion habe einweisen lassen – und sofort in der Isolierkammer gelandet bin.

Sie versteht das, erläutert mir aber die Gründe für das rigorose Verhalten in holländischen Kliniken.

»Wir haben in Holland eine ›Search and destroy‹-Strategie, was MRSA angeht«, sagt sie. Weil es in den umliegenden Ländern Probleme mit dem Keim gebe, in

Holland aber nicht, werde eben alles getan, damit das so bleibt. »Alle Patienten, die ein Risiko haben, mit MRSA besiedelt zu sein, werden im Krankenhaus in Isolation genommen.«

Einen Keim zu haben ist schon nicht nett, von ihm besiedelt zu sein klingt vollends widerlich. »Und was passiert, wenn ich den Keim tatsächlich habe?«, frage ich sie.

»Sobald bei einem Patienten ein MRSA-Keim festgestellt wird, wird er in Isolation gelegt«, antwortet sie. Sofort würden alle Mitpatienten, Schwestern, Ärzte, die mit ihm Kontakt gehabt hätten, auf MRSA untersucht. Im schlimmsten Fall, also wenn der Patient schon länger im Krankenhaus gelegen hat, könne es sein, dass die Station geschlossen würde, um den Keim nicht noch weiter zu verbreiten.

»Was ist denn der große Unterschied zwischen Krankenhäusern in den Niederlanden und in Deutschland?«, möchte ich von der Ärztin wissen.

In Holland bestehe grundsätzlich eine Protokollpflicht. »Jedes Krankenhaus muss sich an die Protokolle halten, die von ganz oben festgelegt sind. Jedes Krankenhaus muss die ›Search and destroy‹-Politik befolgen«, antwortet Tanja Schülin.

Dass gerade wir Deutsche Probleme mit dem Abarbeiten von Protokollen haben sollen, wundert mich – es scheint wohl daran zu liegen, dass wir, zumindest was MRSA anbelangt, kaum Protokollanforderungen haben. Mir fällt auf, dass Tanja Schülin einen Arztkittel mit kurzen Ärmeln trägt.

»Ist das jetzt Mode«, frage ich sie, »oder hat das einen anderen Grund?«

»Das ist Pflicht in Holland. Das hat etwas mit Händedesinfektion zu tun.« Sie weist auf ihre Handgelenke:

»Man kann seine Hände nur desinfizieren, wenn man keine langärmeligen Kittelärmel hat.«

Stimmt, denke ich mir, klingt logisch. Die Frage ist nur: Wieso gibt es eine solche Vorschrift nicht auch in Deutschland? Wir gehen weiter durch einen Flur in ein Zimmer. Auf einem Tisch steht ein Gerät, das mithilfe von ultraviolettem Licht jeden Desinfektionsfehler nachweist. Die Ärztin desinfiziert ihre Hände, hält sie unters Licht, und obwohl sie die Emulsion gut verrieben hat, werden jetzt dunkle Inseln sichtbar, wo die Desinfektion nicht hinreicht. Mir geht es ähnlich bei meinem Versuch. »Darum ist es auch nicht sinnvoll, Ringe oder Uhren zu tragen«, sagt sie.

Ohne Ärmel schmucklos sauber. Und protokolliert.

In den Niederlanden gibt es zentrale Hygienevorschriften, die für alle gelten. Und vor allem Sanktionsmaßnahmen, die den Kliniken wehtun, die sich nicht daran halten. Die Gesundheitsbehörde reagiere sehr schnell, wenn es zum Beispiel um die Schließung einer Station gehe. Viel schneller als in Deutschland. So hätten die Niederländer ihr MRSA-Problem in den Griff bekommen.

In Deutschland sind die Gesundheitsämter für die Krankenhauskontrollen zuständig. Zurück in Köln frage ich alle 53 in Nordrhein-Westfalen an, denn ich möchte gerne bei einer Kontrolle dabei sein. Ich bin gespannt, wie die Antworten ausfallen, und nutze die Zeit bis dahin, um in Kontakt mit einer Reinigungskraft zu kommen, die in einer Klinik arbeitet.

Denn während eine Gruppe von Experten sagt, dass die Handhygiene die entscheidende Maßnahme im Kampf gegen die Keime sei, nehmen andere Fachleute zusätzlich die Reinigung ins Visier. Für mich eigentlich eine logische Folge. Allgemein bekannt ist aber auch, dass in den vergangenen Jahren in diesen Bereichen extrem gespart worden ist. Dumpingpreise beherrschen den Markt. Deshalb will ich mit jemandem reden, der mir erzählt, unter welchen Bedingungen heute in Kliniken gereinigt wird. Ein Bekannter vermittelt mir ein Gespräch mit einer Reinigungskraft.

Im Grunde genommen ist dies ein Treffen wie das mit dem Mediziner im Bochumer Park. Genauso konspirativ. Wir gehen allerdings nicht spazieren, sondern ziehen uns in den Konferenzraum eines Hotels zurück, um ungestört zu sprechen. Ich merke auch der Frau ihre Vorsicht an. Obwohl: Wer hier die Wahrheit sagt, muss sich nicht als Verräter fühlen.

»Wie hat sich Ihr Beruf in den vergangenen Jahren verändert?«, möchte ich als Erstes von ihr wissen.

»Die Anweisungen sind strenger geworden – mehr Arbeit, weniger Zeit.«

Als ich sie nach ihren Vorgaben frage, macht sie mir eine Rechnung auf, deren Ergebnis selbst für mich als Laien darauf hindeutet, dass es fünf vor zwölf ist.

»Ich habe drei Stunden für eine Station, und die Station hat 750 Quadratmeter. Das sind pro Zimmer mit Toilette und Duschraum ...«, sie stockt kurz und rechnet nach, »... da kommen Sie ungefähr auf 6,5 Minuten.« Sie erzählt von einer anderen Zeitrechnung, nämlich von der ihrer Kolleginnen, denen es unangemessen erscheint, ein Krankenzimmer in dieser Zeit zu säubern, weil sie ganz genau wissen, dass das nicht funktioniert.

»Es ist schon so«, sagt sie, »dass die Frauen, die gewissenhaft arbeiten, vier Stunden, fünf Stunden auf der Station bleiben.« Und zwar unentgeltlich.

»Wenn man sich an die 6,5 Minuten im Schnitt halten

würde«, frage ich sie, »was würde man nicht mehr schaffen?«

»So circa sieben Zimmer würden liegen bleiben. Die können sie dann nicht mehr reinigen.«

Ich frage sie, ob ihr denn für Zimmer mit Infektionspatienten auch nur 6,5 Minuten blieben.

Sie nickt: »Ja, in den 6,5 Minuten muss ich mich noch umrüsten, Kittel anziehen, einen grünen Mundschutz nehmen, Handschuhe, separate Lappen und separate Tüten.«

»Das dauert ja schon 6,5 Minuten, bis Sie anfangen zu arbeiten!«

»Ja, aber das interessiert keinen.«

Keimverseuchte Patientenzimmer, die eigentlich einer Sonderreinigung bedürfen, werden also in deutlich weniger Zeit gewischt als die Räume von nicht infizierten Patienten. Grobes Hochgeschwindigkeits-Anfeudeln gegen Mikroorganismen: Spätestens jetzt wird mir die Leichtfertigkeit bewusst, mit der in Deutschland Krankenhauskeime bekämpft werden.

Bekämpft werden?

»Woher wissen Sie vorher, dass Sie ein Zimmer mit Keimbelastung reinigen?«

Sie zögert ein wenig: »Sagen wir mal, das kommt auf das Personal an.« Sie erzählt mir, dass durchaus hier und da vergessen werden würde, die Krankenzimmer mit Keimpatienten kenntlich zu machen. Manchmal würden Zettel an der Tür hängen, manchmal eben auch nicht.

Ich habe das Gefühl, dass meine Gesprächspartnerin durchaus weiß, dass in solchen Momenten auch mit ihrer Gesundheit gespielt wird. Abgesehen davon bestätigen ihre Aussagen meine heimliche Beobachtung: Die Reinigungskräfte entsorgen Handschuhe und Mundschutz

178

nicht im Keimzimmer, wie sie es eigentlich müssten. Stattdessen landen die Sachen schlicht im Putzwagen.

Natürlich kann eine Krankenschwester mal vergessen, einen Zettel an der Tür anzubringen. Aber alles zusammengenommen – Ärzte, Verwaltung, Schwestern, Reinigungskräfte –, wird ein System deutlich, das an Stresssymptomen leidet. Personell unterbesetzt und vielleicht nicht an allen, aber zumindest an manchen Stellen chronisch unterfinanziert. Chronischer Stress macht krank. Menschen – und auch Krankenhäuser.

Mindestens 15 000 Tote durch Krankenhauskeime: So etwas könnte man schicksalsergeben als Unfälle im Reparaturbetrieb des Lebens bezeichnen. In Wirklichkeit aber ist es ein Skandal, der durch eine Mischung aus Untätigkeit und Unfähigkeit von Politik, Behörden und Krankenhäusern verursacht wird.

Ein Verhalten, das eigentlich im Keim erstickt werden muss.

Der Patient als Qualitätsmanager

Wird hier nicht komplett am falschen Ende gespart? Eine Frage, die ich bei meinem Besuch in Essen zu klären versuche. Ich treffe mich mit Walter Popp, dem Vizepräsidenten der Gesellschaft für Krankenhaushygiene, der mir bereits den Kontakt zu dem Essener Mikrobiologieprofessor Peter-Michael Rath vermittelt hat. Die Gesellschaft hatte jüngst eine Untersuchung gestartet, die sich mit der Reinigungsqualität in Krankenhäusern befasste. Im Klinikum Essen empfängt mich Popp, wir gehen durchs Haus und stoppen am Bettenstützpunkt. »Aufwachraum – nur reine Betten« steht auf einem Schild. Irgendwie der richtige Ort für die Gesamtabrechnung, die der Hygienefachmann vornimmt.

»Was war denn letzten Endes das Ergebnis der Befragung?«, frage ich ihn. Popp steht im weißen Kittel vor mir, analysiert nüchtern, und jeder Satz birgt Zündstoff.

»Es ist herausgekommen – aber das war auch zu befürchten –, dass die Reinigungsqualität insgesamt sehr schlecht ist heutzutage. Das heißt beispielsweise, dass an manchen Tagen überhaupt nicht mehr gereinigt wird.« Es gebe Krankenhäuser, die teilweise bis zu drei Tage in der Woche nur noch »Sichtreinigungen« vornehmen würden.

Und was heißt das?

»Das heißt, dass da eine Reinigungskraft nur hingeht, um den Mülleimer zu leeren und das wegzuputzen, was sie an grobem Schmutz sieht«, erklärt er. Alles in allem Zustände, die man in früheren Jahren aus Krankenhäusern nicht gekannt habe. Ich frage ihn nach den Ursachen.

»Das liegt daran, dass man unheimlich eingespart hat bei der Reinigung.« Die Krankenhäuser stünden unter Kostendruck, und die Einsparungen gingen auf Kosten des Personals. »Man kann sagen«, schätzt er, »dass die Flächenleistung der Reinigungskräfte heute praktisch doppelt so hoch ist.« Im Vergleich zu früher.

»Und was ist die Konsequenz daraus?«

»Die Folgen aus der schlechten Reinigung sind, dass sich die Risiken für Infektionsübertragungen erhöht haben. Händedesinfektion ist wichtig, aber wir können nicht immer die Hände so desinfizieren, wie es notwendig ist.« Daher müssten auch andere Maßnahmen zum Zuge kommen: also das Tragen eines Kittels zum Beispiel oder eben eine Reinigung, die kritische Erreger von den Flächen entferne.

Ich erzähle ihm, dass ich mit Putzfrauen gesprochen hätte, die sagten, sie könnten ein Zimmer unmöglich in der vorgegebenen Zeit vernünftig reinigen. Und mir fällt mein Gespräch mit dem Arzt im Park ein: »Wenn Ärzte sagen, ich würde mich in meinem eigenen Krankenhaus noch nicht mal operieren lassen … Warum kontrolliert denn niemand, was da passiert?«

Popp verschränkt die Arme und hebt das Gespräch auf eine politische Ebene: »Gerade in Nordrhein-Westfalen gibt es aus meiner Sicht Handlungsbedarf. Ein Grund ist, dass in NRW relativ wenig zentral abläuft. Wir haben ja nur ein sehr kleines Landeszentrum für Gesundheit, das im Prinzip aus verschiedenen Behörden zusammengeschmolzen wurde – aus früheren größeren Behörden, die ja kaum noch arbeitsfähig sind. Und die Gesundheitsämter in NRW sind beispielsweise kommunal organisiert. Das heißt: Jedes Gesundheitsamt macht sein Ding.«

»Gehen die Initiativen der NRW-Landesregierung aus Ihrer Sicht weit genug?«, frage ich ihn.

Popp sieht mich skeptisch an: »Also ich sehe da momentan wenig positive Initiativen. Ich kenne in erster Linie nur die Pressekonferenz der Ministerin im Frühjahr dieses Jahres.« Er meint die Grüne Barbara Steffens, und er meint den Mai 2014. Er zieht ein Papier aus seiner Tasche und zeigt darauf. Ein Fragebogen, der damals vorgestellt worden ist, einer, der Patienten bei deren Entlassung zum Ausfüllen vorgelegt wird.

»Diesen Patientenfragebogen«, meint Popp, »halte ich für sehr kritisch.« Er enthalte Fragen, die der Patient zum Teil gar nicht verstehen könne.

»Wird hier die Verantwortung ein bisschen auf den Patienten abgeschoben?«

»Ich würde das schon so sehen«, antwortet Popp. Ein Pa-

tient komme schließlich als Hilfesuchender ins Krankenhaus – und nicht als Qualitätsmanager. Ein Patient könne
nicht die Arbeit in einem Krankenhaus überwachen.

Seine Überzeugung: »Das ist die originäre Aufgabe der
Krankenhäuser selber – oder der Landesregierung.«

Wir verabschieden uns, mein Blick bleibt noch mal an
dem Schild »Aufwachraum« hängen. Wirklich die richtige Örtlichkeit für ein Gespräch über die Gesundheitspolitik im Lande.

Aufwachen!

Kontrolle – angemeldet oder plötzlich

Der Patientenfragebogen: Schaufensterpolitik des NRW-
Gesundheitsministeriums? Ich schaue mir auf Video
nachträglich die Pressekonferenz von Gesundheitsminis-
terin Barbara Steffens an. Ich frage mich: Wie will sie die
Patienten effektiv schützen? Um es noch mal deutlich zu
sagen: Hier stehen schließlich Menschenleben auf dem
Spiel.

»Mehr Gesetze und Regeln will Gesundheitsminis-
terin Steffens nicht«, sagt eine Stimme aus dem Off, »sie
setzt auf Aufklärung.« Als die Ministerin selbst zu Wort
kommt, sagt sie: »Letztendlich kann man nicht das ganze
Jahr über den ganzen Tag 24 Stunden kontrollieren und
den Krankenhäusern hinter der Schulter stehen.«

Genau darüber möchte ich mit ihr reden und bitte um
ein Interview. Es vergehen einige Tage. In der Zwischen-
zeit erreichen mich die Antworten der NRW-Gesund-
heitsämter auf meine Frageaktion, wie häufig in den Kliniken kontrolliert wird. Diese Antworten führen die

Ernsthaftigkeit von Qualitätskontrollen ad absurdum. Ich lese: sechsmal im Jahr, einmal im Jahr, alle zwei Jahre. So sehen also einheitliche Kontrollen aus. Das aus dem Griechischen stammende Wort Hygiene wird als eine »der Gesundheit dienende Kunst« übersetzt.

»Willkommen im Keimparadies NRW«, würden hier die Zyniker allerdings rufen.

Jede Kommune macht also, was sie will. Von 53 Gesundheitsämtern in NRW haben sich nur drei bereit erklärt, mich bei einer Kontrolle mitzunehmen. Und in zwei dieser drei Ausnahmefälle waren die zugehörigen Krankenhäuser dagegen. Bleibt also nur eine Klinik – das Herz- und Diabeteszentrum in Bad Oeynhausen. Es hat als erstes Klinikum im Kreis Minden-Lübbecke das »Qualitätssiegel MRSA« erhalten.

Schon ein Blick in die Statistik der Herzklinik offenbart die ganze Wucht der Gesundheitsindustrie: jährlich 4000 Operationen am Herzen und an herznahen Gefäßen, 1000 Schrittmacher-/Defibrillator-Operationen, über 2100 Herz- und Lungen-Transplantationen, über 3000 Implantationen von Kunstherzen. Dafür stehen unter anderem acht hochmoderne OP-Säle zur Verfügung. Und die Komfort-Pflegestation »Toskana«.

Ich betrete die Eingangshalle, wo ich bereits erwartet werde. Peter Witte vom Gesundheitsamt Kreis Minden-Lübbecke erkenne ich sofort – er trägt als Einziger ein Jackett. Bei der Begrüßung spiele ich darauf an, dass sein Gesundheitsamt und diese Klinik die einzigen in NRW sind, die ihre Zustimmung zu einem Treffen gegeben haben: »Ganz schön mutig.«

»Ich denke nicht, dass das mutig ist«, meint Witte denn auch, »hier wird gute Arbeit gemacht, das kann man auch zeigen.«

Die Modernität der Klinik wird an den Wänden deutlich, wo große Bilder hängen. Ich finde, Kunst gehört zur Bekämpfung von Krankheiten dazu. Sie schafft Atmosphäre, sie infiziert im Guten. 15 000 Patienten werden hier jährlich stationär behandelt. Beim Gang durch die Klinik ist auch eine Medizinerin dabei, die uns auf ein Treffen vorbereitet: »Auf Sie warten gleich fünf Hygienefachkräfte und vier hygienebeauftragte Ärzte.«

Beeindruckend, denke ich, das ist mal eine Zahl. Neun Spezialisten – und wieder fällt mir mein Informant ein, der mir sein Krankenhaus als quasi hygienefreie Zone beschrieben hat. Sie öffnet die Tür zu einem Zimmer, und die Gruppe empfängt uns. Die geballte Desinfektionsriege erklärt uns ihre Arbeit. Zum Beispiel, wie viel Antibiotika verabreicht wurden. Die Zahlen werden von Witte abgefragt, das gehört zur Kontrolle.

»Haben Sie die Kontrolle angekündigt?«, frage ich ihn.

»Die heutige ist angekündigt, ja. Es gibt zwei Arten von Kontrollen. Anlassbezogen, also wenn wir Bürgerbeschwerden bekommen, oder wenn wir von uns aus Grund haben nachzuschauen. Und die angekündigte – das hängt damit zusammen, dass ich gewisse Daten einfach abprüfe. Und die bekomme ich nicht, wenn ich vor der Tür stehe und die Mitarbeiterinnen und Mitarbeiter nicht da sind.«

»Ich stelle mir das gerade wie so eine Dopingkontrolle vor«, überlege ich laut, »bei der der Sportler weiß: Morgen um zehn Uhr muss ich antreten ... Dann lasse ich gewisse Sachen weg, und dann bin ich sauber. Ist das vergleichbar?«

»Jein«, entgegnet Witte. Bei der Größe der Klinik ließe sich das Haus nicht innerhalb einer Woche so auf Vordermann bringen, dass den Kontrolleuren etwas vorgemacht werden könnte. 2000 Mitarbeiter vorzuwarnen – das sei kaum möglich. Und welche drei Stationen heute unter die Lupe genommen werden, das wisse in der Klinik niemand.

Wir folgen Witte auf eine Station. Er mustert im Vorbeigehen, stoppt hier, sieht dort.

»Worauf achten Sie?«

»Es gibt verschiedene Teilaspekte. Ich habe zum Beispiel schon mal gleich geschaut, ob das Personal Ringe oder Uhren trägt. Das mache ich nebenbei, während wir hier durchgegangen sind.«

Er geht in ein Patientenzimmer, prüft den Händedesinfektionsmittelspender. Findet noch einen zweiten, was nicht zwingend sein müsse, aber natürlich auch nicht schade. Er achtet auch auf das Anbruchs-Datum, das auf der Flasche notiert werden muss. Und: Er macht die Kontrolle im Haus nicht alleine.

Witte wirft einen Blick in die Toilette – alles in Ordnung, das kann sogar ich sehen. »Die technische Überprüfung, das macht unser Gesundheitsingenieur. Das ist nicht mein Spezialgebiet«, sagt er.

Mir fallen die hochmodernen WCs auf. Sie sehen nach einer Extraanfertigung aus.

»Das kostet ungefähr 10 000 Euro zusätzlich«, sagt die leitende Hygieneärztin Dr. Claudia Christine Freytag, die uns begleitet. Auf meine Frage, ob sie sich mit der Forderung nach solch einer Toilette nicht beim Krankenhaus-Betriebswirt unbeliebt mache, antwortet sie: »Ganz und gar nicht. Sowohl die Geschäftsführung als auch die ärztlichen Direktoren, die alle drei Jahre rotieren, haben schon sehr lange dieses Hygienethema erkannt. Wenn ich Geld fordere – und ich bin nicht unbescheiden –, dann ist das kein Problem.«

So reagiert längst nicht jeder Klinikgeschäftsführer.

Denn Hygiene kostet Geld. Wir gehen ein Zimmer weiter. Wieder fällt Wittes Blick auf einen sechsbeinigen Infusionsständer. Ist er optisch sauber, gibt es Rostspuren? Das sei bei älteren Infusionsständern oft der Fall.

»Wäre Rost ein akzeptabler Mangel, oder würden Sie sagen: Rost geht gar nicht?«, frage ich ihn.

»Rost geht gar nicht! Rost bedeutet Austausch. Die Flächen müssen desinfizierbar sein. Rost können Sie nicht desinfizieren.«

Als Nächstes will Witte das Medikamentenlager sehen. Er öffnet einen Schrank, holt eine Flasche mit Desinfektionsmittel heraus und sucht das Verfallsdatum.

Die Frage ist: »Was wird gelagert? Ist zum Beispiel das Sterilgut abgelaufen, was steht für ein Haltbarkeitsdatum drauf?«

Bei einer Sterilgutlagerung sei Staubschutz wichtig. Offene Lagerung sei verboten, denn Staub ist ein Keimträger.

»Wie können Sie sich dann erklären, dass ich Krankenhäuser gesehen habe, wo die Dinge einfach so rumliegen?«, frage ich ihn.

Witte erklärt, dass ältere Krankenhäuser oft Probleme mit der Lagerung von Material hätten, weil Kliniken heute einfach mehr Materialien zur Behandlung benötigten, als das früher der Fall gewesen sei. Das habe man vor vielleicht vierzig Jahren noch nicht mit einplanen können.

»Viele ältere Krankenhäuser haben gar keinen Lagerraum, das ist das Problem«, meint er, »das heißt, man müsste eigentlich hingehen und Patientenbetten schließen. Und das geht wirtschaftlich wieder nicht.«

In Bad Oeynhausen spielt die Hygiene offensichtlich eine wichtige Rolle, und dafür wird auch das nötige Geld ausgegeben. Interessanter aber ist der Umkehrschluss:

In anderen Krankenhäusern weiß man wahrscheinlich ebenso, wie wichtig Keimfreiheit ist, will aber dafür trotzdem kein Geld ausgeben.

Vielleicht, schränkt Witte ein, sei auch nicht an allen Stellen das Bewusstsein dafür da. Dem Pflegepersonal jedenfalls sei das bekannt. Es leide darunter, weil die Situation die Arbeit auch schwieriger mache. Der Zeitdruck auf den Stationen sei enorm. Alleine die Händedesinfektion dauere ja eigentlich dreißig Sekunden. Und das jedes Mal.

Ich drehe mich um und nutze ein Desinfektionsgerät. Das schnelle gründliche Verreiben nutzt nichts, weil ich mir sofort einen Rüffel abhole.

»Das war schon falsch«, sagt die Hygieneärztin Freytag und lacht. Ich habe mit der linken Hand den Spender gedrückt, was mich als Desinfektionsmuffel kennzeichnet. Ich hätte den Ellenbogen benutzen müssen. Okay, denke ich, aber bin ich Arzt?

»Wenn ich nach Feierabend nach Hause gehe: Wie oft habe ich dann den Spender gedrückt?«

»Hundertmal.«

Hundertmal am Tag dreißig Sekunden. Das macht fünfzig Minuten täglich nur für die Handhygiene – und das für jeden, der mit den Patienten arbeitet. Umgerechnet auf vielleicht Hunderte Beschäftigte durchaus ein nicht zu unterschätzender finanzieller Faktor. Wir gehen auf eine Schwingtür zu, auf der »Kinderintensiv« steht. Die bunten Buchstaben können die Ernsthaftigkeit, mit der hier gearbeitet wird, nicht überdecken. Hier werden Kinder mit angeborenen Herzfehlern operiert, und Witte will die Station überprüfen. So viel steht fest: Wenn die Hygiene hier nicht stimmt, träfe es die Schwächsten. Vier Stunden wird die Kontrolle dauern.

Eine Frage hebe ich mir für den Schluss auf: »Wer kontrolliert eigentlich Sie? Wie sieht die Kontrolle der Kontrolle aus?«

Witte wägt ab. »Schwierig«, sagt er. »Die Bezirksregierung fragt ab, wie oft wir gehen. Das heißt, die reine Quantität wird abgefragt.« Eine Qualitätsprüfung gebe es ansonsten nicht, es liege alles in der Eigenregie der Gesundheitsämter.

Wir verabschieden uns, und ich gucke nochmal durch die Drahtglasscheiben der Schwingtür, die meine Normalität von dem Schicksal der Kinder dahinter trennt. Eine schlechte Kontrolle in einem schlechten Krankenhaus habe ich hier mit Sicherheit nicht gesehen.

Die Frage ist nur, wie handhaben es die anderen 52 Gesundheitsämter?

Im Journalismus ist es so: Je länger man sich mit einem Thema befasst, umso mehr Informationsquellen sprudeln. Ein Thema, das so viel Brisanz birgt wie Krankenhauskeime, berührt eben auch viele. Das Fehlverhalten liegt manchmal offen, man kann es beobachten, wenn man Oma im Krankenhaus besucht, wenn man seinen Job als Arzt, Pfleger, Krankenschwester oder eben Reinigungskraft macht. Und man spürt den Druck und die Kälte, die die Voraussetzung für ein solches Fehlverhalten ist.

Ich bekomme Videomaterial zugespielt. Eine Klinik im Ruhrgebiet wechselt den Dienstleister für die Reinigung. Aber die neue Firma ist auf den neuen Auftrag schlecht vorbereitet. Das beweisen heimlich gemachte Aufnahmen der Personalversammlung. Filmisch natürlich keine Offenbarung, weil fast nur Beine zu sehen sind. Aber das, was gesprochen wird, macht das Dilemma deutlich.

»Über die OP-Bereiche? Kann ich noch gar nichts zu sagen, die kenne ich nicht. Wie viele habt ihr hier?«, höre ich. Der neue Dienstleister kennt sich offenbar im Haus noch gar nicht aus, beginnt aber schon mal mit der Arbeit. Allerdings scheint er nicht über genug ausgebildetes Personal zu verfügen. Denn: »Wer von Ihnen also Bekannte, Verwandte, Freunde, was auch immer hat, die sich für Krankenhausreinigung interessieren, sagt denen Bescheid, da können wir gar nicht genug von haben«, sagt die Stimme weiter. Die Frage ist nur: Wie bereite ich die Raumpflegerinnen auf die Arbeit vor? Sie findet schließlich nicht in Amtsstuben statt. Gut, man könnte die Neuen schulen, aber das passt nicht in den Zeitplan.

Dann höre ich sein Fazit: »Wir schulen intern und zwar ab Ende März, April – das heißt unsere neuen Mitarbeiter hier im Haus. Das kriegen wir am Anfang noch nicht hin.«

»Mutig«, denke ich. Ab Januar reinigen, aber erst im März schulen, das ist mehr als fahrlässig. Ob die Klinik darüber Bescheid weiß? Ich suche mir die Telefonnummer der Klinik und auch die der neuen Reinigungsfirma raus und rufe an. Ich habe nur zwei Fragen. Erstens: Wie kann unter diesen Umständen vorschriftsmäßige Hygiene gewährleistet werden? Zweitens: Spielt mal wieder das Geld die Hauptrolle bei der Auswahl des Unternehmens?

Die Reaktionen jedenfalls sind alles andere als keimfrei: Der neue Dienstleister bestreitet, dass er unerfahren im Bereich Klinikreinigung sei. Und das Krankenhaus als Auftraggeber antwortet gar nicht.

Ich buche das unter Kritikresistenz ab.

Das alles sind offene Flanken. Warum schließen Behörden, Krankenhäuser und Unternehmen sie nicht einfach? Es gibt diese Unterschiede in der Herangehensweise der Bekämpfung von MRSA-Keimen zwischen den Niederlanden und Deutschland. Es gibt bei uns die maximal geschätzten 30 000 Toten, die jährlich an Infektionen sterben, die sie sich in Krankenhäusern zuziehen. Was es nicht gibt, ist offenbar der Einsatz des gesunden Menschenverstandes und die Bereitschaft, vom Nachbarland zu lernen.

Ist der nächste Hygieneskandal nur eine Frage der Zeit?

Dass Krankenhäuser sparen müssen, ist das eine. Trotzdem brauchen Reinigungskräfte genügend Zeit für ihre Arbeit. Und Pfleger und Ärzte müssen verpflichtet werden, Hygiene ernst zu nehmen. Aber solange nicht einheitlich kontrolliert und gegebenenfalls auch bestraft wird, ändert sich wohl nichts. Das ahne ich.

Nur Appelle, keine Kontrolle

Tut NRW-Gesundheitsministerin Barbara Steffens genug, um die bedrohliche Situation zu ändern? Ich bekomme die Zusage für das angefragte Interview und besuche sie in ihrem Ministerium. Sie empfängt mich in einem Sitzungszimmer, aber das Gespräch entwickelt sich anders, als sie sich das vorgestellt hat. Ich zeige ihr eine Tüte.

»Ich habe da so ein kleines Experiment vorbereitet, sind Sie dabei?«, frage ich sie.

»Klar!« Locker und gottergeben.

Ich packe aus und lege zweimal eine komplette Schutzkleidung auf den Tagungstisch, die eine Reinigungskraft in einem Keimzimmer tragen muss. Sie lächelt, als gelernter biologisch-technischer Assistentin fällt ihr der Umgang damit nicht schwer. Die Frage ist: Wie lange brauchen die Ministerin und ich für das Umziehen? Kittel, Mundschutz, Handschuhe, Haube.

»Da habe ich jetzt Glück mit meinen Haaren, genau wie Sie«, meint die Ministerin. Wir haben beide kurze. Ich stoppe die Zeit bei 1:49 Minuten.

»Wir haben jetzt knapp zwei Minuten für die Aktion gebraucht. Die Putzfrau hat 6,5 Minuten für die Reinigung eines Zimmers«, stelle ich fest.

»Das geht gar nicht«, entfährt es der Ministerin.

Wahrscheinlich weiß sie es schon, aber ich erkläre ihr, dass diese zwei Minuten noch von der Putzquote von 6,5 Minuten abgezogen werden müssen.

»Es bleiben noch 4,5 Minuten übrig. Sie sagen schon: Das geht gar nicht. Wie kriegt man dieses Problem in den Griff?«, möchte ich von ihr wissen.

»Also wenn Krankenhäuser Reinigungsdienste outgesourct haben, wenn Krankenhäuser sich dann an die Minutentaktung halten, sparen sie an der falschen Stelle.« Sie hat eine Meinung, das ist schon mal gut.

Ich erwähne den Hygieneskandal an der Universitätsklinik Mannheim von 2014, der den OP-Betrieb fast zum Erliegen gebracht hat. Vor etwa einem Jahr brachte eine anonyme Anzeige den Skandal ins Rollen. Fehlendes Werkzeug, mit Haaren, Keimen und Knochensplittern verdreckte Instrumente, lange nicht überprüfte Reinigungsmaschinen für OP-Bestecke – die Vorwürfe erzählten von katastrophalen Zuständen. Katastrophale Zustände bringt man gemeinhin eher mit industriellen Mastbetrieben in Zusammenhang – aber mit einem Universitätsklinikum?

»Muss denn immer erst der Worst Case passieren – siehe Mannheim –, damit ein Krankenhaus reagiert?«, frage ich die Ministerin. »Warum erreicht das nicht die Köpfe derer, die dort arbeiten?«

Steffens bestätigt mich: Ja, es sei ein Köpfeproblem.

Sie stockt kurz für die Feststellung, dass man das, was an einfachen Gegenmaßnahmen möglich ist, nicht gesetzlich verordnen kann. Ich frage die Ministerin, ob sie denn überhaupt keine Steuerungsmöglichkeit habe.

Sie zählt auf, und es klingt wie die Beschreibung eines Instrumentariums, auf dessen Anwendung sie selbst kaum etwas gibt.

»Man versucht, den Häusern Informationsmaterial bereitzustellen, Fort- und Weiterbildung sowie Hygienebeauftragte anzubieten ... das haben wir alles.«

Von Kontrolle oder verbesserter Kontrolle sagt sie nichts. Daher frage ich, ob es nicht im Sinne der Patienten sei, die Kontrollen zeitlich dichter und unangemeldet stattfinden zu lassen.

Genau das habe sie Teilnehmer einer Expertenrunde gefragt, die sie zu dem Thema eingeladen hatte. Nämlich: »Müssen wir noch irgendwas rechtlich verändern? Müssen wir etwas festschreiben? Und die haben gesagt: Die Kontrollen verändern in den Köpfen auch nichts. Und sie müssten eigentlich pausenlos hinter jeder Pflegekraft, hinter jeder Reinigungskraft herlaufen. So viele Kontrollen kann man an der Stelle nicht machen.«

Ich zähle auf: »Ich habe bei 53 Gesundheitsämtern nachgefragt. Es gibt Gesundheitsämter, die kontrollieren drei-, viermal im Jahr, es gibt Gesundheitsämter, die kontrollieren alle zwei Jahre ...«

»Es gibt die Regelung, dass die Gesundheitsämter selber ein Stück entscheiden müssen ... wie oft sie kontrollieren. Das können wir nicht vorgeben. Anlassbezogen, wenn ein Hinweis kommt, gehen die Gesundheitsämter rein. Aber per se zu sagen: Ihr müsst jetzt jedes Vierteljahr in ein Krankenhaus gehen und kontrollieren, solche Vorgaben gibt es nicht.«

Warum eigentlich nicht? Die Ministerin setzt überall auf Eigenverantwortung – aber ohne effektive Kontrolle. Das kommunale Gesundheitsamt wird also auch weiterhin das kommunale Krankenhaus kontrollieren, so wie es denkt, dass es ausreicht.

Ich halte fest: Die NRW-Gesundheitsministerin sieht das Problem der Keimbelastung in Krankenhäusern. Sie sagt, es sei ein Problem der Köpfe. Mitarbeiter und Verantwortliche in Krankenhäusern seien gefordert. Sie glaubt nicht, dass es durch zusätzliche Kontrollen besser wird. Ist also doch der Patient gefragt? Muss er den liegend transportierten Qualitätsmanager geben? Den Posten, den uns Walter Popp, der Vizepräsident der Gesellschaft für Krankenhaushygiene, nicht zumuten wollte.

Ja, anders als in den Niederlanden müssen wir als Patienten selbst darauf achten, ob der Arzt sich vor der Behandlung die Hände ordentlich desinfiziert. Und vor einem Klinikaufenthalt sollte man sich auf Keime testen lassen, denn nur so kann man dem Krankenhaus später ein Fehlverhalten nachweisen, wenn etwas schiefläuft.

Mein MRSA-Test war übrigens negativ.

15 000 bis 30 000 Tote im Jahr, vielleicht aber auch mehr. Wenn Opa mit 91 Jahren in der Klinik stirbt, wem fällt schon ein Keim als Ursache ein, wenn er vorher wegen eines Schlaganfalls eingeliefert worden ist?

Auch auf die Gefahr hin, dass es zynisch klingt: Aber wer Patienten durch vermeidbare Tode verliert, verliert nicht nur Kunden, er verliert auch das Vertrauen in der Öffentlichkeit. Was sich im Übrigen betriebswirtschaftlich ebenfalls nicht rechnet. Dafür ist das Mannheimer Universitätsklinikum der beste Beweis.

Ein Gesundheitsamt, das die Hygiene eines Krankenhauses weniger überprüft als eine Berufsgenossenschaft die Hebebühne einer Autowerkstatt (nämlich einmal im Jahr), macht seine Arbeit nicht richtig.

Und eine Politik, die die Richtlinien bestimmen soll, letztlich aber trotz Tausenden von Toten kaum mehr tut, als auf die Einsichtsfähigkeit von Betriebswirten, Ärzten und des übrigen Personals in den Kliniken zu setzen, handelt zumindest fahrlässig. Und Fahrlässigkeit ist keine normale Verhaltensweise im Umgang miteinander. Nicht mehr normal: Im Duden findet man für diese drei Wörter einen anderen Ausdruck – pathologisch.

KAPITEL 5

Mieter in Not:
Wenn Wohnungen zu Renditeobjekten werden

2004 trennte sich die Bundesversicherungsanstalt für
Angestellte (BfA) von ihren Mehrheitsbeteiligungen an
der Wohnungsgesellschaft Gagfah, um mit dem Erlös
von 3,5 Milliarden Euro die Rentenkasse zu sanieren. Das
Gleiche machen Kämmerer mancher großer Kommunen
mit städtischem Wohneigentum, um ihre Stadtsäckel zu
füllen. So zum Beispiel in Dresden. Aufkäufer Zehntau-
sender Wohnungen sind oft international tätige Fonds-
gesellschaften. In den beiden genannten Fällen war es die
US-Fondsgesellschaft Fortress.

Eine Tageszeitung meldete in ihrer Ausgabe vom
15. Juli 2004, der Verkauf der 110 000 Wohnungen der
Gagfah durch die BfA an Fortress sei verbunden gewesen
mit der Verpflichtung, umfangreiche soziale Rahmenbedingungen einzuhalten, die beim Mieterschutz deutlich über die gesetzlichen Anforderungen hinausgehen
würden.

Was auf den ersten Blick wie ein Geschäft zugunsten
der Sanierung öffentlicher Kassen aussieht, entpuppt sich
für die Mieter oft als Katastrophe, weil die mit dem Kauf
einhergehenden Sanierungsversprechen der Wohnungen nicht eingehalten werden.

Hinzu kommt, dass die Mieter der erworbenen Ob-
jekte zum nicht geringen Teil Wohngeldempfänger sind

und damit pünktliche und zuverlässige Zahler. Deutsche Städte und Kommunen zahlen monatlich 1,1 Milliarden Euro Wohngeld aus – und die Fonds, die nun als neue Besitzer hinter den privatisierten Wohngesellschaften wie der Gagfah, der Deutschen Annington und der LEG Immobilien AG stehen, kassieren das Geld und profitieren durch üppige Quartalsdividenden, die sie sich selbst gönnen. Geld, das so der Pflege des Wohnungsbestandes entzogen wird. Die Folge: Manche Viertel verslumen geradezu. Diese Fonds sind Unternehmen, die viele ihrer Mieter wie Melkkühe – man muss es leider so sagen – in Ställen halten.

Dass die Kommunen damit ihr Tafelsilber und ihre Einflussmöglichkeiten auf soziale Standards in sowieso oft schwierigen Vorstädten verkauft haben, das ist das eine. Das andere ist, dass sie in Kauf nehmen, dass die Mieten ohne jede Gegenleistung steigen. Das System ist darauf angelegt, die Mieter auszuquetschen, sie mit falschen Versprechungen zu halten oder zum Einzug zu bewegen. Oft wird noch nicht mal das Allernötigste repariert.

Das wissentlich in Kauf zu nehmen, muss man den Gemeinden ankreiden, die ihre Wohnungsbestände losgeschlagen haben. Dabei trifft es Menschen, denen es oft an Wissen und an Durchsetzungsvermögen mangelt, um ihrer Malaise zu entkommen und für eine menschenwürdige Unterkunft zu kämpfen.

Ich mag Heinrich Zille, den Zeichner des Berliner Arbeiter- und Tagelöhner-»Milljöhs«, der zur Wende vom 19. ins 20. Jahrhundert das Leben der einfachen Menschen in ihren Mietskasernen und Kaschemmen abbildete. Von ihm stammt ein Zitat, das verdammt modern klingt: »Man kann mit einer Wohnung einen Menschen genauso töten wie mit einer Axt.«

Eine Eiche in der Dachrinne

In der Redaktion erreichen uns immer mal wieder Briefe und E-Mails von Mietern, die sich über ihre Vermieter beschweren – und oft sind das Wohnungsgesellschaften. Eine dieser Beschwerden nehme ich zum Anlass, um auf die Homepage des Unternehmens Gagfah zu klicken. Bereits vorher hatte ich eine Menge über den Wohnraummulti gehört, und es war nicht wirklich viel Gutes darunter. Aber irgendwann lässt man einfach mal das Unternehmen für sich selbst sprechen:

»Die Gagfah-Group ist mit bundesweit rund 144 000 Mietwohnungen und weiteren 35 000 für Dritte verwalteten Wohnungen eines der führenden börsennotierten Wohnungsunternehmen in Deutschland. Wir sind ein langfristig orientiertes Wohnungsunternehmen und ein verantwortungsvoller, leistungsstarker Vermieter mit bundesweitem Wohnungsangebot. Den Großteil unserer Einnahmen erzielen wir aus der Vermietung von attraktivem Wohnraum. Wir wollen, dass unsere Mieter sich bei uns wohl fühlen und gerne bei uns wohnen.

Als verantwortungsvolles Wohnungsunternehmen bringen wir uns aktiv in die Gesellschaft ein. Das tun wir, indem wir soziale Projekte in unseren Quartieren unterstützen und durch unsere Gagfah-Stiftung ›Mensch und Wohnen‹.«

Haben Sie schon mal eine Gagfah-Siedlung besucht? Zum Beispiel die in Bonn? Oder die in Wuppertal? Angesichts vieler maroder Immobilien ist der Internetauftritt des Wohnungsunternehmens ein Verstoß gegen mindestens eines der Zehn Gebote. Denn: Es lügt.

Was ich auf der Homepage gelesen habe, ist der Beginn einer Recherche, die mich bis nach London führen wird, aber davon ahne ich damals noch nichts.

Genauer hinschauen tue ich zunächst einmal in Bonn. Über den Mieterverein dort bin ich mit Bogdana Malinowski* in Kontakt gekommen. Sie wohnt in der Gotenstraße. Hier soll die Wohnungsgesellschaft Gagfah zwar regelmäßig die Miete erhöhen, aber sonst so ziemlich alles vergammeln lassen. Ich fahre langsam durch die Siedlung. Es gibt sicherlich noch unansehnlichere Wohnblöcke, dennoch wird deutlich, dass die Häuser ihre besten Tage bereits hinter sich haben.

Zweigeschossige Gebäude mit umliegenden Grünanlagen signalisieren aus der Ferne die typische Siedlungswirklichkeit der Nachkriegszeit. Doch mit jedem Meter Näherkommen sehe ich, was die Zeit daraus gemacht hat. Die Außenfarbe der Häuser blättert großflächig ab, grünlicher Schimmel geht mit dem Beige eine farbliche Allianz ein, beides ergibt den Eindruck einer Verwahrlosung.

Damit hat die Gagfah ihre Visitenkarte abgegeben.

Ich stelle den Wagen ab und gehe auf das Haus mit der Nummer 111 zu. Ich bin dort mit Bogdana Malinowski verabredet, die vor neun Jahren mit ihren zwei Söhnen in das Haus gezogen ist. Schon an der Haustür fallen die ersten Schäden auf. Dass zwei abgefallene Ziffern der 111 von Hand nachgemalt sind, ist zu vernachlässigen. Sie selbst habe das gemacht, erklärt die Altenpflegerin, denn die »1« als Hausnummer habe doch zu einigen Irritationen bei der Postzustellung geführt. Bevor auch noch irgendwann der Krankenwagen oder die Feuerwehr vorbeigefahren wäre, habe sie zum Stift gegriffen.

Die Altenpflegerin muss niemanden auf die weiteren

198

Schäden an der Immobilie hinweisen, zu deutlich springen sie ins Auge. Sie geht vor in ihre Wohnung und auf den Balkon. Das Mauerwerk bröselt, und obendrüber hat die Regenrinne ihre Arbeit eingestellt. Hier rinnt nichts mehr. Aber hier wächst was. Ich bin kein Botaniker, aber ich glaube, am Blatt eine bereits dreißig Zentimeter hohe Eiche zu erkennen, die aus dem Mulm aufsteigt.

Vor neun Jahren zahlte Bogdana Malinowski für siebzig Quadratmeter 640 Euro warm, heute sind es 760 Euro. Doch überall sind Schäden zu sehen. In der Wohnung knie ich mich unter einen Heizkörper, weil ich dem Fuß schon ansehe, dass er nicht richtig trägt. Vorsichtig rüttele ich daran: Die Heizung wackelt in ihren Verschraubungen, sie wirkt nicht richtig installiert. Im Badezimmer ist Schimmel ausgebrochen, die Fassung der Balkontür ist undicht.

Ich schaue mich um: Die Einrichtung mit dem pastellfarbenen Anstrich an den Wänden, dem runden, goldgefassten Spiegel, der warmroten Couch macht einen geschmackvollen Eindruck. Was überhaupt nicht dazu passt, ist das bauliche Drumherum. Schimmel, Algen, Feuchtigkeit, Mulm und Eichentrieb: Natur, die einen bedroht.

Und auf dem Speicher dann das: Kaum öffne ich die Tür zum Dachboden, schon fällt mein Blick auf ein fußballgroßes Wespennest. Daneben noch fünf, sechs andere Nester.

»Junge, Junge, Junge!«, entfährt es mir, »das sind Untermieter, die brauchen wir nicht, oder?«

»Nee, eigentlich nicht«, antwortet sie. Deswegen habe sie auch beim Vermieter angerufen und um Hilfe gebeten. Aber gekommen sei keiner. Die Nester hängen nun seit zwei Jahren.

Ich helfe ihr beim Lösen, sie holt ein Messer, und wir hebeln sie vorsichtig ab – noch sind die Biester nicht da. Dann verlassen wir das Biotop und gehen die Treppe hinunter in den Keller.

Da kann mich nichts mehr überraschen. Und richtig, die Wände sind feucht, mit der Fußspitze trete ich den lockeren Putz ab. Dass das Wasser manchmal knöchelhoch steht, hat die Land-unter-Stimmung von Bogdana Malinowski noch verstärkt.

Bei der Anmietung schien alles noch in Ordnung, doch seit einigen Jahren geht es bergab. Im Gegensatz zur Miete.

»Also, die Miete nimmt seit 2005 stetig zu«, erzählt sie, »innerhalb von fünf Jahren ist sie um 120 Euro gestiegen.« Vor drei Monaten habe sich die Gagfah mit einer weiteren Mieterhöhung von sage und schreibe zwanzig Prozent an die im Bonner Mietspiegel zulässige Obergrenze angelehnt.

Die Wohnungsgesellschaft Gagfah gehört zu den größten Vermietern in Deutschland. Und die Missachtung der Mieter hat hier ein Ausmaß angenommen, das unvorstellbar ist. Mir fällt wieder einer dieser Internetsprüche des Unternehmens ein:

»Wir möchten, dass Sie sich bei uns rundum wohlfühlen. Sie haben Fragen oder Wünsche?«

Um das Verhalten den Mietern gegenüber zu prüfen, rufe ich den Hausmeister an. Das gehört nämlich zu den Angeboten der Wohnungsgesellschaft: »Ihr direkter Draht zu uns«, wirbt sie: »Bei technischen Fragen ist der Hausmeister wie gewohnt Ihr erster Ansprechpartner vor Ort. Rund um die Uhr erreichbar.«

Ich wähle, und es meldet sich sogar jemand: »Guten Tag, Sie haben den Anschluss von Hausmeister Otto Köhler* gewählt. Ich bin zurzeit nicht in meinem Büro, rufe Sie aber gerne zurück.« Tuuuuut. Ein Anrufbeantworter.

Ich stelle mich kurz vor, frage nach, ob er nicht mal eben die Dachrinne sauber machen könne, es sei immerhin ein Gewitter im Anmarsch. Ich hätte auch noch einiges mehr erzählen können, aber ich will es nicht übertreiben. Dass ich mich über einen Rückruf freuen würde, hänge ich hinten dran.

Selbstverständlich nimmt mir die Mieterin den Glauben an eine Verbesserung ihrer Wohnsituation. Die kämen nicht. Und: »Das ist immer so«, stellt sie trocken fest, »seit neun Jahren schon.«

Neun Jahre Missachtung sind mit 760 Euro im Monat verdammt gut bezahlt. Eine unverschämt teure und immerwährende Beleidigung.

Wohnen auf einer Baustelle

Es ist ziemlich einfach, über das Internet von besonders schlimmen Zuständen in Gagfah-Siedlungen zu erfahren. Wuppertal taucht da häufiger auf, und mein Gesprächspartner beim dortigen Mieterverein bestätigt mich. Ich fahre also mit dem Zug nach Wuppertal und nehme mir am Bahnhof ein Taxi in die Siedlung Rehsiepen. Hier hatte das Unternehmen einmal 700 Wohnungen. Die Gagfah hat die Wohnungen 2012 zwar alle verkauft, aber Spuren der Verwahrlosung hinterlassen. Ich komme mit dem Taxifahrer ins Gespräch und frage genauer nach Rehsiepen. Die Siedlung habe keinen guten Ruf, sagt er. Er bekomme normalerweise keine Touren in diese Gegend. Wir sind angekommen, ich zahle und steige aus. Die

Sonne scheint, und das Erste, was ich denke, ist – wie sieht das hier wohl im November aus? Die Siedlung ist, den Eindruck habe ich zumindest, in der Lage, augenblicklich für eine Depression zu sorgen. Frische Wäsche hängt einfach über Balkonbrüstungen, die acht oder neun Geschosse hohe Hauswand wirkt durch die ganzen Satellitenschüsseln wie gestempelt.

Die vielen Deutschlandfahnen signalisieren ein diffuses Zugehörigkeitsgefühl zu einer Nation, obwohl die Abweisung einen hier ziemlich anspringt. Komisch, wie das alles zusammenpasst. Aber passt ja vielleicht auch gar nicht.

In einer Erdgeschosswohnung sehe ich einen Mieter im Unterhemd auf dem Balkon stehen. Ich spreche ihn an.

»Moin!« Er nickt mir zu, und ich frage ihn nach seinem ehemaligen Vermieter – der Gagfah.

»Ich hab hier 'ne richtige Baustelle vorgefunden«, erzählt er. »So ziemlich alles war kaputt, wir haben viel selbst gemacht...«

»Ja, Moment«, unterbreche ich ihn, »es gibt ja Dinge, die klar geregelt sind...«

Er holt sich das Gespräch zurück: »... ja, das sollte ja auch die Gagfah machen, aber da ist nichts geschehen. Ich erhielt nur immer wieder die Ansage, ja, da komme jemand... Als der Tag des Einzugs näher kam, habe ich gesagt – ist in Ordnung, Schluss, aus, mache ich es lieber selber! Dann weiß ich auch, dass es gemacht ist.«

Er stützt seine Arme auf eine schimmelige Brüstung, und ich wünsche ihm noch einen schönen Tag.

Während ich ein bisschen umherlaufe, sehe ich überall Spuren der Vernachlässigung. Es kann eigentlich nur Feuchtigkeit sein, die an vielen Stellen den Putz lockert. Was auch immer die Gagfah hier gemacht hat, um Mängel und Schäden scheint sie sich nicht gekümmert zu haben. Verputzte Außenwände lösen sich mit Schieferflächen ab, und Schiefer ist kein ganz billiges Material. Aber auch die Platten überziehen inzwischen so etwas wie schleimige Flechten, Efeu-Lianen brechen durch, drücken sich durch Schlitze.

Ich gehe auf ein anderes Haus zu, das die Mieter zu verschönern versuchen, indem sie die Bauschäden kaschieren. Bunte Sonnenschirme, Blumenkästen und frische Farben grüßen von vielen Balkons. Bruno Wortmann vom Mieterverein hat mir den Tipp gegeben, mal bei Rüdiger Paust* zu klingeln. Auch er hat damals seinen Mietvertrag noch bei der Gagfah unterschrieben.

Als ich bei ihm schelle, öffnet sich die Tür, und vor mir steht ein älteres Ehepaar. Ich stelle mich vor, schildere, dass wir einen Film über die Wohnsituation im Viertel drehen. Ich hätte gehört, dass auch sie – gelinde gesagt – Probleme mit ihren Wohnumständen hätten. Er guckt mich zwar groß an, bittet mich aber hereinzukommen. Und zwar mit den Worten: »Dann sehen Sie die Katastrophe.« Und er hat recht: Die Wohnung wirkt fast wie ein Aquarium auf mich, veralgt, feucht und schimmelig. Und muffig natürlich.

Bis unter die Decke haben sich die Organismen hochgearbeitet, die Wände sind großflächig grün. Nur da nicht, wo sie bereits schwarz sind, weil der Verrottungszustand noch weiter fortgeschritten ist. An der Wand hängt ein Bild von einem sommerfrisch gemalten Fachwerkhaus in altdeutschem Rahmen. Es wirkt wie ein Ankerpunkt in der Tristesse, wie ein Stück trockenes Land im Watt. So etwas habe ich noch nie gesehen. Überhaupt nicht zu vergleichen mit Bogdana Malinowskis Wohnung – viel schlimmer. Rüdiger Paust sieht mir mein Staunen an.

Er wirkt ruhig und erzählt nüchtern von seinem Kampf gegen die Natur. Wir stehen im Wohnzimmer. Die Möbel hat er von einer Wand abgerückt. Er hebt den Arm auf etwa 1,50 Meter.

»Der Schimmel war bis in diese Höhe gekommen«, sagt er. Er habe ihn regelmäßig mit Alkohol versucht abzuwaschen, es aber dann gelassen, weil das Wasser von außen immer nachgedrückt hätte. Er zeigt auf einen öligschwarzen Fleck:

»Da hinten in der Ecke sehen Sie, dass es schon wieder steigt.«

»Wo kommt denn die ganze Feuchtigkeit her?«, frage ich ihn.

»Durchs Mauerwerk«, antwortet er, »also durch Beton.«

Das Einzige, was bei diesem Klima gedeiht, ist ein riesiger *Ficus benjamina,* ein normalerweise in den Tropen beheimateter Baum, schwach giftig. Er kann allergische Reaktionen auslösen.

Der ist von daher bestens hier untergebracht.

Wenn Paust mit einem Sachbearbeiter seiner Krankenkasse durch die Zimmer laufen würde, müsste der glatt Alarm schlagen. Denn krank – das steht für mich fest – wird man hier früher oder später unweigerlich.

Ich frage ihn, wie die Gagfah auf den Zustand der Wohnung reagiert hat.

»Wenn man bei der Gagfah anfragt, heißt es am Anfang: ›Es wird alles gemacht!‹« Gemacht wurde hier aber nicht viel. Paust geht aus dem Zimmer und ins nächste – Loch. »Das ist jetzt das Bad!«

Man könnte an jeder Wand stehen bleiben, in jede Ecke gucken, er würde immer gleich antworten, sein Tonfall der Enttäuschung bliebe immer gleich. Die Wanne sei eingemauert gewesen, die Mauer aber nicht mehr fest. »Wird sofort erledigt«, sei die Antwort gewesen.

»Wird sofort erledigt!«, wiederholt er. »Was ist erledigt? Das sehen Sie hier: Mit Pattex festgeklebte Tapete – mit Pattex, damit das ja alles fest ist, damit keiner sieht, dass da Schimmel drunter ist.«

Er zeigt auf zwei Steckdosen: Aus denen sei Wasser gelaufen. »Nicht Strom! Wasser!!«

Vor den Türeingängen hängen Vorhänge, vier Türen stehen im Flur an die Wand gelehnt. Er zeigt darauf: »Die Türklinken fehlen auch, und die Schlösser, wird aber alles gemacht! Ich könne ja die Türen einhängen, das wäre ja wunderbar, nur machen Sie mal hier die Türen rein ...« Er zeigt auf den Rahmen: keine Angeln.

Ich weiß auch keinen Rat. Keine Ahnung, wo man hier anfangen soll. Die Wohnung sprengt jede Vorstellungskraft, sie ist beklemmend, sie dokumentiert Verachtung. So kann man nur wohnen, wenn man denkt, dass man keine andere Chance hat, wenn man es hinnimmt, sich in einer krank machenden Situation einzurichten. Vielleicht auch, wenn man sich seine Rechte hat abkaufen lassen. Nach dem Motto: Machen Sie es doch selbst, dann sparen Sie an der Miete. Aber diese Schäden kann kein Privatmann beheben.

So etwas kann man sich als Vermieter nur bezahlen lassen, wenn man in gehörigem Maße unverschämt ist.

Ich kann nicht glauben, dass die Gagfah Rüdiger Paust beim Einzug derartig getäuscht hat. Aber je mehr ich mich mit Leuten im Viertel unterhalte, desto häufiger höre ich das Gleiche: Die Gagfah hat Miete kassiert, aber nichts dafür getan. Um sicherzugehen, rufe ich nochmal beim Mieterbund an und verabrede mich mit dem Experten Bruno Wortmann. Wir treffen uns in der Siedlung und setzen uns auf eine Bank in die Sonne. Ich sehe Kinder spielen und frage mich, ob sie so etwas wie diese Gegend später als Heimat empfinden werden.

Wortmann ist ein ruhiger Typ mit Vollbart, ungefähr sechzig Jahre alt. Einer, der gelassen auf Probleme guckt – sie aber im Blick behält. Rüdiger Paust, sagt er, sei kein Einzelfall.

»Ich denke, er ist ein bisschen blauäugig an die Sache herangegangen. Er hat die Wohnung nicht intensiv genug angeschaut, zumal ihm die Gagfah zugesagt hat, die Wohnung noch bis Ende des letzten Jahres zu sanieren!«

»Würden Sie sagen, dass man ehrlich zu Herrn Paust war, als er die Wohnung gemietet hat?«

»Nein, auf keinen Fall!«

»Hat man ihm bewusst Dinge verheimlicht?«

»Ich gehe davon aus!«

Eine kurze, knappe Anklage.

Der Mieter als Melkkuh

Ich weiß inzwischen, dass viele Wohnungen in Wuppertal-Rehsiepen leerstehen. Wenn ich durch das Viertel laufe, sehe ich aber auch, dass manche der Gebäude saniert werden. Gerüste werden aufgebaut, Balkone gestrichen. Die Frage bleibt, ob das auch wieder nur Kosmetik ist. Es sind Häuser, aus denen vor Jahren die Mieter flüchteten. In einem Schaukasten vor den Häusern stellt sich der neue Besitzer vor: Es ist die Grand City Property GmbH. Das Unternehmen sucht per Aushang einen Mieter für eine »Super geschnittene 3-Zimmer-Wohnung, teilrenoviert«. Ich rufe dort an, und Grand-City-Mitarbeiter Frank Lange hat keine Probleme, mit mir ein Interview zu führen. Wir treffen uns in einer der nicht renovierten Wohnungen, und er zeigt mir, welche Probleme sein Unternehmen von der Gagfah mitgekauft hat.

Sie steht leer und zeigt das gleiche Bild der Verwahrlosung wie alle anderen Gagfah-Wohnungen, die ich gesehen habe – nur nicht so schlimm wie bei Paust. Auf dem Boden liegt eine Zeitung. Ich hebe sie auf.

»Eine Zeitung aus dem Jahre 2002«, stelle ich fest und frage ihn: »Heißt das, dass so lange hier keiner mehr in der Bude war?«

»Das weiß ich nicht«, antwortet er, »aber so lange liegt die Zeitung offensichtlich schon hier, ja. Das ist eine der Wohnungen, die noch zur Renovierung anstehen.«

Die Ecken schwarz, Wasseranschlüsse herausgerissen. Selbst die an sich materialtypisch unempfindliche Edelstahlspüle ist verrottet und die metallenen, aber rostigen Stützen des Balkongeländers drücke ich mit dem Finger ein. Solche Zustände finden die neuen Besitzer immer wieder vor. Die Gagfah hat offensichtlich nichts an den Wohnungen getan. Ich frage mich: Wieso nicht? Wer soll so etwas anmieten?

Frank Lange versteht meine Frage. Es ist auch seine.

»Die Unternehmensstrategie der Gagfah erschließt sich mir nicht«, meint er dennoch zurückhaltend.

Er zeigt mir eine Wohnung, in der die Baumaßnahmen in vollem Gange sind, die Wände sind schon neu verputzt, auf dem Boden liegt bereits Laminat. Das Bad ist neu gefliest, der Boden des Flurs ebenfalls. Die Philosophie heißt jetzt: Je besser die Wohnung, desto eher findet sich ein zahlender Mieter. Der Leerstand soll deutlich verringert werden. Lange ist überzeugt davon, dass sein Unternehmen nur nach einer Sanierung Geld verdienen kann.

Vielleicht kann mir Stefan Kofner die Unternehmensstrategie der Gagfah erklären. Er gilt als der Experte für Immobilienwirtschaft in Deutschland und ist Professor für Wohnungs- und Immobilienwirtschaft an der Hochschule Zittau/Görlitz. Man stößt relativ rasch auf seinen Namen, wenn man im Internet stöbert. Zu seinen Forschungsschwerpunkten gehören die Auswirkungen der Privatisierung öffentlicher Wohnungsunternehmen, die Wohnraumversorgung benachteiligter Bevölkerungsschichten sowie die Immobilien- und Finanzkrise.

Wir treffen uns in Dresden, und das passt zum Thema. Die sächsische Metropole erlebt einen Wohnungsbauboom, bis 2016 sollen rund 4800 Wohneinheiten entstehen, davon 1300 in der Innenstadt. Bevölkerungsprognosen gehen davon aus, dass Dresden bis 2025 etwa 13 000 neue Wohnungen benötigt. Das richtige Tummelfeld also für einen wie Kofner.

Wir schlendern durch die Straßen der Innenstadt, bis wir uns ein Café für das Interview aussuchen. Von ihm möchte ich wissen, wie solch eine Gesellschaft tickt, der, um es mal so zu sagen, ihr marodes Außenbild völlig egal ist und die mit Amoral ihr Geld verdient.

Kofner sagt: Das Problem liege woanders, nämlich bei dem Eigentümer der Gagfah, dem Hedgefonds Fortress. Ich bitte ihn, mir die Verbindung zwischen Bogdana Malinowski und ihrer heruntergekommenen Gagfah-Immobilie in Bonn sowie der Fortress aufzuzeigen.

»Die Gagfah ist die Kapitalgesellschaft, der das Haus von der Frau Malinowski gehört«, erklärt er. Zur Erinnerung: Die ursprüngliche Eigentümerin und alleinige Gesellschafterin der Gagfah war die Bundesversicherungsanstalt für Angestellte. Ein großes Loch in der Rentenkasse hatte die BfA 2004 dazu bewogen, das Wohnungsunternehmen zu verkaufen. Für rund 3,5 Milliarden Euro. Und jetzt, so erklärt es mir der Wissenschaftler, zählt für die Fortress nur noch eins: Die Gagfah und deren Mieter sollen möglichst viel Geld bringen – aber nichts kosten. Und Bogdana Malinowski?

Kofner winkt ab: »Sie ist vielleicht wie eine Melkkuh, hätte ich jetzt fast gesagt. Sie soll keinen Ärger machen und pünktlich ihre Miete bezahlen.«

Ich bedanke mich bei ihm für seine nüchterne Bestandsaufnahme, zahle und gehe ins Hotel zurück.

So wie der Gagfah erging es auch anderen Wohnungsgesellschaften wie zum Beispiel der Deutschen Annington oder der LEG. Hedgefonds kauften seit 1999 insgesamt 1,6 Millionen Wohnungen. Knapp die Hälfte gehörte der öffentlichen Hand. Wenn dann Spekulanten, vor allem aus Amerika und England, in Deutschland den sozialen Wohnungsmarkt beherrschen, dann sieht es eben häufig so aus wie bei Bogdana Malinowski und Rüdiger Paust: so gut wie keine Instandhaltung, damit jeder Euro Miete möglichst direkt zum Investor fließen kann.

Eine Allianz gegen die Mieter

Was mich interessiert, ist, wie diese Wohnungsgesellschaften es schaffen, dass Menschen überhaupt bei ihnen einziehen. In Köln-Chorweiler besuche ich eine junge Mutter, die seit kurzem in einer Gagfah-Wohnung lebt. Ich habe vorher schon mit anderen Mietern dieser Siedlung gesprochen, aber letztlich hatte keiner die Traute, sich interviewen zu lassen. Bei Johanna Geiss* ist das anders.

Die Ankunft am Haus gestaltet sich so trist wie fast überall, wenn man auf Gagfah-Wohnungen trifft. »Jovona, du Hure« – das Graffiti begrüßt mich am Hauseingang.

Es ist wie so oft, wenn man in diese Wohnungen kommt. Ich habe das Gefühl, als wollten die Leute gegen die Tristesse, die ihnen ihr Vermieter zumutet, mit Farbe ankämpfen. So auch bei Johanna Geiss, die mich an der Tür erwartet. Sie hat selber gestrichen und tapeziert: brombeerfarbene Wände im Wohnzimmer, die Küchentapete mit großem Muster.

Sie geht vor in die Küche, und ich beginne gedanklich zu protokollieren. Die junge Mutter fängt mit einem verschlossenen Lüftungsgitter an, auf dem sich Küchendämpfe und Wohnraumfarbe zu einer Art Paste vereinigt haben, fest und dicht. Nicht zum Abwischen, nur zum Abschlagen.

»War das schon so, als Sie hier eingezogen sind?«, frage ich sie.

»Ja«, antwortet sie, und dass eigentlich alles hätte bereits behoben werden sollen.

»Eine Lüftung, die nicht funktioniert, ist keine Lüftung«, konstatiere ich.

Dann dreht sie das Wasser im Waschbecken an, und das Wasser beginnt zu laufen – nur nicht aus dem Hahn. Es drückt sich aus Dichtungen heraus, und als ich es abdrehe, läuft es noch lange nach.

»Ein Springbrunnen«, meint sie trocken.

Ich arbeite meine Fragenliste ab und will wissen, ob auch Schimmel zu ihren Problemen gehört.

»Ja, im Wohnzimmer. Eigentlich in der gesamten Wohnung«, sie weist in eine Ecke: »Da, von innen!«

Da hat mich allerdings bereits die Balkontür in den

Bann gezogen. Ich sehe den eingerosteten Öffnungsmechanismus, verrottete Türangeln, die eingeklemmten Holzkeile, die das Laminat von der feuchten, maroden Türummauerung trennen.

»Die war so?«

»Ja, die Tür haben wir sogar, als wir eingezogen sind, zuerst gar nicht aufgekriegt.«

Die Wohnung ist höchstens ein Fahrradschuppen. Einer, in dem eine Familie vieles versucht, um ihn wohnlich zu gestalten – aber doch ein Fahrradschuppen. Höchstens.

»Den Schimmel hatten wir auch schon weggemacht«, sagt Johanna Geis, »aber der kommt irgendwie immer wieder durch.«

Die Familie hat zwei Kinder, und da ist wegen der Allergiegefahren mit Schimmel nicht zu spaßen. Das weiß sie natürlich auch. Wir gehen weiter ins Schlafzimmer. Aus jeder Ecke gucken mich Stockflecken an. Es ist das Zimmer, in dem Geiss ihre Kinder spielen lässt, weil es noch das trockenste ist.

Johanna Geiss hat den Zustand der Wohnung bereits bei der Besichtigung gesehen. Ihr wurde versichert, dass alle Schäden beseitigt werden würden. Wir setzen uns einen Moment ins Wohnzimmer an den Tisch, und sie sucht das Übergabeprotokoll heraus. Die Gagfah hat darauf alles aufgelistet, wofür sie sich verantwortlich fühlt.

»Im Bad und im WC Schimmelbildung ….« – auch das ist vermerkt. Und dass »die Richtigkeit der vorstehenden Wohnungsbeschreibung Bestandteil des Mietvertrages wird«.

Was Johanna Geiss allerdings nicht zur Kenntnis genommen hat: Es ist der Hausmeister gewesen, der das Papier unterschrieben hat – nicht der Makler oder die Gagfah.

»Wer hat Ihnen denn die Wohnung gezeigt?«

Sie überlegt kurz: »Der Makler war das. Wir haben die Wohnung über den Makler gekriegt. Er hat uns auch versprochen, mit dem Vermieter zusammen, dass die Wohnung 1a renoviert ist, wenn wir hier einziehen. Auch dass der Boden gemacht wird, weil sich überall im Wohnzimmer und im Schlafzimmer die Platten gelöst haben. Aber als ich dann hier eingezogen bin, da war der Schimmel noch deutlicher zu sehen als zu dem Zeitpunkt, als wir mit dem Makler hier waren.«

Hausmeister, Makler, Vermieter. Eine Allianz gegen die Mieter. Darüber muss ich mehr erfahren. Zufälligerweise bietet die Gagfah gerade die Wohnung unter der von Johanna Geiss an. Wie läuft eine solche Besichtigung ab? Was verspricht dann der Makler?

Die Verabredung funktioniert leicht. Klar, wer viele freie Wohnungen hat, möchte sie gerne vermieten. Um die Ergebnisse dokumentieren zu können, drehen wir mit zwei versteckten Kameras. Ein Kollege und eine Kollegin von mir mimen ein Ehepaar – mit Kind. Eine Kamera ist in einer Umhängetasche von ihm verstaut, die andere fein in ihrem Blusenknopf verarbeitet. Der Makler empfängt sie freundlich, sie gehen auf die Wohnungstür zu, und ich sehe später in der Übertragung, wie mein Kollege die Taschenkamera direkt auf eine Macke an der Tür hält, die ich als Einbruchsspur definieren würde. Ganz klar hat da einer ein Stemmeisen angesetzt. Der Makler allerdings geht darüber hinweg.

Auch diese Wohnung befindet sich in einem schlimmen Zustand. Die Fußböden sind kaputt, die Bodenfliesen zum Teil herausgerissen. Die Küche spottet jeder Beschreibung. Und Johanna Geiss hatte recht: Auch hier ist die Lüftung verstopft, dreckig und verschimmelt. Auf die

Frage, warum das noch nicht gemacht worden ist, kommt die Gagfah-Standardantwort: »Wahrscheinlich, weil die Mieter sich damals nicht gemeldet haben.«

Angesichts meiner Gespräche mit Gagfah-Mietern eine Frechheit. Angeblich hat sich der Vormieter nicht beschwert. Den Zustand von Böden und Wänden sowie den Dreck in den Steckdosen findet der Makler auch nicht schlimm.

Auf die Nachfrage, ob die Elektrik noch einmal überprüft wird, hat er endlich mal die Chance, in Vorlage zu treten. »Doch, doch, auf jeden Fall«, sagt er, um dann pseudofachmännisch hinterherzuschieben: »Sie haben hier drei Phasen, das sehe ich.« Na, dann ist ja alles in Ordnung.

Nur der Fußboden ist es noch nicht. Die Frage, ob damit noch etwas geschieht, bevor man in diese Bruchbude einzieht, beantwortet der Immobilienspezialist mit: »Nee, also Böden, genauso Leisten, die meisten legen sich ja eh Laminat, die tauschen wir nicht mehr aus. Böden müssen Sie sich halt selber legen.«

Die Fußböden sollen die Interessenten selber reparieren, genau wie die Wände, die Leisten, alle Schäden auf dem Balkon, nichts übernimmt die Gagfah. Mir fällt die Werbung des Wohnungsmultis noch mal ein: »Wir möchten, dass Sie sich bei uns rundum wohlfühlen. Sie haben Fragen oder Wünsche?« Ja, hätten wir, sogar beides. Und gerne auch die Antworten.

Vielleicht muss es ja Makler geben, aber was ist das für ein erbärmlicher Job, wenn man permanent Leute belügen muss? Wenn man im Grunde weiß, dass man sie überreden muss, in ein Loch einzuziehen. Wie kann dieser Makler, der meinen Kollegen gerade eine völlig heruntergekommene Wohnung zeigt, zu einer Aussage kommen wie: »Wenn etwas kaputtgeht, wird das natürlich gemacht. Aber nur, wenn wir es vorher sehen«?

Wie, wenn wir es vorher sehen? Er sieht es doch vorher, genau in diesem Augenblick! Es ist eine dieser Ja-ja-nee-nee-Unterhaltungen. Nee, nee, das machen wir nicht, ja, ja, man muss schon einiges selber machen. Ansonsten: alles halb so wild.

Er guckt auf den Balkon, der eher schon den Eindruck eines Freisitzes macht, und versucht, den losen Kipphebel der Balkontür zu fixieren. Geht aber nicht, er fällt immer wieder runter. Ist schließlich ein Kipphebel. Aber er hat eine Lösung: »Da müssen Sie ein bisschen schmieren. Da muss man mit leben. Und es ist besser, wir reden offen drüber, als wenn wir uns nachher nur rumzanken. Dann habe ich viel Ärger und Sie auch. Dann werden wir beide nicht glücklich.«

Glücklich? Falsche Vokabel.

Oder ist das jetzt ein Rest Ehrlichkeit?

Beim Weg durch den Hausflur fallen noch großflächig abgeklebte Stellen an der Wand auf. Dahinter Elektroleitungen, ohne Steckdose. Für diese Wohnung mit 71 Quadratmetern will die Gagfah rund 600 Euro warm. Gegenleistungen: fast keine.

Meine vermeintlichen Ehepartner mit Kind entscheiden sich dann doch für etwas anderes. Sie haben den Eindruck, dass der Makler das geahnt hat. Sie sind nicht als Sozialhilfeempfänger aufgetreten. Möglicherweise erwartet er von solchen Leuten eher Widerspruch. Die Miete kommt auch nicht vom Amt – nachher kürzen sie die noch, das kann alles nerven.

Die Absage, so der Eindruck, ist ihm ganz recht.

Beim Anblick der Filmaufnahmen beschließe ich, die Verantwortlichen der Gagfah mit der Realität zu konfrontieren. Was ist das für ein Unternehmen, das solche Wohnungen anbietet? Aber vorher will ich von Bogdana Malinowski wissen, ob sich eigentlich der Hausmeister schon gemeldet hat. Ich rufe sie an, und sie sagt mir, dass sich etwas getan hat.

Der Hausmeister hat sie aufgrund meines Anrufs tatsächlich besucht. In einem Schreiben bestätigt die Gagfah sogar einige der Mängel und verspricht, sie zu beheben. Der Schimmelbefall an den Fliesenfugen werde beseitigt, die Decke im Badezimmer verputzt und gestrichen, die Putzschäden am Balkon repariert. Außerdem bietet sie einhundert Euro Entschädigung für die Wespennester an.

6000 Einzelfälle

Ich mache mich auf den Weg nach Bottrop. Zur Deutschlandzentrale der Gagfah. Es gelingt mir, mich mit Dirk Schmitt, dem Generalbevollmächtigten der Gagfah-Group, zu verabreden. Vor dem Gebäude stehen Kunstobjekte – eines von ihnen zeigt eine offene Tür ohne Wände. Spiritus Rector könnte Rüdiger Paust gewesen sein, fällt mir ein, nur dass der zwar Wände hat, dafür aber keine Türen.

Die Sekretärin empfängt mich und führt mich in ein nahezu gläsernes Besprechungszimmer, wo mich Schmitt bereits erwartet. Ein alerter Managertyp mit einem frischen Hellgrün auf der Krawatte. Dennoch macht er auf mich den Eindruck, als freue er sich nicht allzu sehr auf unser Interview. Natürlich wissen die Gagfah-Leute, welche Rolle sie in Gesprächen mit Medienvertretern spielen. Ihre verrotteten Gebäude sind steil aufragende

Visitenkarten, somit ist irgendein Versagen weithin sichtbar.

Wir setzen uns an einen Tisch, Schmitt hat ein paar Unterlagen mitgebracht. Angesichts des Kunstobjekts vor dem Gebäude falle ich gleich mit der Tür ins Haus und frage ihn, wie er den Zustand seiner Wohnungen einschätzt.

Die Antwort habe ich kaum anders erwartet: »Wir haben ungefähr 150 000 Wohnungen, die sind größtenteils vollkommen in Ordnung. Es gibt aber immer Wohnungen, bei jedem großen Anbieter, auch bei jedem kleinen Anbieter, auch in jeder Stadt, die nicht in Ordnung sind, die gemacht werden müssen.«

»Immer« und »alle« sind die Begriffe, die alles immer weniger schlimm machen sollen. Ich frage ihn, was er in Prozenten ausgedrückt mit »größtenteils« meint.

»Ich habe noch nicht alle Wohnungen gesehen, aber ich würde sagen – weit über 95 Prozent.«

Die Zahl finde ich angesichts der Immobilien, die ich gesehen habe, mindestens sportlich. Weit über 95 Prozent, das sind noch nicht ganz 96 – mithin bleiben nach seiner Rechnung immer noch etwa 6000 Wohnungen, die saniert werden müssen. Also um die 6000 Einzelfälle. Man müsste da noch mal in die Begrifflichkeit einsteigen; er definiert Einzelfall offenbar anders als ich. Für mich jedenfalls sind 6000 Wohnungen eine ganze Menge persönlicher Unglücke.

Er schränkt sich ein wenig ein: »Das ist meine Schätzung...«

»Selbst wenn nur 75 Prozent okay wären, fände ich die übrigen 25 Prozent relativ viel«, sage ich und ziehe einige Fotos aus meiner Tasche. »Ich würde Ihnen gerne einmal ein paar Bilder zeigen...« Ich möchte wissen, was für ihn »in Ordnung« heißt.

Schmitt weiß, was kommt, und fängt sofort an, zu verteidigen. »Nein, es gibt auch Wohnungen, die nicht in Ordnung sind, die müssen gemacht werden. Aber wenn ich die Bilder hier sehe, keine Straße und keinen Ort habe, fällt es mir schwer, diese Situation zu beurteilen.«

Ich finde schon, dass es möglich ist, anhand der Bilder diese Situation zu beurteilen.

»Das sind Wohnungen, die wir so vorgefunden haben«, sage ich. »Daher noch mal die Frage: Wie definieren Sie den Zustand ›in Ordnung‹?«

»Gut, wie gesagt, wenn Sie mir die Adresse mitteilen, kann ich mich darum kümmern. Die Wohnung muss sauber und trocken sein, und der Mieter muss sich entscheiden einzuziehen oder muss sich entscheiden nicht auszuziehen. Am Ende haben wir einen Wettbewerb mit anderen Vermietern, und wenn wir die Wohnung nicht in Ordnung halten, wird da keiner einziehen.«

Das ist deutlich und sollte ein Ansporn sein.

Wenn er von Einzelfällen spricht, was er nun mehrfach gemacht hat, dann sollte es doch eigentlich auch nicht schwierig sein, diese Einzelfälle in den Griff zu bekommen. So stelle ich mir das zumindest vor.

»Ein Einzelfall kann auch ein Block sein«, meint er, »es muss nicht eine Wohnung sein.« Beispielsweise der Wohnblock, in dem wir gefilmt haben.

»Dann sind es ja doch relativ viele Betroffene«, finde ich.

»Ja, aber wenn ich sage, dass weit über 95 Prozent des Bestandes in Ordnung sind, dann ist bei den weniger als fünf Prozent dieser Block schon drin.«

»Überall, wo wir gedreht haben, gab es massive Schäden innerhalb der Wohnungen«, erkläre ich, »überall, wo wir geschaut haben, haben die Mieter massive Probleme,

mit Ihnen respektive mit denen, für die Sie verantwortlich sind, in Kontakt zu treten. Es passiert eben nichts.«

»Ja, wie gesagt, wenn Sie mir die Einzelfälle nennen
und alle Bestände . . .«

»Es sind keine Einzelfälle, Entschuldigung, dass ich
das noch mal betonen muss . . .«

». . . kann ich mich gerne darum kümmern.«

Viele Gagfah-Mieter leiden gewissermaßen nach innen,
weil sie von ihrem Vermieter nicht wertgeschätzt werden, aber die Gagfah selber hat als Unternehmen ebenfalls
Schaden genommen, weil sie für viele Mieter zum Feind-
bild geworden ist. So geht es vielen anderen Firmen auch,
die von Finanzinvestoren beherrscht werden. Es gibt
den verbreiteten Eindruck, dass ein sozial angemessenes
Wohnen von diesen Unternehmen abgeschafft wird. Es
hat jedenfalls Demos gegen die Gagfah gegeben, bei denen
durch die Wohnumstände drangsalierte Mieter auf der
Straße ihre Wut loswurden. Ich habe mir die Bilder im Ar-
chiv angeschaut. Menschen mit Protestschildern, auf denen »Gagfah schimmelt«, »Gagfah – uns reicht es« und »Es
muss endlich etwas passieren« stand.

Ich komme noch mal zurück auf die Fotos, die ich mitgebracht habe und die schlicht die Realität abbilden. Eine
nicht schön zu redende Realität.

»Wespennest, halten wir fest«, sage ich, »nicht in Ordnung!«

»Wenn es im leeren Haus ist, das nicht bewohnt
ist, können die Wespen da gerne sein. Aber normalerweise muss man so ein Wespennest entfernen«, stimmt
Schmitt mir zu.

»Wasser, Schimmelprobleme?«

»Völlig klar. Wir wollen Wohnungen, die warm und
trocken sind.«

»Also nicht in Ordnung. Fußböden, die so aussehen...«

»Für mich ist es nicht in Ordnung. Es gibt Menschen, die sagen, ich möchte mir gerne selbst einen Fußboden reinlegen. Ich kann das jetzt im Detail nicht beurteilen...«

Nein, kann er nicht, und das verstehe ich auch. Mir ist klar: Ich blättere ihm Foto für Foto das Versagen seines Unternehmens auf den Tisch, und es fällt unter seine Verantwortung, so etwas abzuändern und dafür zu sorgen, dass es nicht mehr vorkommt. Zuletzt zeige ich ihm Johanna Geiss' zugekleistertes Lüftungsgitter.

»Das ist eigentlich ein Abluftgitter, das jedoch den Namen Abluftgitter nicht so richtig verdient...«

»Ich kann es schlecht erkennen«, sagt Schmitt, »was ist das für ein Problem?«

»Es ist zugewachsen...«

»Zugewachsen von was?«

»Ja, das ist eine gute Frage«, gebe ich zu. Ist wahrscheinlich nur mit einem DNA-Test herauszufinden.

»Ferndiagnose funktioniert in diesem Fall nicht bei mir«, meint der Gagfah-Generalbevollmächtigte, »müsste ich mir anschauen oder halt jemanden rausschicken, der es sich anschaut.«

Aber das ist ja genau das Problem: dass sich das noch keiner angeschaut hat.

Es gibt Momente, da merkt man, dass man nicht weiterkommt. Das ist jetzt so einer. Ich verabschiede mich von Schmitt aus dem Glaspalast und gehe auf dem Vorplatz noch einmal durch das Objekt »Tür«.

Dafür ist Kunst doch da, dass sie uns die Augen öffnet, oder?

Sozialentlastung

2006 hatte die Gagfah in Dresden auf einen Schlag 1,8 Milliarden Euro ausgegeben, um sämtliche städtischen Wohnungen zu kaufen. Um zu verstehen, wie das Unternehmen tickt, mache ich mich auf den Weg dorthin, um mich mit dem Zweiten Bürgermeister Detlef Sittel, zuständig für Ordnung und Sicherheit, über die Gründe des Verkaufs zu unterhalten.

Abgesehen von dem jetzigen Zweck meines Besuches bin ich immer gerne in der sächsischen Metropole, deren zerstörte Pracht wieder aufgebaut worden ist. Der Stadt mit ihren weiten Elbauen sieht man einfach an, dass Könige dort residiert haben.

Grundsätzlich finde ich, dass Wohnungsverkäufe an »Heuschrecken« immer heikel sind, weil die Verantwortung einer Stadtverwaltung für das Allgemeinwohl in Unternehmen abfließt, die sich nur noch für ihre Anleger verantwortlich fühlen. Anleger sind zwar auch Bürger, aber in der Regel bessergestellte Bürger, die gar nicht vor Ort leben und auf billigen Wohnraum nicht angewiesen sind.

Kaum in Dresden angekommen, teilt mir Bogdana Malinowski per Telefon mit, dass ihr die Gagfah geschrieben hat. Die Reparaturen in ihrer Wohnung sollen bald durchgeführt werden. Nur die richtigen Handwerker habe man noch nicht dafür gefunden. Sollte tatsächlich etwas passieren? Ich frage nach, ob es schon feste Termine gibt. Doch so weit ist es noch nicht.

Solange kein Handwerker da ist, ist alles nur auf dem Weg. Und der Weg kann für Bogdana Malinowski nicht das Ziel sein. Für sie ist das Ziel das Ziel – also die Reparatur.

Aber hier in Dresden liegt der Fall ganz anders als in Bonn. Ich habe noch ein wenig Zeit bis zum Interview und schaffe es, mir eine der Gagfah-Wohnsiedlungen anzuschauen, die in hellem Beige in der Sonne stehen. Hier sind die meisten Wohnungen augenscheinlich viel besser in Schuss. Es gibt kaum Leerstand. Diese Häuser sind die Filetstücke der Gagfah. Die Jahre unter ihrer Regie haben noch nicht allzu viel Unheil anrichten können.

Im Dresdener Rathaus wurde der Verkauf damals organisiert. Weil ihr sämtliche Wohnungen für 1,8 Milliarden abgekauft wurden, war die Stadt auf einen Schlag schuldenfrei. In der Kommune glaubte man damals, einen guten Deal gemacht zu haben. Vor allem die Politiker, die den Haushalt führen müssen, auch Ordnungsbürgermeister Detlef Sittel, mein Gesprächspartner.

Beim Näherkommen bemerke ich, wie beeindruckend das Rathaus mit dem hundert Meter hohen Turm ist. Und vor allem, wie beeindruckend es gewesen sein muss, bevor es in der Februarnacht 1945 von Bomben schwer zerstört wurde. Man hat es später lediglich in vereinfachter Form wieder aufgebaut, aber das hier ist schon bemerkenswert genug. Den Turm zieren sechzehn übergroße Sandsteinfiguren, die Tugendstatuen. Eine davon steht für »Weisheit und Güte«. Na dann ...

»Haben beim Verkauf der Wohnungen die Sektkorken im Rathaus geknallt?«, frage ich Sittel, der mich auf dem Flur des Rathauses empfängt und mit mir in ein Besprechungszimmer geht.

»Das will ich so nicht sagen, weil wir uns natürlich schon darüber im Klaren waren, dass wir kommunales Vermögen veräußern«, antwortet er, »weil uns schon klar war, dass das für die in den Wohnungen lebenden Mieter auch emotional eine Belastung ist. Gleichwohl war auch eindeutig eine deutliche Freude darüber da, aus eigener Kraft an die Schulden heranzugehen.«

Wir kommen auch darauf zu sprechen, dass die Gagfah ein paar Jahre später wegen finanzieller Probleme einen Weiterverkauf der 37 000 Wohnungen in Dresden erwogen hat. Sittel lässt sich darauf nicht ein, die Stadt wolle sich nicht in die Details der Gagfah-Strategie einmischen. Woraufhin ich ihn frage, was es für ein Gefühl sei, wenn 37 000 Wohnungen, also ein ganzer Stadtteil, zum Spielball wirtschaftlicher Interessen würden.

»Ich glaube, auf der übergeordneten Ebene kommt man sicherlich in diese Betrachtung rein«, antwortet er, »ist dort aber relativ schnell in einem internationalen Finanzmarktgeflecht.« Er jedenfalls würde sich nicht in die Reihen derjenigen einordnen, die den internationalen Finanzmarkt in allen Facetten durchschauen könnten.

Ich finde es durchaus bedenklich, wenn ein Vertreter der Stadt, die ihr gesamtes Wohneigentum an einen amerikanischen Hedgefonds verkauft hat, zugibt, gar nicht genau zu wissen, was für ein Geschäft da gemacht worden ist. Die Devise: Kasse machen und weg mit der Verantwortung für Tausende von Bürgern. Sozialentlastung.

Weil ich gerade in Dresden bin, rufe ich abermals Professor Stefan Kofner an, um seine Meinung dazu zu hören. Ich habe Glück und erreiche ihn; wir treffen uns an den Elbpromenaden und gehen ein Stück am Flussufer entlang.

Ich erzähle ihm von meinem Gespräch mit Sittel und frage ihn, ob er den Deal, so wie er über die Runden gegangen ist, gut findet.

»Nein«, sagt er, »ich finde, das Ganze ist grundsätzlich kein seriöses Geschäftsgebaren. Es ist ein Geschäftsmodell, das von vornherein mit gewaltigen Risiken verbunden ist.«

Auf meine Frage, ob eine Kommune das nicht hätte wissen müssen, antwortet er: »Natürlich, es gab Fachliteratur, sogar Lehrbücher auch zu der Zeit schon, es gab auch eine fachliche und politische Diskussion. Das ist ganz klar, die haben sich nicht anders verhalten, die Finanzinvestoren, als es von der Papierlage her zu erwarten war.«

Es gab mal einen, der immer eine sehr vorsichtige Haltung an den Tag gelegt hat, wenn es um den Verkauf von städtischem Wohnungsbestand an sogenannte Heuschrecken ging. Das war der ehemalige Oberbürgermeister von München sowie Expräsident des Deutschen Städtetages, Christian Ude. Er vertrat die Meinung, dass Kommunen, die sich von eigenem Wohnungsbestand trennen, auch die Möglichkeit verkaufen, auf dem Wohnungsmarkt sozial zu wirken. Oder ökologische Modellvorhaben durchzuführen oder neue Wohnformen zu erproben. Abgesehen davon: Private Investoren kämen ja nicht in die Stadt, um die Rolle der Mutter Teresa zu spielen, sondern um eine Rendite zu erzielen.

Ude war offenbar in der Lage, Probleme zu erahnen und auch anzusprechen, die sich oft genug hinter einem großen Haufen Geld verbergen. Nicht alle können oder wollen das. Wobei man allerdings dazu sagen muss, dass München eine reiche Stadt ist. Ums Tafelsilber ging es dort nicht.

»Können Sie uns helfen?«

Wovor Christian Ude warnte, zeigt sich in Dortmund beispielhaft. Mein Gesprächspartner beim dortigen Mieterverein ist Rainer Stücker. Er macht mich auf Wohnblöcke aufmerksam, die der Finanzinvestor Hexagon gekauft hat. Beim Eintreffen sehe ich sofort, dass die Häuser in ihrer Außenwirkung den Wuppertaler oder Bonner Gagfah-Immobilien in nichts nachstehen. Auch hier wird an allem gespart. Viele Wohnungen stehen leer, blinde Fenster gähnen einen an. Fahrstühle sind kaputt, Treppenhäuser verrotten, niemand kümmert sich. Ab und an schwarz-gelbe Plakate, auf denen »zu vermieten« steht, als ob man mit Schwarzgelb in der Heimat von Borussia Dortmund immer punkten könnte. Ab und an auch ein Gerüst an einem der siebengeschossigen Häuser – ein zusammengeschraubtes Versprechen, das den Mietern offenbar Halt geben soll.

Ich befürchte aber, dass das nicht reicht. Mit Stücker bin ich zu einem kleinen Spaziergang durch die Gegend verabredet, die bei Monopoly »Badstraße« heißen würde, und die in dem Spiel am billigsten ist. Ich weiß nicht, ob wir zu auffällig an den Häusern hochgucken oder ob uns unser zeitweiliges Innehalten als Immobilieninteressierte brandmarkt, jedenfalls erkennen einige Passanten unser Thema und springen darauf an. Sie alle bringen ähnliche Klagen vor: kaputte Türen, undichte Fenster, nie würde etwas gemacht. Eine Bewohnerin fragt mich sogar: »Können Sie uns helfen...?«

Es sind die Ärmeren, die hier leiden. Menschen, die vom Staat Wohngeld bekommen, aber trotzdem keine vernünftige Unterkunft erhalten. Wo bleibt da die staatliche Kontrolle, frage ich mich. Offensichtlich spekulieren

Unternehmen darauf, dass sich für die Interessen der Bewohner hier im Viertel oder in vergleichbaren irgendwo niemand einsetzt.

Hunderttausende von Wohnungsmieten werden mit Steuergeld subventioniert. Jeden Monat fließt über eine Milliarde Euro an Vermieter. Eine Summe, von der die Gagfah einen besonders großen Teil bekommt. Aber die Frage bleibt: Warum sorgt niemand dafür, dass es für das Geld anständige Wohnungen gibt?

Das will ich von Stefan Kulozik wissen, dem damaligen Chef des Kölner Jobcenters. Jobcenter sind zuständig für die Auszahlung der Grundsicherung für Hartz-IV-Empfänger, dazu gehört auch die Gewährung von Wohngeld. Der Mieter erhält das Wohngeld in der Regel direkt; falls es allerdings zweckentfremdet eingesetzt wird, kann es auch ohne Umwege an den Vermieter ausgezahlt werden.

Kulozik kennt auch die Dortmunder Verhältnisse gut, weil er in gleicher Funktion vorher der Dortmunder Arbeitsagentur vorgestanden hat. Wir setzen uns in sein Büro, und ich konstruiere einen Fall, den man allerdings fast als gegeben annehmen kann.

»Sie haben einen Wasserschaden, und Ihr Vermieter macht nichts. Sie haben den angerufen, erreichen ihn erst nicht und rufen ihn noch mal an, schicken eine Mail, und es passiert nichts. Wie verhalten Sie sich dann?«

»Den Vermieter anmahnen und mit Mietminderung drohen, wenn der Schaden nicht entsprechend behoben wird«, antwortet er.

»Und wenn er immer noch nicht reagiert?«

»Die Miete mindern! Genau das machen wir ja auch bei unserer Vereinbarung mit dem Mieterbund!«

»Wie oft machen Sie das?«, hake ich nach.

»Wahrscheinlich machen wir das noch viel zu selten«, meint Kulozik, »weil wir wahrscheinlich zu wenig davon erfahren, dass diese Mietmängel vorliegen, oder weil wir nicht intensiv genug reagieren, wenn wir davon erfahren.«

Er ist ein genau beobachtender Mann, der diesen Gesellschaften gegenüber eine gewisse Härte erkennen lässt. Bei ihm mischen sich Ehrlichkeit und Kompetenz. Was er sagt, darf man durchaus als Aufforderung an betroffene Mieter verstehen. Übrigens: Kulozik arbeitet heute als Leitender Ministerialrat im NRW-Ministerium für Arbeit, Integration und Soziales.

Leider stimmt es jedoch, dass bei vielen Mietern einfach nicht das Wissen oder das Zutrauen ausreichen, um gegen Großkonzerne etwas zu unternehmen. Die Konsequenz daraus: Finanzhaie können mit ihren Wohnungen anstellen, was sie wollen, solange nur genügend Wohngeldempfänger darin leben.

Münchens Ex-OB Ude hat es jedenfalls mal so umschrieben: »Es gibt keinen dümmeren Mieter als die öffentliche Hand.«

Noch mal: Städte und Kommunen zahlen aus Steuermitteln 1,1 Milliarden Euro Wohngeld – monatlich! Zum Beispiel an Unternehmen wie die Gagfah. Aber wenn die Hauswände verrotten, Schimmel wuchert oder Aufzüge kaputt sind, dann wird kaum etwas unternommen.

Mietminderungen würden dem Staat Steuern sparen und den Vermieter zwingen, etwas zu tun.

Aber der Staat kümmert sich nicht. Es ist sogar ein mehrfaches Versagen: Zunächst verkaufen Kommunen kostbaren Wohnraum, dann schauen sie weg, wenn es darum geht, was damit passiert. Und schließlich werfen sie den Wohnungsgesellschaften, den Hedgefonds noch das Mietgeld für abgerockte Wohnungen hinterher – als wäre das in Ordnung.

Es gibt jemanden, der dieses Problem sowohl in politischer als auch in wirtschaftlicher Hinsicht kennt. Es ist der ehemalige Oberbürgermeister von Oberhausen und Ex-Gagfah-Vorstand Burkhard Drescher, den ich frage, ob er sich für ein Interview bereit erklärt. Kein Problem, Burkhard Drescher lädt mich nach Bottrop ein, er ist dort seit Oktober 2011 Geschäftsführer der Innovation City Management GmbH. Innovation City arbeitet zusammen mit Wirtschaftspartnern daran, die Stadt zu entwickeln und gleichzeitig den Industriestandort zu sichern.

Bottrop gehört zum Ruhrgebiet, grenzt aber bereits ans Münsterland. Zur Stadt gehören Ortsteile wie Fuhlenbrock, Eigen, Batenbrock, Lehmkuhle oder sogar Ekel – alles satt klingende Namen. Auf Ekel als Ortsnamen muss man allerdings erstmal kommen.

Drescher würde noch ganz anders durchgreifen. Was für einen Mann mit Gagfah-Vita eher außergewöhnlich ist. Wir treffen uns im Foyer seines Unternehmens; die sachlich-nüchterne in Weiß gehaltene Einrichtung steht in einem guten Kontrast zu seinem jovialen Auftritt, zu seinem rheinischen Akzent. Ich erzähle die Geschichte von Bogdana Malinowski und habe den Eindruck, dass er so etwas schon zigmal gehört hat.

»Man müsste wirklich überlegen, auch im Bauministerium in Düsseldorf, ob man das nicht tatsächlich in den Status einer Ordnungswidrigkeit bringt«, meint er. »Wenn man dann Schimmel an der Wand hat oder sonstige Dinge, die man als Ordnungswidrigkeit definiert, dann könnte man im Grunde genommen auch Politessen durch die Wohnungen schicken und dadurch eine Reduktion von Mieten vornehmen.«

Das mit den Politessen gefällt mir.

»Wenn von hundert Wohnungen fünfzig die Miete kürzen würden, was würde denn dann passieren?«, möchte ich von ihm wissen.

»Das hätte einen entsprechenden Effekt, der dazu führen würde, dass man das Problem ernst nimmt. Im Moment braucht man das nicht ernst zu nehmen, weil das Geld fließt. Wenn es dort viele Transferleistungsempfänger geben sollte, wenn dort die Stadt sagen würde, wir kürzen die Miete, was rechtlich möglich ist, hat das eine größere Wirkung, als wenn jetzt eine Oma Malinowski da anruft und keinen an die Leitung bekommt.« Er sagt Oma, und ich hoffe, dass Bogdana Malinowski mir nicht böse ist.

Die Gagfah und andere Wohnungsunternehmen, die von Finanzinvestoren aufgekauft wurden, verstehen nur die Sprache des Geldes. Anders ist ihnen nicht beizukommen. Burkhard Drescher sagt, er habe das nicht mehr ertragen können. Seine Erfahrungen mit den Methoden des Gagfah-Eigentümers Fortress hätten ihn aus dem Unternehmen getrieben.

»Hatten Sie die Gelegenheit, mit einem Manager von Fortress zu sprechen? Wie lief das ab?«, frage ich.

»Ja, sicher«, sagt er und nickt, »ich habe schon die obersten Bosse von Fortress in New York kennengelernt und mit denen genau die Felder abgesteckt.«

»Wie ticken die?«

Er lacht auf: »Ein abendfüllendes Thema. Das sind ja alles eher Analysten, die aus den großen Banken kommen, oder Finanzjongleure, die versuchen, auf vielen Ebenen mit verschiedenen Investments für ihre Fonds eine möglichst hohe Rendite zu erzielen. Das ist deren Ansinnen.«

»So wie Sie es jetzt beschreiben, ist das mit Ihrem Verständnis...«, ich bringe die Frage gar nicht zuende.

»... schwer zu vereinbaren. Mit meinem grundsätzlichen Verständnis von Wohnungswirtschaft, aber auch von sozialer Verantwortung gegenüber Stadtquartierentwicklung, gegenüber Mietern, ist nicht zu vereinbaren, eine Rendite von zehn Prozent oder mehr aus Wohnungen herauszuholen. Das führt einfach zu einer Verslumung von Wohnvierteln.«

Ein gutes Gespräch mit einem Mann, der seit Januar 2015 neues Mitglied im Aufsichtsrat der Deutsche Annington SE ist. Man kann von ihm lernen, habe ich den Eindruck. Wenn man denn will, aber die Gagfah wollte wohl nicht.

Besuch in der Festung

Finanzinvestoren kommen von den großen Börsenplätzen, und sie interessieren sich nicht für die Orte, in denen ihr Geld angelegt ist. Die Summen sind schwindelerregend hoch: 2014 verwalten die Fortress-Manager nach eigenen Angaben rund 67 Milliarden Dollar ihrer Anleger.

Robert Kauffman ist Fortress-Vorstand und -Europachef. Als er 2006 in Dresden Zehntausende Häuser kauft, deutet er in einer Pressekonferenz an, wie ein Mann seines Schlages tickt.

»Wir glauben«, sagt er vor laufenden Kameras, »dass es hier in Zukunft ungeheure Entwicklungsmöglichkeiten geben wird. Technologie, Universitäten und der kulturelle Aspekt von Dresden sorgen dafür, dass wir an ein nachhaltiges und wachstumsstarkes Investment glauben.«

Ein smarter Auftritt, den so nur einer hinlegen kann, der sich seiner Marktmacht bewusst ist. Ein knackiges Statement eines heute 52-jährigen Mannes, Motorsport-Fan mit eigenem Rennstall, der das 24-Stunden-Rennen von Le Mans genauso absolviert wie einen TV-Termin in Dresden – schnell. Dieser Mann ist der Schlüssel der Geschichte. Ich will ihn konfrontieren mit dem, was er bei den Menschen in den Häusern der Gagfah anrichtet, will ihm einfach nur mal von Mieter Paust erzählen, der – im Gegensatz zu Kauffman – jedes Rennen um die Verbesserung seiner Lebensumstände verliert, bloß mal von Bogdana Malinowski und Johanna Geiss berichten und von ihren Enttäuschungen, von charakterlosem Verhalten in seinem Unternehmen.

Mit Robert Kauffman will ich unbedingt reden. Als alle meine Interview-Anfragen unbeantwortet bleiben, fliege ich nach London, um es persönlich zu versuchen.

Nach meiner Landung in Heathrow suche ich mir ein Hotel und checke ein. Danach mache ich mich auf den Weg zur Savile Row. Vom Piccadilly Circus ist es nur eine U-Bahnstation dorthin. Die Savile Row ist einer der Orte, die für die alte Kultur Englands stehen. Hier sind seit Jahrhunderten die besten und teuersten Schneider des Königreichs ansässig, aber inzwischen nicht nur die. Die Porsche-Dichte ist gehörig. Neben prächtigen Gebäuden steht ein unauffälliger Neubau. Das ist die Europa-Zentrale von Fortress, zu deutsch: Festung. Hier soll er arbeiten, Robert Kauffman, verantwortlich für Zehntausende heruntergekommene Wohnungen in Deutschland. Ich betrete das Foyer und gehe auf eine abweisende stählerne Schiebetür zu, die sich erst öffnet, nachdem ich mein Begehr vorgestellt habe. Die Bezeichnung Fortress, Festung, kommt nicht von ungefähr.

Der graue Steinfußboden signalisiert Gediegenheit wie alles andere auch. Und genauso gediegen schmettert mich der junge Mann am Empfang ab.

»Mr. Kauffman«, sagt er, »is not located in London.« Also nicht da. Im Übrigen arbeite der Fortress-Chef nicht hier, und wo er in London arbeite, könne er auch nicht sagen. Nur zur Erinnerung: Wir reden über den Mann, der auf der Internetseite der Fortress als Vorstand und Direktor in London angegeben wird. Den Mann, der in einem der teuersten Viertel Londons eine Privatwohnung besitzt. Mitten in Kensington.

Gut, denke ich mir, der Auftritt war kurz, aber wenn ich schon hier bin, dann kann ich mir sein Domizil mal anschauen. Möglicherweise gibt es ja Vergleichsmöglichkeiten mit den Wohnungen der Mieter, denen dieser Mann einen Teil seines Reichtums verdankt. Wenn Kauffman etwas mit Schimmel zu tun haben sollte, dann steht der höchstens bei ihm im Stall.

Es ist ein ehrwürdiges rotes Backsteinhaus mit schmiedeeisernem Gitter und einer ebensolchen Tür in einem von weißen Säulen umstandenen Portal. »Please press porters bell« steht an der Klingel zu lesen – oder heißt das hier schon »Geläut«? Allein die Lobby in diesem Haus ist wohl mehr wert als der komplette Block eines Gagfah-Hauses in Deutschland.

Auch hier scheitere ich, der Portier versperrt mir den Weg. Wieder kann ich Robert Kauffman meine Fragen nicht stellen. Bei Lichte besehen konnte ich damit auch nicht rechnen, aber für mich ist es ein Gebot der journalistischen Sorgfaltspflicht, es wenigstens versucht zu haben. Doch es ist ja nicht nur Kauffman, den ich treffen wollte. Ein zweites Meeting ist mir ebenso wichtig, weil es jemanden betrifft, der weiß, wie Leute wie der Fortress-Chef ticken. Er berät sie, wenn es um Immobilien geht, die hohe Renditen versprechen, und ich kann hier unmöglich mitteilen, wie wir zusammengekommen sind, weil wir selbstverständlich Stillschweigen darüber vereinbart haben.

Ein paar Kilometer themseaufwärts. Ich nehme die U-Bahn in Richtung des Stadtteils Canary Wharf, der erst in den Neunzigerjahren erbaut wurde. Heute arbeiten dort die großen Finanzakteure Europas. Ich treffe meine Verabredung inmitten vieler Menschen auf einem Platz, hinter uns läuft ein Lichtband mit Aktienkursen und deren Entwicklung. Der ganze Ort wirkt, als dränge er zum großen Geld. Für unser Gespräch suchen wir uns noch nicht mal ein Café, wir bleiben einfach auf dem Platz stehen.

Schnell sind wir bei Robert Kauffman. Mein Gegenüber kennt ihn. Auf meine Frage, ob der Fortress-Chef überhaupt weiß, was da bei manchen »seiner« Mieter zu Hause passiert, ob Kauffman überhaupt ein Gespür für Realität hat, antwortet er: »Ich glaube, das hat er schon, aber er muss ein Weltmeister in der Verdrängung sein, um das überhaupt machen zu können. Es geht nicht anders.«

»Welche Rolle spielt Moral?«, möchte ich wissen.

Seine Antwort ist erwartet desillusionierend: »Eine schwierige Frage, weil die Moral, die Sie meinen, glaube ich, die gibt es da nicht. Es gibt keine gefühlte moralische Verantwortung für das Schicksal eines einzelnen Mieters. Die existiert nicht...«

Aber es sei nicht Kauffman, nicht Fortress oder die Gagfah allein, denen der Schwarze Peter gebühre, da hänge auch die Politik mit drin: »Die politische Fehlentscheidung war meiner Ansicht nach, diese Wohnungen an Finanzinvestoren zu verkaufen. Ich kann von einem Finanzinvestor nicht den höchstmöglichen Preis verlangen und gleichzeitig erwarten, dass er die Bestände saniert. Man hätte besser gesagt, du kriegst den Kram mit zwanzig oder dreißig Prozent Abschlag, aber das Geld musst du investieren. Das wollte man aber nicht. Die Politiker waren an der Stelle total stolz, was sie für die Stadtkasse erreicht haben. Das baden die Mieter jetzt aus.«

Ein Geschäft auf Kosten der Mieter: Finanzinvestoren wie die Fortress wollen um jeden Preis Gewinne machen. Politiker verkaufen ihnen öffentliche Immobilien, um ihre Haushaltslöcher zu stopfen. Und viele Jobcenter kümmern sich nicht. Sie zahlen für runtergewirtschaftete Wohnungen die volle Miete, statt sie zu mindern.

Zurück in Deutschland fahre ich noch einmal zu Bogdana Malinowski nach Bonn und sage ihr, dass die Gagfah mir versprochen habe, ihre Probleme zu lösen. Rund drei Monate nach meinem ersten Besuch schaue ich mir abermals ihre Dachrinne an – sie ist voll Mulch, Mulm, was auch immer. Tatsache ist, dass lediglich ein paar Schönheitsmaßnahmen vorgenommen worden sind. Aber eine grundsätzliche Behebung der Schäden ist ausgeblieben.

Ich erzähle ihr von meinem Treffen mit Dirk Schmitt, dem Generalbevollmächtigten der Gagfah, der mir angeboten hat, sich – falls ich ihren Namen weitergeben darf – persönlich um die Abhilfe ihrer baulichen Probleme zu kümmern. Viel Eindruck kann ich bei ihr damit nicht machen.

Sie winkt ab: »Es wurde schon so oft etwas versprochen – also ich vertraue keinem!« Sie will klagen. Doch damit ist sie eine Ausnahme, die meisten Mieter wehren sich nicht. Milliardenschwere Finanzinvestoren wie Fortress sichern sich hohe Renditen auf Kosten der Mieter – und viel zu oft auf Kosten der Steuerzahler. Denn die Kommunen bezahlen vielerorts die Mieten.

Irgendwie wird es Zeit, dass sich daran etwas ändert, denn wir haben auf dem deutschen Wohnungsmarkt ein massives Problem. Nachdem ich mich von Bogdana Malinowski verabschiedet habe, gehe ich vor dem Haus über eine Wiese auf die Stirnwand eines Hochhauses zu. Auf die roten Steine haben Kinder mit Kreide einen Torumriss gemalt. Darüber ein Schild. »Ballspielen verboten« steht darauf. »Fast nichts bekommen die hin«, denke ich, »aber so ein Schild, das geht.«

Ein Haus wie ein Kainsmal

Nach der Ausstrahlung unserer bisherigen Ergebnisse erreicht mich in der Redaktion eine Flut von E-Mails anderer betroffener Mieter. Alles zusammengenommen liest sich das wie ein Überlebenstraining aus einer Tropfsteinhöhle. Ich beschließe das zum Anlass zu nehmen, mir die Situation in Köln noch einmal näher anzuschauen. Sie dürfte exemplarisch für viele deutsche Großstädte sein.

Köln ist eine Stadt, in der über eine Million Menschen leben, von denen jeder Zehnte Transferleistungen bezieht. Eine Stadt, in der akzeptabler Wohnraum zu bezahlbaren Preisen dringend gebraucht wird. Doch es gibt Probleme.

Vor allem in Köln-Chorweiler. Seit 2006 stehen dort mehrere Wohnblocks unter Zwangsverwaltung. Gerichte haben hier auf Antrag der Gläubiger eine Zwangsversteigerung angeordnet. Damit ist dem Eigentümer eine Veräußerung nicht mehr möglich.

Die Häuser sind riesige Schiffe im Häusermeer der Millionenstadt, irgendwie auch Seelenverkäufer für manchmal desillusionierte Menschen. Und genauso dümpeln sie in der Vorstadt, die zu den sozialen Brennpunkten Kölns gehört. Gemacht wird seit einigen Jahren nur das Nötigste. Den maroden Gebäuden naht der endgültige Abstieg.

Und die Mieter haben Angst, dass eine Heuschrecke günstig zuschlägt und dadurch alles noch schlimmer wird.

Ich gehe auf ein tristes Gebäude zu, übersät mit Schmierereien, scheckig durch schadhaften Putz, eine Beleidigung für alle Bewohner. Was erzählt hier ein Junge seiner Freundin, die er das erste Mal mit nach Hause nimmt? Oder ein Angestellter seinem Chef, wenn der ihn nach einer Feier nach Hause fährt?

Ein Haus wie ein Kainsmal, ein Stigma aus Stein.

Verabredet bin ich mit Radka Stepanovic*, die in diesem Haus bereits seit fast zwanzig Jahren wohnt. »Please press porters bell« steht hier nicht. Das Klingelbrett mit den 32 Parteien ist ein mit Macken übersätes Stück Blech. Nach einer Reparatur allenfalls grob wieder in die Wand gekloppt. Von einer Einfassung kann man nicht sprechen. Es knarzt und knistert aus dem Lautsprecher der Gegensprechanlage. Jede Astronautenverbindung klappt reibungsloser, nur Wortfetzen erreichen mich nach dem Schellen. Ich hoffe, dass sich meine Gesprächspartnerin nach unten auf den Weg macht, um mich abzuholen.

Wenig später öffnet sich die Tür wirklich, und Radka Stepanovic kommt mit einem Lächeln auf mich zu. Solch eine Freundlichkeit, denke ich, kann man also noch tief im Herzen tragen, wenn man es schafft, sie in diesem baulichen Elend zu bewahren.

»Wie hat sich das Haus verändert in all der Zeit, die Sie jetzt hier leben?«, möchte ich von ihr wissen.

»Der Zustand des Hauses ist immer schlechter geworden«, meint sie, »vor zwanzig Jahren sah es noch total super aus – wie ein Neubau. Und jetzt verfällt alles.«

»Wissen Sie eigentlich, wer im Moment Ihr Vermieter ist?«

»Nein, das Gebäude soll jetzt zwangsversteigert werden, also wir haben momentan keinen Vermieter.«

Sie gehe davon aus, dass die Häuser zu einem billigen Preis an einen Käufer gehen und dass dabei nicht viel Gutes zu erwarten sei. Während wir uns noch weiter über die Wohnsituation unterhalten, sehe ich auf einem Balkon eine einzelne Frau, die uns beobachtet. Sie sieht aus wie eine Galionsfigur – das einzige figürliche Element zwischen dem flächigen Nichts von sieben Stockwerke hohen Waschbetonplatten.

Nachbarn gesellen sich nach und nach zu uns, jeder hat etwas zu erzählen. Eine Frau mit einem Kind auf dem Arm berichtet davon, dass es unmöglich sei, sich in der Wohnung auf den Fußboden zu setzen: »Es zieht – überall!« Ihr Mann fühlt nur noch kalte Luft, obwohl er letztlich eine Lanze für das Viertel bricht. Aber als Mieter fühle er sich nicht ernst genommen.

1200 Wohnungen sind von der Zwangsverwaltung betroffen, die pro Quadratmeter zwar nur rund 4,50 Euro kosten, aber sehr hohe Nebenkosten haben. Der Sanierungsbedarf ist hoch, weiß Beate Hens-Huppertz, Sprecherin der Initiative »Aktion Chorweiler«. Man stößt schnell auf den Namen der Mieterinitiative, wenn man im Viertel mit Leuten spricht. Ich treffe sie angesichts des schönen Wetters draußen, und wir finden eine Parkbank, auf die wir uns setzen.

Sie beklagt, dass nur wenige Informationen fließen. Die Zwangsversteigerung sei im Moment abgewendet, es sei ein Sicherheitskonzept erstellt worden, um den Bestand zu erhalten, investiert würde allerdings nichts. Notwendige Reparaturen, Instandhaltungen blieben liegen. Für die Mieter eine ganz schwierige Situation.

Mehr Mut zu Mietkürzungen

Hilft die Stadt Köln den Bürgern in Chorweiler oder schaut sie bloß tatenlos zu? Ich rufe im Büro des Oberbürgermeisters Jürgen Roters an und frage nach, ob er bereit ist, sich mit mir zu einem Interview zu treffen. Das Thema: Ob und wie er sich gegen den drohenden Einfall von Heuschrecken in seiner Stadt zur Wehr setzt. Wir verabreden uns zu einem Spaziergang durch Kölns Fußgängerzone.

»Wie stellt sich die Situation in Chorweiler aus Ihrer Sicht dar?«, frage ich ihn.

»Wir haben dort wirklich das gravierende Problem, dass ein Großteil dieser Siedlungen unter Zwangsverwaltung steht. Das sind 1200 Wohneinheiten, also mehr als 3000 bis 4000 Menschen.« Diese Zwangsverwaltung müsse ein Ende finden.

»Wir versuchen vonseiten der Stadt, dass wir die Versteigerung aussetzen beziehungsweise obsolet werden lassen, um dann die Wohnungen erwerben zu können«, sagt er weiter.

Ich bringe das Gespräch auf Dresden und die Tatsache, dass sich die Stadt mit dem Verkauf des eigenen Wohnungsbestandes an einen Investor saniert habe. Ob er Angst vor solch einem Investor habe?

»Ja, so ist es«, antwortet Roters, »und ich kann nur sagen, es war eine sehr, sehr gute Entscheidung vor einigen

Jahren, dass der Stadtrat sich in einer wirklich schwierigen Situation nach langen Diskussionen eindeutig und klar dafür entschieden hat, dass unsere städtische Wohnungsbaugesellschaft mit 42 000 Wohnungen nicht privatisiert wird, sondern dass sie die Dinge selbst in der Hand behalten ...«

»Sie hätten viel Geld damit verdienen können ...«

»Ja, sehr viel. Damals war doch einiges rauszuholen. Aber nein, wir können nicht unsere Mieter verkaufen, das sind ja Bürgerinnen und Bürger unserer Stadt. Das muss man einfach sagen – und man sieht ja auch die Probleme in Dresden.«

Wir schlendern auf einen Brunnen zu und setzen uns auf die Stufen davor. Roters erzählt mir, dass er mit den Gläubigern verhandle, um die Zwangsversteigerung abzuwenden, doch die Zukunft sei ungewiss. Ich frage ihn, welch eine Rolle medialer Druck dabei spielen könne.

»Er kann helfen«, bestätigt er mir, weil sich die Menschen in der Tat Sorgen machten. Es könne nicht wahr sein, dass so viele Mieter und Mieterinnen zu einem Spekulationsobjekt von Fremdinvestoren würden – von daher brauche dieses Thema einfach Öffentlichkeit.

Ich zeige ihm auf meinem Pad das Interview mit dem Kölner Leiter der Arbeitsagentur Stefan Kulozik, in dem er Betroffene aufruft, die Mieten zu kürzen, falls ihr Vermieter versprochene Reparaturen in den Wohnungen nicht durchführt. Der richtige Weg? Schließlich würde die Miete ja auch von der Kommune bezahlt.

Roters nimmt die Brille ab und nickt. »Ja, selbstverständlich.« Wenn man genügend Mieter animieren könne, die ihr Geld vom Staat bekämen, wäre das ein probates Mittel. »Wir sind auf dem Weg, das sehr viel intensiver einzusetzen.«

»Wie hoch ist der Betrag, den die Stadt Köln aufbringen muss, um die Wohnungen für Sozialhilfeempfänger zu bezahlen?«, frage ich nach.

»Wir zahlen etwa 300 Millionen Euro jährlich für Unterbringungskosten stadtweit gesehen. Das ist ein gewaltiger Batzen, den wir zahlen, und der geht dann eben an diese Heuschrecken.«

Ein Prozent Mietminderung würde den Stadtetat schon um drei Millionen Euro entlasten.

»Und wir könnten dieses Geld einbringen in Umweltverbesserungen oder Umfeldverbesserungen dort in Chorweiler oder in Finkenberg oder in Meschenich«, fügt Roters an.

Dann geschieht etwas Seltenes. Der Oberbürgermeister bedankt sich zum Abschied für den öffentlichen Druck, den wir aufbauen.

Kurz nach unserem Interview verschärft sich die Situation in den Siedlungen. Ich sehe am Kiosk eine Zeitung in der Auslage. Schlagzeile: »Köln: In dieser Straße ist Duschen verboten.« Die Wasserleitungen sind von Bakterien befallen, selbstverständlich ist auch Wassertrinken verboten.

Wenig später ist dann auch überregional Platz für die wirklich großen Nachrichten, die sich im Zusammenhang mit der Gagfah ergeben haben:

Fortress-Manager Robert Kauffman verlässt das Unternehmen im Juni 2013, und die Gagfah meldet, dass die Refinanzierung der milliardenschweren Kredite so gut wie durch ist. Die 37 000 Dresdener Wohnungen bleiben im Besitz des Unternehmens und müssen nicht verkauft werden. Auch an der Spitze des Gagfah-Unternehmens steht ein neuer Mann. Thomas Zinnöcker ist seit April 2013 neuer Vorstandsvorsitzender. »Gagfah-Aktie profitiert von neuem Chef und schwarzen Zahlen«, meldet eine Wirtschaftszeitung.

Ich frage mich: Sind das gute Nachrichten für die Mieter?

Ich treffe mich deswegen noch einmal mit dem Immobilienexperten Stefan Kofner in Dresden, um seine Einschätzung zu den neuesten Entwicklungen zu bekommen.

»Die Gagfah hat wirklich ausgetestet, wie tief man bei der laufenden Instandhaltung heruntergehen kann«, stellt er fest. Nun aber sei es so: »Der Instandhaltungsaufwand pro Quadratmeter geht nach oben, es haben in kleinem Umfang wieder Modernisierungen eingesetzt.« Kofner spricht von einem Aufwärtstrend: »Man kann nur hoffen, dass sich das fortsetzt.«

Bei der Gagfah wird offenbar auf gut Wetter gemacht. Nach Jahren des Stillstands soll sogar etwas modernisiert werden. Sicher auch, damit der Aktienkurs weiter steigt. Mir drängt sich ein Verdacht auf: Der Besitzer Fortress poliert die Gagfah auf, um sich in absehbarer Zeit möglichst gewinnbringend von ihr zu trennen. Ich will wissen, welche konkreten Pläne Thomas Zinnöcker mit der Gagfah wirklich hat und ob sich für die Mieter etwas verbessert.

Mehrfach frage ich ein Interview mit dem Gagfah-Chef an, doch es kommt lediglich ein Angebot, ihm die Fragen schriftlich zu stellen. Was ich auch tue. Tatsächlich bekomme ich die Antworten per Mail. Darunter unter anderem das Versprechen, die Gagfah wolle »mit Augenmaß modernisieren« – was immer das auch heißt. Als es um den Umgang mit Mieterbeschwerden geht, gibt Zinnöcker »im Einzelfall« Kommunikationsprobleme zu. Man gehe diesen Einzelfällen nach, »aber dazu müssen wir ihn auch kennen«.

Da ist er wieder, der alte Gagfah-Reflex. Keiner meldet sich – und deswegen kann man nichts tun. Es sind immer die anderen.

Ich kenne inzwischen so viele Einzelfälle, dass ich diesen Begriff nicht mehr hören kann. Mein Vorschlag: Einfach mal in die Siedlungen gehen, einfach mal bei Mietern wie Malinowski, Paust oder Geiss schellen. Reparieren gehört zum Handwerk – abwiegeln nicht.

Die Verantwortung für solche manchmal krank machenden Wohnumstände liegt bei den Investoren. Sie zwingen die Gesellschaften, hohe Renditen zu erzielen. Ist die Rendite eingespielt oder will das Kapital woandershin, werden Tausende von Wohnungen einfach weitergereicht.

Den Kommunalpolitikern, die mit dem Verkauf des städtischen Wohneigentums diese Entwicklung beschleunigt haben, ist der Vorwurf zu machen, dass sie zu sehr aufs Geld geschielt und es dadurch erst ermöglicht haben, dass ganze Stadtbezirke abgerutscht sind. Wohnen ist ein Menschenrecht, das in erster Linie für die gilt, die hilfsbedürftig sind. Sie solchen Wohnumständen wie denen, die ich gesehen habe, auszusetzen ist verantwortungslos. Zumal die öffentliche Hand Milliarden von Euro jährlich für Wohngeld ausgibt. Wer das tut, ohne einen Gegenwert dafür einzufordern, schmeißt das Geld zum Fenster raus. Warum gehen städtische Mitarbeiter nicht den Vorwürfen von Mietern nach, bewerten Schäden, unterstützen sie bei dem Vorgang einer Mietminderung? Das würde helfen, die kommunalen Kassen zu entlasten, und vor allem könnte es Unternehmen zu mehr Investitionen motivieren.

Die Stadt Dresden jedenfalls hat wegen nicht eingehaltener Zusagen gegen die Gagfah geklagt und 2012 ei-

nen Vergleich errungen, der dem Wohnungsunternehmen weitreichende Verpflichtungen auferlegte – unter
anderem die Zahlung von 36 Millionen Euro, von denen,
so hieß es in einer Pressemitteilung der Stadt vom 2. März
2012, »mindestens 40 Prozent ... in soziale Projekte, z. B.
Kindertagesstätten oder Schulen fließen«.

Ich rufe Bogdana Malinowski an, die Frau, in deren
Wohnung ich meine Recherchen begonnen habe. Sie
lädt mich ein, noch mal nach Bonn zu kommen, es habe
sich etwas getan. Ich mache das gerne. Das Bad ist erneuert, der Schimmel weg, der Balkon saniert, die Regenrinne frei. Sie ist das Beispiel einer Mieterin, die nach langen Jahren des Erduldens über ihr Engagement, über ihre
Zusammenarbeit mit dem Mieterverein, über den Klage-
weg die Spur in eine Wohnung zurückgefunden hat, die
schlicht in Ordnung ist.

Mehr muss es ja nicht sein.

Aber weniger auch nicht.

KAPITEL 6

Radarfallen:
der Blitzer-Bluff

Zack.

Und wieder frisst der Lichtblitz im Bruchteil einer Sekunde ein gehöriges Loch in meine Geldbörse. Ich reiße den Gasfuß hoch, aber ich kann nichts mehr machen, der Verkehrskaspar hat wieder zugeschlagen. Der Kaspar bin ich selbst, ich hätte mich ja nur an die vorgeschriebene Geschwindigkeit halten müssen. Aber ich bin in die Radarfalle getappt.

»Mist!«

Das schlechte Foto, das mir ein paar Tage später mit dem Bußgeldbescheid ins Haus flattert und das mich beim Singen, beim Reden oder Sinnieren zeigt, kann ich mir in der Küche zu Hause ans Spickbrett hängen.

Doch dann spüre ich den Ärger aufsteigen und denke: »Okay, ich war zu schnell, aber warum steht das Ding auch direkt hinterm Ortsausgangsschild?« Da, wo der enge Ort der Landschaft das Feld überlässt, keine Häuser mehr stehen, keine Menschen mehr gehen? Wo die Straße gerade ist und breit. Wo man das 100-km/h-Schild in 200 Metern schon sehen kann. Dann weiß ich es: Ich sollte einfach nur abgeschossen werden, glaube ich jedenfalls. Und schon bin ich im Thema.

Die Polizei kontrolliert mit mobilen Geräten die Geschwindigkeit von Autofahrern. Dies soll der Verkehrssicherheit dienen, und das Geld, das dabei eingenommen wird, fließt in den Landeshaushalt. Doch neben der Polizei messen auch die Städte und Kommunen die Geschwindigkeit der Autofahrer. Anders als bei der Polizei fließen die Bußgelder der Kommunen in deren eigenen Haushalt. Durften sie bis Mitte 2013 nur an bestimmten Orten blitzen, wie beispielsweise Unfallschwerpunkten oder Gefahrenstellen, hat der nordrhein-westfälische Innenminister es per Erlass möglich gemacht, dass die kommunalen Behörden nun überall die Geschwindigkeit messen dürfen. Die dabei gewonnenen Bußgelder müssen noch nicht mal zweckgebunden in Verkehrs- oder Straßenbauprojekte investiert werden.

Kritiker sagen, dass den Gemeinden damit praktisch eine Lizenz zum Gelddrucken erteilt worden ist, weil sie uneingeschränkt Geschwindigkeitskontrollen durchführen können. Und genau das tun sie nun auch: Sie kassieren ab.

Mit im Boot: Privatunternehmen, die im kommunalen Auftrag die Anlagen betreiben, und die dabei alles andere als Verkehrserziehung im Kopf haben. Sie bauen ihre Anlagen überall dort auf, wo was zu holen ist – jedoch nicht unbedingt da, wo sie wirklich gebraucht werden. Zum Beispiel in einer Lövenicher Siedlung.

Protest mit zürnendem Smiley

Köln-Lövenich an einem kühlen Apriltag. Ich bin auf dem Weg zu einer Demonstration von Eltern und Kindern, die Politiker und Verkehrsplaner endlich davon überzeugen wollen, in der Siedlungsstraße eine Blitzanlage zu installieren. Darauf gestoßen bin ich durch eine Zeitungslektüre. Eine Bürgerinitiative hatte sich wegen des Lkw-Durchgangsverkehrs gegründet und einen Tag des Protests anberaumt – das Datum stand im Blatt. Ich beschließe, mir das anzusehen.

Als ich ankomme, demonstrieren vielleicht hundert Menschen für eine Lkw-freie Zone sowie Tempo 30. In den Vorgärten der Häuser stehen Plakate, sie fordern die Rote Karte für Temposünder. Opa und Enkel, Mädchen und Hund, Junge und Skateboard, Papa mit Trillerpfeife und Mama mit Megaphon: Hier, da bin ich sicher, hat kaum ein PS-Ritter die Chance, sich und sein Auto auszuleben – hier sollen Skateboards dominieren. In der Nähe gibt es eine Schule und bald auch eine Kindertagesstätte. Trotzdem kommt es öfter mal zu Unfällen, das ist durch ein Gutachten der Polizei ausdrücklich bestätigt worden. Die Bewohner sind sich sicher: Wenn nicht bald etwas passiert, wird etwas passieren.

Ich spreche eine der Demonstrantinnen an. Es ist Martina Kanis, und ich frage sie, warum sie eine Radarmessanlage fordert.

»Dieser Ort gehört sicher nicht zu den Unfallschwerpunkten im gesamten Kölner Stadtgebiet«, meint sie, »aber wir wollen auch nicht, dass er einer wird.« Sie hält viel von Vorbeugung.

»Was, glauben Sie, ist aus Ihrer Sicht der Grund, warum hier keine Blitzer aufgestellt werden?«, möchte ich wissen.

Martina Kanis zögert kurz: »Vielleicht denkt die Stadt Köln, dass sie damit kein Geld verdienen kann – aber ich denke, hier ist eine Menge Geld zu holen.«

Ihr ist klar: Es geht der Stadtverwaltung ums Geld, nicht um die Verkehrserziehung.

Auch Björn Stüwe gehört zu den Eltern, die ihre Kinder an dieser Straße unbedingt schützen wollen. Stüwe, kräftig, vom Typ her ein Macher, geht mit mir rüber zu einer Anlage, die Autofahrern zeigt, wie schnell sie sind. »33 km/h« leuchtet gerade auf. Ein rot blinkender Appell an den Fahrer, ein flüchtiger. Denn der ist längst durch.

Stüwe ist sogar bereit, der Stadt finanziell unter die Arme zu greifen. Sein größter Wunsch sei ein fester Blitzer, aber er sei auch schon mit weniger zufrieden. Vor uns flitzt ein Mädchen über die Straße – es ist die Stelle, an der viele Schüler die Straße überqueren.

»Ich habe mal angeregt, dass hier ein Zebrastreifen hin kommt«, sagt er, »aber die Stadt weigert sich beharrlich, den einzurichten.«

»Aus welchem Grund?«, frage ich nach.

»Also der erste Grund, der mir genannt wurde, war: ›Wir legen in Köln keine Zebrastreifen mehr an.‹ Da habe ich herzlich gelacht und gesagt, das kann nicht sein, und dann haben sie gesagt, ja, dem wäre auch nicht so.« Irgendwann sei die Stadt mit der Wahrheit herausgekommen, nämlich der, dass kein Geld da sei. »Und dann hab ich gesagt, ich bezahle den.«

Das beeindruckt mich: »Sie privat?«

»Ja«, antwortet er, »ich würde es auch immer noch machen. Ich hab ja auch die Schilder hier hinten und auf der anderen Seite der Straße anbringen lassen.«

Und vor allem den Mast mit der Lichtanzeige hinter uns. »40« leuchtet auf, »33«, dann »36« – fast jeder ist zu schnell und fängt sich elektronisch ein Smiley mit heruntergezogenen Mundwinkeln ein. Die Anlage blinkt wild und rot. Was die Verkehrsüberwachung anbelangt, ist Lövenich an dieser Stelle fast ein Rotlichtviertel.

Seit zwei Jahren spreche er mit der Stadt über den Zebrastreifen. Es sei ein Witz, eine Unverschämtheit, dass sie nicht reagiere.

Während die Verwaltung noch nicht mal bereit ist, sich über das Aufmalen eines Zebrastreifens zu unterhalten, den auch noch ein Anwohner finanziert, schöpft sie an anderer Stelle aus dem Vollen.

An einem Morgen, kurz vor Anbruch des Tages, bin ich mit Mitarbeitern der Stadt Köln auf der zu einer Baustelle teilumgerüsteten Rheinbrücke der Autobahn 1 von Köln nach Leverkusen verabredet. Die Brücke ist ein Nadelöhr. Gegen sieben Uhr werden zwei Fahrspuren gesperrt, der Verkehr fließt jetzt nur noch auf einer Spur. Letzte Vorbereitungen werden getroffen für die Inbetriebnahme von zwölf nagelneuen Blitzgeräten. Das will ich mir anschauen. Ein früher, grauer und kalter Morgen, einer, der einen eher klein macht. Allein die Blitzer stehen hoch aufgereckt wie eine Artillerie, schussfertig.

Dieselbe Kölner Behörde, die den Eltern in Lövenich einen Starenkasten verweigert, rüstet hier mächtig auf: zwölf Blitzer alleine auf der Kölner Seite. 640 000 Euro haben die Geräte gekostet. Sie sollen aber keine Menschen schützen, sondern die Brücke. Die Schäden stammen von den Vibrationen, die über Jahrzehnte hinweg von den zahllosen Lkw verursacht worden sind. Durch die Baustelle wird der Pkw-Verkehr zu einem langsamen Fahren gezwungen.

Zum letzten Mal werden die Induktionsschleifen in der Fahrbahndecke überprüft. Dann können die Kontrollen beginnen. Leo Schumann* hat die Anlage mit aufgebaut. Er kniet sich hin, legt ein Metallband aus und erklärt mir dabei, dass die Stadt Köln langfristig 35 Mitarbeiter einstellen wolle. 3,5 Millionen Euro kostet es im Jahr, die Blitzer zu betreiben. Viermal so viel sollen sie einbringen: 14 Millionen Euro.

Mir ist die Bedeutung einer Brücke über den Rhein schon bewusst, die zuletzt täglich von 120 000 Fahrzeugen, darunter 14 000 Lkw, benutzt wurde, inzwischen aber für Fahrzeuge über 3,5 Tonnen auf unbestimmte Zeit gesperrt ist. Die Fahrzeugmenge zeigt die wirtschaftliche und touristische Bedeutung der Überquerung. Sie ist die lokale Versorgungsader des links- und rechtsrheinischen Umlands, sie ist eine der Transferstrecken nach Holland und Belgien. Und sie ist marode, inzwischen anfällig für hohe Gewichte und Schwingungen. Aber wohl nicht akut einsturzgefährdet, sonst müsste sie ja total gesperrt werden.

Hier funktioniert die Unglücksprävention also. Und warum bekommen die Kinder in Lövenich dann nicht einen Zebrastreifen, den die Stadt noch nicht mal bezahlen müsste? Es ist möglicherweise richtig, eine Brücke zu schützen. Aber was ist falsch an einem Zebrastreifen? Ich möchte eine Erklärung.

Jeden Tag Beleidigungen

Über meine Blitzer-Recherche erfahre ich, dass die Stadt Düren verspricht, ihre Anlagen nur dort einzusetzen, wo Menschen gefährdet sind. Wo Gefahr droht, wird geblitzt. Sonst nirgendwo.

Das will ich mir genauer ansehen, und das am besten zusammen mit einem Mitarbeiter des Ordnungsamtes, mit Lorenz Völler*. Er erklärt sich bereit, mich in die Funktionsgeheimnisse von sogenannten Starenkästen und Radarwagen einzuweihen.

Lorenz Völler steigt in seinen Bulli, ich fahre hinterher. Wir steuern einen Starenkasten an, der auf dem Mittelstreifen einer vierspurigen Straße steht. Olivgrün, farblich wie abgestimmt auf den Baumbestand der Allee, ausgestattet mit einer modernen Speichertechnik. Der Ordnungsamtsmitarbeiter parkt links auf der Überholspur, wir steigen aus, und ich ziehe mir eine orangefarbene Warnweste an. Als HiWi verteile ich Hütchen auf der Fahrbahn. Völler schließt eine Klappe an der Säule auf und fährt den Kasten auf Hantierhöhe. Im Prinzip ist die Anlage nichts anderes als ein Computer mit eingebauter Kamera. Alle zwei Wochen werden die Fotos »eingesammelt«. Er zückt einen USB-Stick und zieht die Bilder rüber.

Verkehrssünderkino mit 560 geblitzten Autos nebst Fahrern. Bilder von Leuten, die meistens gelangweilt gucken. Kurz danach gewiss verärgert, aber davon gibt es keine Bilder. Der Stick ist jetzt rund 12 000 Euro wert. Ich bitte Völler um eine Testmessung, und er willigt ein.

»Ich stelle die Anlage mal auf 39 Stundenkilometer, und Sie können fahren«, sagt er. Das ist die Aufforderung zu gebremstem Rowdytum.

»Okay«, sage ich, steige in mein Auto und fahre los. Für die Testmessung hat Lorenz Völler die Anlage so eingestellt, dass sie mich schon mit 39 km/h blitzt. Ich fange mir einen Blitz ein, danach stellt er die Anlage wieder auf fünfzig, und wir packen zusammen. Der USB-Stick ist der für heute gehobene Schatz.

Das Ordnungsamt in Düren ist in einer ehemaligen Schule untergebracht, einem denkmalgeschützten Bau von 1833. Sieben enge Fensterachsen verleihen dem Gebäude eine formale Strenge. Wo sollte ein Ordnungsamt besser untergebracht sein als dort? Völler führt mich in sein Büro, setzt sich hinter seinen Schreibtisch und zeigt mir, was die Beamten mit meinem Foto machen, bevor sie es verschicken.

»Ich habe gehört, bei Ihnen ist jemand geblitzt worden?«, sage ich zu ihm.

Völler peilt mich über seine Brille hinweg an, lächelt und fragt: »Sie möchten jetzt das Foto sehen?«

Wenige Klicks später bin ich ertappt: Drei Bilder kennzeichnen mich als Raser. Großaufnahme Auto, Großaufnahme Fahrer, Ausschnitt vom Kennzeichen.

»Ich würde sagen, der Fahrer ähnelt Ihnen aber hundertprozentig«, meint er.

»Also erwischt?«

»Ja, erwischt.«

Ich frage ihn, was er denn so in seiner täglichen Praxis erlebt, wenn er, wie heute, im Straßenbild sichtbar wird.

»Das kann ich Ihnen gerne sagen«, antwortet er in seinem wunderbaren rheinischen Singsang. Es folgt eine Litanei des Hasses, der sich wahrscheinlich sonst nur Knöllchenschreiberinnen aussetzen müssen, die beim Strafzettelschreiben ertappt werden. Zum Beispiel:

»Arschloch, stehst du dumme Sau schon wieder hier, schneid das Ding ab, ihr Abzocker...«

»Was ist das denn hier?«, unterbreche ich ihn, weil ich auf dem Schreibtisch eine runde Glasscheibe liegen sehe, die drei Löcher aufweist. Ich nehme sie in die Hand. Steinschläge können es ja kaum sein, und Völler bestätigt mich in meiner Annahme.

»Das sind drei Einschusslöcher«, sagt er, »das sind solche Sachen, die wir täglich erleben.«

Unglaublich. Da müssen sich Leute mit einer Flinte an den Starenkasten herangeschlichen haben, um der Linse eine Kugel zu verpassen. So ein Gewehr hat man ja nicht einfach dabei, das muss man zu Hause aus dem Waffenschrank holen, ins Auto packen und hinfahren. Aufpassen, dass man nicht gesehen wird – und Schuss. Was für ein Risiko als Rache für ein Knöllchen in der Höhe über vielleicht fünfzehn oder zwanzig Euro.

Lorenz Völler zeigt mir Fotos aus seinem Arbeitsalltag. Die Wut und der Hass auf Blitzeranlagen scheinen keine Grenzen zu kennen. Für die Mitarbeiter des Ordnungsamtes alles andere als ein Traumjob.

»Da geht der Bürger auch schon mal hin, übergibt sich, fängt die Sachen in einer Plastiktüte auf und schmeißt die dann vor die Anlage.«

Ich kann es kaum glauben, aber ich sehe die Bilder.

»Schöne Sachen«, sagt Völler leicht ironisch. Auf meine Frage, wie er damit klarkomme, dass seine Arbeit offensichtlich nicht so recht gewürdigt wird, antwortet er: »Es nagt sehr schlimm an einem, ja. Die Tuscheleien, die gehen durch: ›Guck mal da, da kommt der Idiot wieder, dat Arschloch.‹ Aber das ist normal, das müssen Sie abhaken können.«

Man merkt Völler an, dass er diese Beleidigungen nicht einfach wegsteckt. Er will nur, dass die Straßen sicherer werden, sagt er mir zum Abschluss.

Was steckt hinter der Wut jener, die sich über Blitzer ärgern? Sind das alles wirklich nur verantwortungslose Raser, die nur an sich denken? Das will ich herauskriegen und mache mich deswegen auf den Weg nach Hamburg. Ich nehme das Flugzeug.

Eine App zum Schutz

Mobile und festinstallierte Radarfallen kosten die Autofahrer jährlich Hunderte Millionen Euro. Die genaue Summe kennt keiner. Das liegt daran, dass die Einnahmen je nach Zuständigkeit mal in die Kassen der Kommunen, mal in die der Landkreise oder auch des Landes fließen. Am Blitzen verdienen viele.

In Hamburg gibt es ein junges Unternehmen mit einer profitablen Geschäftsidee. Es hilft Autofahrern mit einer Smartphone-App, möglichst nicht erwischt zu werden, wenn sie zu schnell fahren. Ich bin auf sie gekommen, weil ich wissen wollte, ob es eine Datei gibt, die bundesweit täglich erfasst, wo überall geblitzt wird – und »blitzer.de« entpuppte sich als die größte Datenbank in diesem Segment.

Die Geschäftsräume von blitzer.de sind weitläufig. Ein Riesen-Bildschirm dominiert die Einrichtung, es stehen aber auch noch viele andere Bildschirme auf den Schreibtischen – voller elektronischem Kartenmaterial. Auf einen Rand des großen Bildschirms ist ein Lego-Polizist geklebt, der mit einer Pistole auf ein Radargerät zielt.

Pressesprecher Sebastian Knop empfängt mich. Er ist der natürliche Gegenspieler von Lorenz Völler. Und er ist auch der natürliche Gegenspieler aller Kämmerer und Finanzminister.

Von ihm lasse ich mir das Prinzip erklären, das das Abfließen von Millionen von Strafgeldern in die öffentlichen Kassen verhindern soll. Er nimmt mich mit zu einer Mitarbeiterin. Sie sitzt vor Bildschirmen mit Straßenkarten, auf denen rote Markierungen die Standorte von Blitzern und Radarfallen angeben. Die Großräume München, Frankfurt, Köln, Stuttgart und viele andere sind verzeichnet. Das Prinzip ist schnell erklärt: Wer eine Radarfalle sieht, meldet sie per App und informiert damit alle anderen. Bei vier Millionen Nutzern der App ein ziemlich dichtes Warnsystem.

»Was glauben Sie denn, wie viel Prozent der mobilen

Blitzer, die in Deutschland gerade aktiv sind, Sie mit dem System erfassen können?«, frage ich ihn.

»Wir schätzen etwa achtzig Prozent«, meint er, »und wir schätzen, dass wir auf den Autobahnen jeden mobilen Blitzer nach maximal dreißig Minuten im System haben.«

»Wo in Deutschland wird denn am häufigsten geblitzt?«

Knop schaut über das elektronische Kartengewirr: »Wir sehen schon, dass hier in NRW heute Morgen das meiste passiert.«

Mich interessiert, ob er eine Erklärung dafür hat, weshalb ausgerechnet in diesem Bundesland so viel geblitzt wird. Sind dort die öffentlichen Kassen leerer als anderswo, oder sind die Autofahrer bloß rigoroser?

Seine Antwort erstaunt mich.

»In der Regel ist es so, dass, wenn es sich um private Firmen handelt, die Blitzer da aufgestellt werden, wo auch Kasse gemacht werden kann.«

Private Firmen? Ich erfahre, dass einige Städte und Gemeinden die Autofahrer nicht mehr unbedingt selber blitzen. In bestimmten Regionen in Nordrhein-Westfalen sind mittlerweile private Unternehmen beteiligt. Sebastian Knop nennt als Beispiel den Landkreis Recklinghausen.

»Können Sie sich vorstellen, dass Sie für die Kommunen die Bösen sind, weil Sie denen Geld wegnehmen?«

»Wenn die Kommunen meinen, dass wir die Bösen sind, dann mag das sein«, antwortet er. »Wir liefern ein Gegengewicht. Wir zwingen ja niemanden, die Geschwindigkeit zu überschreiten, wir geben keine Lizenz zum Rasen, weil mit unserer App niemand hundertprozentig sicher sein kann, dass er vor Blitzern geschützt wird.«

Ich merke an, dass das Blitzen auch eine Form der Verkehrserziehung für die Leute sein kann. Seine Arbeit aber ebenfalls, findet Knop: »Dadurch, dass wir sie warnen, erziehen wir sie ja auch. Und zwar bevor es an den Geldbeutel der Autofahrer geht.«

Das Gespräch hat etwas gebracht, denke ich mir auf dem Weg zurück zum Flughafen. Ich weiß nun: Geschwindigkeitsüberprüfungen werden zunehmend an Private ausgelagert. Klar, in Lövenich, in einer Tempo-30-Zone lohnt solch ein Blitzer nicht. Da fahren die Leute vielleicht 33 oder 36 km/h. Abkassieren kann man da nicht.

Kein Rat vom Landrat

Ich fahre nach Recklinghausen, denn die Sache mit den Privatfirmen interessiert mich. Zur Vorbereitung habe ich mich durch die Haushaltsentwürfe verschiedener Städte gearbeitet und darauf geachtet, mit wie vielen Verkehrsgeschwindigkeitsdelikten im kommenden Jahr sie jeweils rechnen. Recklinghausen fällt dabei besonders auf: Die Stadt geht von 130 000 Verstößen im nächsten Jahr aus – fast doppelt so vielen wie im Jahr davor. Sie und ihr Landkreis sind aber verkehrsstatistisch eine der sichersten Gegenden in Nordrhein-Westfalen.

Wie passt das zusammen?

Beim gemächlichen Näherkommen über ländliche Straßen scheint die Welt noch in Ordnung zu sein, das nahe Münsterland grüßt schon mit pferdebestandenen Koppeln. Statistisch gesehen haben Unfälle durch Raser hier Seltenheitswert.

Auch die Polizei freut sich sicher, dass die Menschen in dieser Gegend immer verantwortungsvoller fahren. Jedenfalls muss ich nicht lange nach einer mobilen Radarfalle Ausschau halten. Ich stoppe, steige aus und gehe auf eine Gruppe von Polizisten zu. Wir kommen ins Gespräch, und ich frage nach den niedrigen Unfallzahlen.

»Das Geschwindigkeitsniveau sinkt«, bestätigt Karl-Friedrich Stern* von der Polizei des Kreises Recklinghausen, »und das ist ein positives Ergebnis, weil damit auch die schwerwiegenden Folgen von Verkehrsunfällen sinken.« Man sei auf einem guten Weg – und wenn Straßen damit gemeint sind, stimmt das Bild ja auch. Die Polizisten loben also die Vernunft der Autofahrer und freuen sich über immer weniger Raser.

Doch die Politiker vor Ort scheinen das noch nicht mitbekommen zu haben. Denn sie investieren in noch mehr Verkehrsüberwachung. Geht es hier in erster Linie also ums Geldverdienen? Eine private Firma bekam sogar den Auftrag, ein zusätzliches Radargerät anzuschaffen.

Es ist ja prinzipiell eine gute Sache, wenn man die schnell vorwärts drängenden Verkehrsteilnehmer immer noch mehr erziehen möchte, und das vielleicht sogar bis zum Rückwärtsfahren – nur glauben tue ich das nicht. Darüber würde ich gerne mit den Vertretern der zuständigen Behörden sprechen. Doch alle meine Interviewanfragen werden abgewiesen.

Das ist nicht schlimm. Ich habe mir schon so viele Abfuhren abgeholt, da kommt es auf eine mehr oder weniger auch nicht an. Ich fahre aber trotzdem zur Kreisverwaltung. Auf dem Weg dahin sehe ich einen lächelnden Pappkameraden am Straßenrand stehen. Es sind Landratswahlen, und Landrat Cay Süberkrüb, der, den ich sprechen möchte, grüßt so das vorbeifahrende Volk.

Ich fahre rechts ran, greife zum Handy und rufe direkt im Büro des Landrats an. Eine Sekretärin nimmt ab.

»Mein Name ist Dieter Könnes vom WDR, hallo. Ich stehe hier gerade neben dem Herrn Süberkrüb, allerdings nur neben seinem Plakat zwischen Feuerwehr und Kreishaus. Ich würde eigentlich ganz gern mal persönlich neben ihm stehen, aber wir hatten bisher mit unseren Interviewanfragen nicht ganz so viel Glück. Ist er spontan da? Wäre ja schön, wenn Sie mich hier nicht im Regen stehen lassen.«

Die Mitarbeiterin will den Landrat fragen, ob er bereit ist, spontan mit mir zu sprechen. Ich soll im Kreishaus warten.

Vielleicht erfahre ich doch noch, wie Landrat Cay Süberkrüb darauf kommt, dass sich die Anzahl der geblitzten Autofahrer in seinem Kreis innerhalb eines Jahres fast verdoppeln wird.

Warten, das kann ich. Ich fahre also ins Kreishaus und treibe mich im zum Steingarten mit Palmenbesatz umfunktionierten Foyer der Verwaltung herum. Es dauert auch nicht lange, da meldet sich der Pressesprecher. Während er mir noch einmal mitteilt, dass ich zu diesem Thema kein Interview bekomme, schlüpft der Landrat über eine Nebentreppe aus dem Haus in sein Auto. Als ich es bemerke, biegt er gerade ab. Es regnet, und der Landrat macht sich aus dem Staub. Zurück bleibt nur eine trockene Fläche auf seinem Dienstparkplatz.

Verkehrsüberwachung als Grundlage für die Einführung einer versteckten Sondersteuer, darüber möchte Süberkrüb nicht sprechen. Ich frage mich, welche Gründe das Verhalten des Landrats haben könnte. Liegt es daran, dass der Kreis Recklinghausen mit einem privaten Blitzerhersteller gemeinsame Sache macht? Wäre immerhin vorstellbar.

Aber ich bin nicht der Einzige, der eine solche Zusammenarbeit merkwürdig findet. In Wuppertal treffe ich den Landesvorsitzenden der Polizeigewerkschaft. Arnold Plickert ist bereit, mit mir über das Thema zu reden. Denn die Beamten blitzen zwar selbst, aber von privaten Unternehmern halten sie wenig. Er führt mich in den Hof, auf dem die Radarwagen stehen. Er öffnet die Heckklappe eines Fahrzeugs, wo die geballte Technik nur so darauf wartet, eingesetzt zu werden. Um Kasse zu machen, oder um Menschen zu schützen?

»Was schreibt das Gesetz denn vor?«, frage ich ihn.

»Das Gesetz sagt klar, dass Geschwindigkeitsüberprüfungen nur an gewissen Punkten durchgeführt werden dürfen«, antwortet Plickert. »Das sind Unfallbrennpunkte, also Bereiche, an denen sich besonders gefährdete Personen aufhalten, wie Schule, Kindergärten, Altenheime.«

»Dann ist es doch gut, dass Innenminister Ralf Jäger beschlossen hat, dass die Kommunen das Blitzen selber machen und auch an Firmen abgeben können . . .«

Plickert hebt das Ganze sofort auf die monetäre Ebene, von Verkehrserziehung ist bei ihm kaum die Rede mehr. »Der Private verdient an jedem Blitz«, wirft er ein.

Ich frage ihn, was das dann noch mit Verkehrssicherheit zu tun habe. Offenbar nicht viel:

»Ja, ist doch ganz einfach«, sagt Plickert, »wenn ich ein Privatunternehmen bin und ich weiß, pro Blitz kriege ich eine Summe x, dann ist doch mein Interesse, dass ich viel blitze. Und dann gehe ich eben nicht in diese gefährdeten Bereiche, sondern ich suche mir in der Stadt eine schöne zweispurige Straße in beide Richtungen, wo es zwar schon seit drei Jahren keinen Verkehrsunfall mehr gegeben hat, aber ich mir doch relativ sicher sein kann, dass vielleicht die Geschwindigkeit dort eher überschritten wird – und ich dann auch mehr Geld verdiene.« Der Polizist ist ein Bürger in Uniform, er schaut offensichtlich eher auf die Verkehrserziehung – und nicht so auf den Euro.

Die Politik schiebt gute Gründe vor, um an das Geld der Schnellfahrer zu kommen. So etwas lässt sich als Verkehrserziehung gut verkaufen, ist aber eine Mogelpackung. Immerhin, sagt Plickert, hält sich die Polizei eher an Unfallschwerpunkten auf. Aber die privaten mit ihren mobilen Kassenhäuschen stehen da, wo etwas zu holen ist.

Der Volksmund hat den Begriff Wegelagerei dafür gefunden. Ich danke Plickert für das Interview und verabschiede mich.

Der nordrhein-westfälische Innenminister Ralf Jäger ist derjenige, der es den Kommunen ermöglicht hat, überall dort zu blitzen, wo sie blitzen wollen. Beim NRW-Blitzmarathon präsentiert er sich als Kämpfer für die Sicherheit im Straßenverkehr. Und dazu gibt es eine Presseeinladung. Mir gelingt es, am Rande einer solchen Veranstaltung mit ihm zu reden. Hinter uns das Plakat »Blitz-Marathon – Respekt vor Leben, ich bin dabei«, vor uns Beamte, die über ihre Geschwindigkeitsmessgeräte Autofahrer ins Visier nehmen. Gute Sache und Öffentlichkeit – solche Termine lieben Politiker. Nicht so gern redet Jäger darüber, dass er den Kommunen mit seinem Erlass mehr oder weniger die Lizenz zum Gelddrucken erteilt hat. Was ist der Sinn des Ganzen?

»Es geht darum, dass auch die Kommunen sich daran beteiligen, in ihrer Stadt mit dafür zu sorgen, dass man sich sicher im Straßenverkehr bewegen kann«, sagt er. Und: »Gebunden an diesen Erlass ist aber, dass diese

Messstellen vorher veröffentlicht werden müssen. Und wer in der Fahrschule aufgepasst hat, kennt die Verkehrsregeln, wer die Zeitung aufschlägt, weiß, wo die Messstellen sind, und wer dann immer noch zu schnell fährt, muss eben zur Kasse gebeten werden.«

Ich sage ihm sicherlich nichts Neues, wenn ich ihm mitteile, dass Recklinghausen als eine der sichersten Regionen in NRW gilt. Und dass trotzdem im Haushaltsentwurf die Fallzahlen für ertappte Temposünder verdoppelt worden sind: »Für mich klingt das ein bisschen verdächtig...«

Auf meine Anspielung geht Jäger gar nicht ein: »Das klingt danach, als ob sich die Stadt Sorgen macht über die Sicherheit im Straßenverkehr...«

»...die als sicherste Region in NRW gilt«, werfe ich ein.

»Aber auch da geschehen immer noch Unfälle oder kommen Menschen zu Tode oder werden verletzt.« Die Stadt wolle schlicht die Verkehrssicherheit durch mehr Messungen erhöhen.

Immer wieder betont der Minister, dass es ja nur um Sicherheit gehe. Und um Verkehrserziehung. Da frage ich mich, warum er dann nicht gegen Auswüchse vorgeht, die eine konsequente Bestrafung von Rasern verhindern. Ich meine damit das Problem der Punktehändler.

»Es gibt Punktehändler, also Menschen, die hingehen und sagen, ich sorge dafür, dass jemand anders für dich gefahren ist«, sage ich. In der Regel sind das Führerscheininhaber ohne Auto, die sich damit ein Zubrot verdienen. Sie ersparen ertappten Schnellfahrern, die beispielsweise nicht auf ihren Führerschein verzichten können, für ein paar hundert Euro den Eintrag in die Flensburger Verkehrssünderkartei. Die können sich sozusagen freikaufen, und das steht noch nicht mal unter Strafe.

»Warum gehen Sie nicht dagegen vor, wenn es Ihnen doch um die Verkehrssicherheit geht?«, möchte ich von ihm wissen.

Der NRW-Innenminister wiegelt ab: »Das ist keine Entscheidung, die der Landesinnenminister zu treffen hat.« Er verweist auf den Bundesgesetzgeber in Berlin, sieht aber das Problem grundsätzlich auch. »In der Tat muss man fragen, ob das nicht strafbares Handeln ist. Wir sollten alles tun, damit die Motivation, so etwas zu machen, möglichst sinkt«, findet er. Er sagt allen Ernstes »alles tun«.

»Ich habe bis heute aber noch nicht gehört, dass aus dieser Motivation auch eine Gesetzesinitiative wird. Warum nicht?«, möchte ich von ihm wissen.

Jäger verweist auf den Bundesverkehrsminister und lächelt. Lächelt es weg.

Seine Antwort wundert mich. Warum soll nur Bundesverkehrsminister Alexander Dobrindt gegen etwas vorgehen, das im Gegensatz zu allen Grundsätzen der Verkehrserziehung steht? Wieso setzt sich der Innenminister Nordrhein-Westfalens nicht genauso gegen Punktehändler ein, wie er sich für den Blitzmarathon einsetzt?

Der ministerielle Auflauf hier, denke ich, bevor ich mich verabschiede, ist eher ein Werbeauftritt als einer, bei dem es um das Ertappen von Verkehrssündern geht. Wer angesichts der weit sichtbaren Menge an Polizeiautos, Polizisten und Politiker-Entourage jetzt noch ertappt wird, hat es wirklich nicht anders verdient.

Ablasshandel

Das Geschäftsmodell der Punktehändler verhindert, dass Raser zur Verantwortung gezogen werden. Über das Internet komme ich in Kontakt mit René Meier*, der sein Geld damit verdient, Verkehrssündern Punkte und Fahrverbote zu ersparen. Die Verabredung klappt relativ schnell, wir treffen uns auf dem Parkplatz neben einer Autobahnauffahrt, auf dem ein grauer Wagen allein auf weiter Flur steht, Abblendlicht leuchtet auf.

Konspirative oder halbkonspirative Treffen, wie man sie aus Filmen kennt, finde ich inzwischen fast witzig, weil sie die Themen irgendwie mit Bedeutung aufladen. Aber aus welchen Gründen sich Informanten auch immer bereit erklären, mit mir zu sprechen: Sie gehen mitunter ein hohes Risiko ein. Das verlangt Respekt.

Das mit dem hohen Risiko ist bei Punktehändler René Meier nicht so. René Meier ist zwar sein Alias-Name, und das, was er tut, gehört auch nicht zu den Ausbildungsberufen – es steht aber nicht unter Strafe.

Ich steige zu ihm ins Auto und nehme auf dem Beifahrersitz Platz. Zwanglos kommen wir ins Gespräch. Nach ein paar Minuten beschreibe ich ihm ein Szenario mit mir in der Hauptrolle: »Ich werde geblitzt und bekomme das Schreiben von der Behörde. Da steht drin: Wer ist gefahren? Was passiert dann?«

»Sie mailen mir den Anhörungsbogen zu, dann reden wir über den Preis. Sie sagen mir, okay, das will ich machen. Dann lasse ich den Bogen von einem angeblichen Fahrer ausfüllen und versende den an die Behörde.«

»Das heißt, Sie finden einen Fahrer, der für mich sagt, dass er gefahren ist?«

»Ja, richtig.«

»Das klingt für mich nicht legal.«

»Das ist zumindest nicht strafbar. Es gibt kein Gesetz, wogegen das verstößt.«

Es wundert mich ein ums andere Mal, dass solche Schlupflöcher nicht geschlossen werden. Die Fahrlässigkeit des Gesetzgebers ist so offensichtlich, dass man ins Staunen gerät.

Ich spinne meinen Fall weiter und frage Meier, was ich zahlen müsste, wenn ich mit einer Geschwindigkeit geblitzt würde, die 50 km/h über dem erlaubten Wert liegt.

Die Rechnung macht er mir schnell auf. »Bei 50 km/h sind 160 Euro Bußgeld fällig, circa dreißig Euro Verwaltungskosten – das hängt von der Behörde ab. Und dann kommen drei Punkte dazu und ein Monat Fahrverbot.« Für sich veranschlagt er hundert Euro Pauschale und für die drei Punkte je hundert Euro, also 300 Euro, plus 300 Euro für den Monat Fahrverbot. Voilà: »Wir kommen also insgesamt auf 700 Euro plus die 190 Euro für die Behörde – dann sind wir bei 890 Euro.«

Ich frage ihn, was denn mit den Fotos sei, die mich relativ eindeutig als Verkehrssünder offenbaren: »Können Sie dann überhaupt noch was machen?«

»Die Fotos werden in der Regel nicht abgeglichen«, so Meier, »also in 95 Prozent aller Fälle laufen die reibungslos durch.«

Angesichts der lückenhaften gesetzlichen Regelung reicht eine saloppe Zusammenfassung: »Also noch mal das Beispiel: ich, zu schnell gefahren, fünfzig drüber, mit Foto. Sie sagen trotzdem, kein Problem, Sie finden einen Fahrer, der überhaupt nicht so aussieht wie ich – und alles ist gut?«

»Ja«, bestätigt Meier, »und juristisch hat es keine Folgen. Es kann Ihnen niemand vorwerfen, Sie hätten versucht, irgendwie zu betrügen, weil es da keinen Straftatbestand gibt, der greift.«

Ich bin ziemlich ratlos. Ich bin kein Jurist, aber hier in diesem grauen Auto auf diesem grauen Parkplatz mit dem findigen Herrn Meier hinterm Steuer stellt sich für mich schon die Frage, welches Rechtsprinzip gilt. Mit anderen Worten: Solange die Behörden ihr Geld bekommen, scheint es ihnen egal zu sein, wer tatsächlich der Raser ist – Hauptsache, die Kasse klingelt.

Von Verkehrserziehung wieder keine Rede.

Ich fahre mit diesem Wissen noch einmal nach Köln-Lövenich. Bekommen die Anwohner keinen Blitzer, weil es sich einfach nicht lohnt? Wen ich auch frage, alle berichten mir von diversen Unfällen. Man muss nur links und rechts aus dem Auto gucken und sieht die Spuren – wie die umgefahrenen Poller, an denen ich gerade vorbeifahre. Wenig später blinkt wieder das Smiley von Björn Stüwe zornig in wildem Rot. Die Straße ist wirklich stark befahren. Ich sehe, wie eine Mutter mit einem vielleicht vierjährigen Mädchen ihren Körper zwischen Tochter und Fahrbahn bringt. Sie nimmt die Kleine fest an die Hand. Beschützerinstinkt. Das Leben ist gefährlich.

Selbst in Tempo-30-Zonen.

Eine Brücke als Geldquelle

Durch die Lövenicher Bürgerinitiative erfahre ich von einem schweren Unfall, der sich unmittelbar dort zugetragen hat, wo die meisten Passanten die Straße überqueren und wo die Stadt keinen Zebrastreifen anlegen will. Die Leute dokumentieren das mit Fotos von zwei demolierten Autos, die ich mir anschaue. Doch auch der Unfall konnte die Stadt nicht umstimmen: kein Blitzer, kein Zebrastreifen. Mich interessieren die Beweggründe, warum das Ordnungsamt in Köln sich so gegen geschwindigkeitsmindernde Maßnahmen sträubt. Ich rufe dort an und verabrede mich mit dem Leiter des Ordnungs- und Verkehrsdienstes Jörg Breetzmann zu einem Interview.

Aber bevor ich die Verantwortlichen dazu befrage, mache ich mich noch mal auf zur nahegelegenen Autobahnbrücke der A1 zwischen Köln und Leverkusen. Seit sechs Wochen sind zwölf Blitzer 24 Stunden am Tag in Betrieb. Das Tempolimit und der massive Einsatz von Radaranlagen sollen verhindern, dass sich die Risse im Bauwerk weiter ausdehnen. Zehntausende von Fahrzeugen werden hier täglich überwacht. Halten sie sich an Tempo 60, hält die Brücke länger, und es wird Geld gespart. Halten sie sich aber nicht daran, ist es auch nicht so schlimm. Denn dann klingeln die Kassen in den Städten Köln und Leverkusen – je nachdem in welcher Richtung man erwischt wird.

Auf der Kölner Seite ist dieselbe Behörde zuständig, die in Lövenich den Blitzer verweigert.

Als ich im Stadthaus eintreffe, um mich mit Breetzmann zu treffen, sehe ich ein großes Plakat im Foyer prangen: »Radarkontrollen! Unseren Kindern zuliebe!«

Natürlich.

Breetzmann empfängt mich in seinem Büro. Der Mann geht noch raus, fällt mir ein, als ich seine Jacke mit der giftig gelben Warnweste am Garderobenständer hängen sehe. Und er ist Fan des 1. FC Köln, was mir das Trikot an der Wand mit den Unterschriften der Spieler verdeutlicht. Das ist es, was uns umgibt: Arbeit und Freizeit, Warnweste und Trikot, Spaß und Ernst.

Ich bin gespannt, was die Blitzanlagen an der Autobahnbrücke in knapp sechs Wochen eingebracht haben, und frage ihn nach einer Zwischenbilanz.

»Ja«, antwortet er, »wir haben 15 700 Vorfälle, wo die Blitzanlage in Bußgelder gemündet hat. Mit einer Einnahme derzeit von circa 420 000 Euro. Das ist aber weniger, als wir zunächst kalkuliert haben. Wir hatten gerechnet, dass es circa 12,5 Millionen im Jahr an Einnahmen sind.«

»Dann kann man sich ja darüber freuen, dass im Jahr immer noch einige Millionen Euro rein kommen, die zur Sanierung dieser Brücke verwendet werden können«, stelle ich fest.

Dem ist aber nicht so. Breetzmann erklärt: »Das ist eine Autobahnbrücke, die in der Straßenbaulast des Bundes steht und nicht in der Baulast der Stadt Köln oder der Stadt Leverkusen.«

»Das versteh ich jetzt nicht«, sage ich. »Das Geld, das man einnimmt, wird nicht zweckgebunden in die Sanierung der Brücke gesteckt?«

»Nein, kommunalrechtlich landen die Einnahmen aus den Verkehrsverstößen in den Haushalten der Städte.«

Ich spreche ihn auf das spezielle Problem an, das Lövenicher Bürger mit ihrer Forderung nach einem Blitzer in der Tempo-30-Zone haben.

»Die Stadt Köln verweigert den Bürgern den Blitzer, den sie im Sinne der Sicherheit fordern. Können Sie mir erklären, warum das so ist?«

»Ich denke nicht, dass sich die Stadt Köln da verweigert. Es ist zunächst einmal in der jeweiligen Bezirksvertretung darzustellen, um was für eine konkrete Situation es sich handelt. Dann muss man sicherlich auch abwägen zwischen subjektiven Eindrücken der Bürger und den tatsächlichen objektiven Fakten. Und die letzte Alternative ist wirklich eine stationäre Anlage. Aber die macht auch nur dann Sinn, wenn es ein konstant gleichbleibendes Geschwindigkeitsfehlverhalten gibt. Eine teure Anlage zu installieren, wenn...«

Ich unterbreche ihn mit dem Hinweis, dass doch erheblich mehr Geld eingenommen werden würde.

Ja und nein, meint er und verweist auf den Gewöhnungseffekt, der sich nach der Montage stationärer Anlagen einstelle.

»Aber das ist doch gut, dann wird doch da langsamer gefahren...«, entgegne ich.

»Ja, das ist vollkommen richtig, aber das Problem ist – ich sage es mal so –, dass Sie dann ja die ganze Straße mit stationären Anlagen bestücken müssen.«

Ist schon klar, geht nicht, ist aber auch nicht wichtig, finde ich. Denn: »Es reicht doch, an der Stelle, an der in Richtung Ortsausgang gerast wird, einen stationären Blitzer hinzustellen – dann fahren die Leute auch langsamer, weil sie genau wissen: Hier wird geblitzt. Und Sie sagen, dass sich die Anlage nicht lohnt! Deshalb kann sie dann nicht installiert werden?«

Das Gespräch gewinnt an Schärfe. Nein, er habe nicht gesagt, dass sich diese Anlage nicht lohne, er habe gesagt, dass man das grundsätzlich immer im Einzelfall betrachten müsse. Ich komme auf den Zebrastreifen zurück – meine Einzelfallbetrachtung.

»Wie ist es zu erklären, dass die Bürger sogar bereit wären, einen Zebrastreifen selbst zu bezahlen, um die Verkehrssicherheit für ihre Kinder auf dem Schulweg zu erhöhen – und sie das nicht dürfen?«

Weil ein solcher Zebrastreifen die Straßenüberquerung nicht automatisch sicherer machen würde, lautet seine Antwort.

»Aber dann hat doch gar kein Zebrastreifen einen Sinn«, werfe ich ein. Schließlich macht doch ein Zebrastreifen zumindest optisch deutlich, wer Vorrang hat. Da hilft mir seine Aussage, dass es einen hundertprozentigen Schutz nicht gebe, auch nicht weiter.

»Denn im Moment gibt es dort gar nichts«, schließe ich. »Kein Zebrastreifen und nur eine selbstinstallierte Geschwindigkeitsüberwachungsanlage, die übrigens auch die Bürger bezahlt haben. Das heißt, die Bürger und Bürgerinnen übernehmen Aufgaben, die aus meiner Sicht die Stadt Köln im Sinne der Verkehrssicherheit übernehmen müsste.«

Punkt. Aus. Ich meine nicht ausdrücklich Breetzmann damit, aber dieses Verwaltungsdenken über schützenswerte Brücken und ungeschützte Straßenübergänge ist mir ziemlich fremd. Schlicht und ergreifend habe ich das Gefühl, dass hier doch eher betriebswirtschaftlich gedacht wird.

Manuell oder automatisch?

In Krefeld gibt es keine Brückenblitzer, die den Stadthaushalt sanieren, dafür aber sehr aktive mobile Radarwagen. Mich erreichen Hinweise darauf, dass dort nicht den Vorschriften nach gemessen wird. Das will ich mir ansehen. Bis Krefeld ist es nur ein Katzensprung, und ich brauche nicht lange, um einen Radarwagen zu finden. Ein modernes Fahrzeug, das gleichzeitig nach vorne und nach hinten blitzen kann. Ich gehe auf den Wagen zu, um reinzuschauen.

Inzwischen habe ich mich schlaugemacht, wie die

Messungen abzulaufen haben. Weil es bei Radarmessungen Fehler geben kann, muss der Mitarbeiter im Auto die ganze Zeit aufmerksam beobachten, ob seine Geräte korrekt arbeiten. Wenn es blitzt, muss er die Messung bestätigen. Gewährleistet ist eine sorgfältige Kontrolle nur, wenn die in beide Richtungen messenden Geräte auf »manuell« eingestellt sind. Ich schaue durch das Fenster ins Innere des Fahrzeugs auf eine grüne Kontrolllampe. Und diese signalisiert mir: Beide »Speedo-Phot-Traffipax« – welch ein Name! – laufen im Automatikbetrieb. Und zudem: Blitzen die Geräte im Automatikbetrieb nach vorne und nach hinten, müssen zwei Kontrolleure im Wagen die Anlage überwachen. Hier ist aber nur einer.

Ich fahre weiter, immer auf der Suche nach diesen unauffälligen Kleinwagen, die sich so charakterlos zwischen anderen verstecken. Gegen zehn Uhr morgens entdecke ich das zweite Radarfahrzeug. Einen weißen Kastenwagen mit laufendem Motor. Auf der anderen Straßenseite steht ein Anwohner, der seine Abneigung gegen diese Art der Verkehrsüberwachung nicht zügeln kann.

»Kurz nach sieben Uhr war der hier, und der Motor läuft immer noch«, schimpft er, »da krieg ich 'ne Knolle dran, und der Vogel steht da und lässt seinen Qualm ab. Das ist doch nicht normal, oder?«

Die Frage kann ich so nicht beantworten, aber ich verstehe sie. Ich gehe über die Straße und auf das Fahrzeug zu und begrüße den Messenden beim Kasse-Machen. Übrigens muss der Motor nicht laufen, um die Radartechnik in Gang zu halten, wahrscheinlich ist dem Mitarbeiter kühl geworden.

Mein Blick ist inzwischen geübt, ich muss in dem Gewirr von Lichtern, Anschlüssen und Leitungen nicht mehr lange suchen. Ich sehe sofort: Auch in diesem Wagen ist die Anlage auf Automatikbetrieb gestellt. »Auto« leuchtet grün, »Manu« leuchtet gar nicht. Der Mann ist alleine im Wagen. Der Vorteil liegt auf der Hand: Die Stadt könnte so mit weniger Mitarbeitern mehr Verkehrssünder blitzen. Was sie allerdings nicht darf, weil es so passieren kann, dass falsche Messungen zu Ungunsten der Fahrer nicht bemerkt werden.

Plötzlich hält rechts am Straßenrand ein roter Kleinwagen, aus dem ein Mann aussteigt, der sich als Dietrich Salmen* vom Krefelder Ordnungsamt vorstellt. Ich frage ihn nach einer Erklärung dafür, dass die Geräte hier auf Automatik stehen. Er wirkt nicht besonders amüsiert, ist aber auch nicht unfreundlich.

»Wollen Sie jetzt ein Interview haben«, fragt er zurück, »dann ruf ich meine Pressestelle an ...«

Klar, will ich. Aber ich weiß schon, was kommt. Während auf der anderen Straßenseite weiter mit laufendem Motor geblitzt wird, untersagt die Pressestelle ein spontanes Interview.

»Wie befürchtet, meine Pressestelle sagt: bitte anmelden.«

Klingt fast bedauernd. Trotzdem: Ich bin abgeblitzt.

Zurück in der Redaktion, schicke ich dem Presseamt eine offizielle Interviewanfrage. Zumal mir weitere Informationen zugespielt werden. Mitarbeiter im Krefelder Radarwagen seien dabei beobachtet worden, während der Überwachung Bücher zu lesen. Die Frage ist, ob aufmerksames Lesen und aufmerksames Messen ohne Automatikbetrieb zusammenpassen.

Wenig später erhalte ich per E-Mail die endgültige Absage für ein Interview. Darin steht, dass in Krefeld grundsätzlich von fachkundigem Personal ein manueller Betrieb durchgeführt wird. Die Mitarbeiter würden ihre Geräte angeblich immer auf manuell schalten.

Ich habe aber eindeutig etwas anderes gesehen.

Ob Landrat Süberkrüb in Recklinghausen oder das Ordnungsamt in Krefeld – der Erste nimmt keine Stellung und haut ab, die Zweiten behaupten einfach irgendwas und bleiben dabei. Sie mögen mein Thema nicht.

Das macht schon den Eindruck, als fehlten ihnen die richtigen Argumente gegen die Vorwürfe. Stillschweigend weiter abzocken, danach sieht es für mich aus.

Ich möchte Klarheit und mache mich auf den Weg nach Püttlingen ins Saarland. Dort will ich einen Mann treffen, der sich täglich mit umstrittenen Radarmessungen beschäftigt. Hans-Peter Grün hat die »VUT Sachverständigengesellschaft« zur Überprüfung behördlicher Messergebnisse im Jahr 2006 gegründet. Er kennt aus seiner vorherigen beruflichen Tätigkeit, u. a. als Leiter verschiedener Verkehrsüberwachungs-Dienststellen der saarländischen Polizei, die Fehlerquellen und Problemstellungen der technischen Verkehrsüberwachung sehr genau.

Ein Mitarbeiter empfängt mich und führt mich in einen Seminarraum. In der Ecke steht eine Radarmessanlage, auf dem Schreibtisch davor hockt ein Teddy in Polizeiuniform. Nach einigen Minuten kommt Hans-Peter Grün herein. Experten wie er sollen mit ihren Gutachten bei Gerichtsverfahren für Klarheit sorgen, wenn darüber gestritten wird, ob Geschwindigkeitsmessungen plausibel sind. Ich zeige ihm auf meinem Notebook einige Bilder, die ich dort gespeichert habe. So auch eine Aufnahme aus einem Messwagen.

»Es wird in beide Richtungen geblitzt, es sitzt eine Person im Auto, und das Gerät ist so installiert, wie Sie es hier sehen. Ist das korrekt oder nicht?«, frage ich. Das Bild zeigt grünes Licht für Automatik.

Er schüttelt den Kopf: »Nein, nach der Bedienungsanleitung ist eine solche Arbeitsweise untersagt. Bei einem Messbeamten darf nur eine Anlage in Betrieb sein, zwei Anlagen gleichzeitig zu betreiben ist verboten. Mithin darf im Sinne eines standardisierten Messverfahrens die Messung nicht verwertet werden.«

Grüns Aussage rückt die ganze Praxis des Messens ins Zwielicht. Anscheinend achtet hier keiner auf irgendetwas, hier geht es offenbar darum, reinzuholen, was reinzuholen ist – falsche Argumente, nicht richtig eingesetzte Messverfahren, alles gleichgültig. Und der Gesetzgeber lässt es zu, weil er die klammen Kassen der Städte kennt, die Kommunen geben die Aufträge zur Geldvermehrung an Unternehmen weiter. Und die Verkehrsteilnehmer zahlen.

Auch wenn sie zu schnell gefahren sind, muss man die Frage stellen, ob das fair ist. Hinzu kommt die absurde Situation, dass ein Fahrer, der vor Gericht um sein Recht kämpft, gegen eine Behörde antreten muss, die von vornherein falsch arbeitet.

Grün klärt mich auf: »Eine Fehlermöglichkeit ist immer der Messbeamte. Und das ganz Wesentliche ist der Kenntnisstand des Messbeamten. Wir erleben immer und immer wieder, dass Messbeamte wenig Kenntnis von ihrem Messverfahren und der Bedienungsanleitung haben.«

Was mindestens für einen schlechten Ausbildungsstand der Beamten in den Behörden spricht. Ich bin erstaunt: »Sie glauben doch nicht allen Ernstes, dass eine Behörde oder ein Messbeamter nicht weiß, wie ein Gerät ordnungsgemäß zu bedienen ist.«

Doch Grün sieht das etwas anders. Der Begriff Ausbildung impliziere zwar, dass die Behörden wissen müssten, wie es im Normalfall funktioniert. Allerdings: »Bedauerlicherweise zeigt uns die Befragung im Gerichtssaal andere Erkenntnisse auf.«

Ob man die Technik auch beeinflussen kann, möchte ich noch wissen.

Der Fachmann nickt: »Manipulationen sind durchaus möglich. Es gibt tausend Möglichkeiten. Jeder, der in dem Verfahren ist, kann zu einem Täter werden.«

Ich möchte einen Beweis sehen. Der Informatiker Stefan Lorenz gehört zum Gutachter-Team um Hans-Peter Grün und behauptet, zwei von drei bestehenden Programmen geknackt zu haben. Er will mir zeigen, wie einfach es ist. Noch bin ich skeptisch ... Wir setzen uns in seinem Büro vor einen Rechner, der Bildschirm zeigt verschiedene Daten an.

Ich konstruiere einen Fall, bei dem ein bestimmter Temposünder statt 102 km/h 109 km/h gefahren sein soll. Lorenz soll mir zeigen, ob es möglich ist, diese Daten zu manipulieren.

»Wäre möglich«, sagt Lorenz, ein gemütlicher Typ mit Vollbart. Der Informatiker lässt den Cursor über den Bildschirm tanzen, aber richtig gefordert ist er mit dieser Aufgabe nicht.

»Wir sehen jetzt hier oben in der oberen Zeile alle möglichen Daten eingeblendet. Zum Beispiel den Grenzwert und die Geschwindigkeit. Jetzt mache ich was ganz Einfaches. Ich kopiere mir einfach diese 9 hier und lege die über meine 2. Und schon haben wir im Bild 109 km/h.« Er findet das nicht besonders beeindruckend. Mich allerdings beeindruckt das enorm, weil es mir deutlich macht, wie schnell und einfach eine Manipulation möglich ist.

Lorenz schränkt ein: »Bisher habe ich, wie gesagt, nur ein Bild verändert. Das kann jeder.«

Er fährt mit dem Cursor auf die untere Leiste des Bildes und ist ein paar Klicks später in einer anderen Datei, ändert da unter der Rubrik Speed ebenso die Zahl von 102 auf 109 und ist fertig.

»Jetzt habe ich eine veränderte Messdatei erstellt, die vom Referenzauswertungsprogramm als korrekt erkannt werden wird«, ist er sich sicher.

Der Informatiker hat also eine Messdatei so verändert, wie ich es wollte – ein nicht besonders langwieriger Prozess, wie ich finde.

»Lässt sich die Echtheit dieser Datei überprüfen?«, frage ich ihn.

»Vom Auswertebeamten im Normalfall nicht, weil er ja das Referenzauswerteprogramm hat. Dieses Referenzauswerteprogramm sagt ihm, es ist alles in Ordnung mit dieser Datei«, erklärt Lorenz mir. »Es gibt für den Beamten keinen Hinweis, irgendwas infrage zu stellen.«

Ich will von ihm wissen, ob er nicht wenigstens die Möglichkeit habe, irgendetwas zu überprüfen, wenn er es denn wolle.

»Mit neueren Versionen der Auswertesoftware und viel eigenem Einsatz, ja, bei älteren Versionen nicht.«

»Wie wahrscheinlich ist es, dass er das macht?«

»Das ist uns bisher noch nicht begegnet. Den Fall hatten wir noch nicht.«

Fest aber steht, dass Mitarbeiter von Bußgeldstellen oder der beauftragten privatwirtschaftlichen Unternehmen solche Veränderungen problemlos vornehmen könnten. Und auch gewiefte Hacker kommen an die Dateien heran: »Die Dateien liegen ja im System bei der Bußgeldbehörde oder beim privaten Anbieter«, sagt Lorenz.

»Und die Erfahrung lehrt uns, dass kein System hundert-prozentig sicher ist.«

Was nichts anderes bedeutet, als dass anfällige Soft-ware-Systeme manipuliert und Geschwindigkeitsmes-sungen nachträglich gefälscht werden können. So lang-sam wird mir deutlich, dass man eigentlich das gesamte System der Geschwindigkeitsüberwachung auf den Prüfstand stellen müsste: technisch, theoretisch, mora-lisch.

Eine Sache der Ethik

Die Firmen Jenoptik und ESO teilen sich den Blitzer-Markt mit dem Wiesbadener Unternehmen Vitronic, das auch Lieferant der Kontrollbrücken für die deutsche Lkw-Maut ist. Es gelingt mir, mich mit dem Geschäftsführer von Vitronic, Norbert Stein, zu verabreden. Ich gebe zu: Seitdem ich mich mit dem Thema Geschwindigkeitskon-trolle befasse, fahre ich ganz anders Auto. Irgendwie auf-merksamer. Geblitzt werde ich nur einmal: von den schi-cken grau-schwarz geringelten Kamerasäulen bei der Einfahrt auf den Parkplatz des Unternehmens, quasi zur Begrüßung.

Die Software von Vitronic wurde bisher noch nicht von den Saarbrücker Experten der VUT geknackt, das war überhaupt der Grund, weshalb ich in Wiesbaden für ein Interview nachgefragt habe. Außerdem funktioniert die Messmethode der Firma nicht mit Radarwellen. Norbert Stein treffe ich dort, wo auch solche Leute ab und zu hin-gehören: zwischen Regalen im Lager. Er erklärt mir die etwas andere Technik, mit der Vitronic arbeitet. Denn:

»Wir messen mit Laser, das heißt mit Licht – auch bei den mobilen Anlagen.«

Die Messung mit Radaranlagen sei gelegentlich etwas fehlerbehaftet. Wenn man die nicht richtig aufbaue, sagt Stein, könnten sie falsch messen. Sie reagierten mitunter auf metallische Reflektoren, auf Leitplanken oder andere Fahrzeuge.

»Unsere Anlagen jedoch können nicht falsch messen. Sie können die Anlage auf den Kopf stellen, schräg stellen, falschrum hinstellen. Entweder sie misst, oder sie misst nicht, aber sie misst nie falsch.«

Ich erinnere mich an das Gespräch mit Lorenz und frage Stein, ob es möglich sei, auch Daten zu manipulieren, die mit Vitronic-Anlagen zusammengeblitzt worden seien.

»Nein«, meint er, »es gibt immer den Originaldatensatz, der ist nicht veränderbar.«

»Auf dem Foto ist oftmals zu sehen, wie schnell ich gefahren bin. Sie sagen, ich kann den Datensatz nicht löschen. Könnte ich aber beispielsweise die Geschwindigkeit darauf verändern, wenn ich es denn möchte?«

»Nein, das können Sie schon mal gar nicht«, verneint er. »Also, das sind Daten, die werden automatisch eingetragen, die sind auch nicht editierbar, also die können Sie nicht ändern.«

Ich komme auf die Standorte zu sprechen, an denen Blitzer aufgestellt werden.

»Ich glaube, es würde kein Autofahrer protestieren, wenn man an Schulen und Kindergärten blitzt. Aber nehmen wir mal das andere Beispiel. Ortsausfahrt: Tempo 50, ich darf danach auf 70 beschleunigen und sehe schon, die Straße wird breit, und ich gebe vielleicht zehn Meter vor dem Schild Gas und – zack!«

Stein weiß, worauf ich hinauswill. Er kennt auch den

Prospekt eines Mitbewerbers, in dem steht: »Unsere Anlagen, die blitzen so, dass Sie sie direkt hinter dem Orts-
eingangsschild aufstellen können.« Aber direkt dort blitzen: »Das würden wir nie machen. Das würde unserer
Ethik widersprechen«, sagt Stein.

Ich kann nicht überprüfen, ob tatsächlich keine Vitro-
nic-Blitzgeräte direkt an den Ortsausgängen stehen, aber
es wird doch deutlich, dass es Städte und Kommunen gibt,
die gemeinsame Sache mit privaten Firmen machen. Und
dabei geht es vor allem darum, wie am meisten verdient
werden kann. Sicherheit scheint also oft nur ein Vorwand
zu sein.

Doch das ist noch nicht alles beim großen Blitzer-Bluff
in Deutschland. Offensichtlich ist das ganze Blitzsystem
unzuverlässig. Bei meinen Recherchen werde ich auf viele
Gerichtsverfahren aufmerksam, die sich mit Radarmessungen beschäftigen. Wie kann es sein, dass bei geeichten
Geräten überhaupt ein Zweifel an den Ergebnissen entstehen kann?

Erfrischend ehrlich

Verkehrsanwälte und Gutachter sind die Bremser in Verfahren, die sich gegen vermeintliche Schnellfahrer richten. Der Wuppertaler Rechtsanwalt Tim Geißler ist einer von ihnen. Wir führen ein offenes Gespräch über den
Vorzug, sich mal einen Rechtsanwalt leisten zu können,
wenn man einen braucht.

Ich will von ihm wissen: »Wie hoch ist die Wahrscheinlichkeit, dass ein geblitzter Autofahrer gar nicht
zahlen muss?«

»Ich weiß von spezialisierten Kollegen und auch aus meiner Erfahrung, dass die Einstellungsquote so zwischen dreißig und vierzig Prozent liegen dürfte«, sagt der Anwalt, »und wenn es darum geht, ob ein Fahrverbot verhängt worden ist oder möglicherweise bevorsteht, dürfte die Ablehnung des Fahrverbots bei Ersttätern so zwischen sechzig und siebzig Prozent liegen.«

Mein Glaube an die Technik ist noch ungebrochen. Wir reden hier schließlich über diffizile Messverfahren in einem Land, das sich seiner Ingenieurskunst rühmt. Ich bin zwar kein Ingenieur, aber ich finde die Prozentzahlen dennoch beleidigend hoch.

»Aber wie ist das möglich?«, frage ich ihn.

»Ja, das ist eben der Punkt«, erklärt Geißler, »die Leute wissen zu wenig darüber. Wenn man sich mehr damit beschäftigt und sich mit der Technik der einzelnen Messgeräte befasst, stellt man fest, dass viele dieser Messungen nicht so einwandfrei sind, dass man es einfach glauben muss.«

Ich schätze, dass Geißler schon mindestens einen Selbstversuch hinter sich hat, und frage ihn, ob er bereits einmal geblitzt worden ist. Was er auch zugibt.

»Direkt angezweifelt?«

»Bisher immer.«

»Und auch immer Recht bekommen?«

»Ich habe null Punkte.«

Geißlers Ehrlichkeit ist erfrischend.

»Das heißt, Sie sind deshalb erfolgreich, weil Sie die Messmethoden zu Recht anzweifeln können, obwohl Sie möglicherweise sogar deutlich zu schnell gefahren sind. Vielleicht sogar so schnell, dass Sie den Führerschein hätten abgeben müssen?«, frage ich nach.

»Definitiv. Ja, das ist so.«

»Die Cleveren können also weiterfahren, und die Dummen müssen den Führerschein abgeben«, stelle ich fest.

Das sieht er nicht ganz so: »Eher die, die behördengutgläubig sind und sagen, das, was mir vorgeworfen wird, wird schon stimmen, die müssen ihn auf jeden Fall abgeben...«

Dann zeigt mir Tim Geißler ein besonders krasses Beispiel aus seiner Kanzlei. Er zieht einen Vorgang aus einer Akte und legt mir eines dieser grobkörnigen schwarzweißen Bilder auf den Tisch, die normalerweise teurer als jedes Passfoto sind.

Zu schnell, zu schnell, zu schnell. Christian Emmelmann hat eigentlich nur gearbeitet, als er der Radarfalle auffiel. Über die Vermittlung von Geißler komme ich in Kontakt mit ihm. Er ist Geschäftsführer einer Autotuning-Firma, lebt also davon, Fahrzeuge seiner Kunden schneller zu machen. Rasches Probefahren gehört nun mal zu dieser Art von Job, denkbar, dass das meist nur knapp unterm Radar passiert. Kurzum: Emmelmann wurde geblitzt und sollte seinen Führerschein abgeben.

Aber weil die Radartechnik Fehler aufwies und das Foto miserabel war, gelang es seinem Anwalt, alle Anschuldigungen erfolgreich anzuzweifeln, obwohl alles dafür spricht, dass Christian Emmelmann wirklich zu schnell gefahren ist.

Er sitzt in dem Autosalon seiner Racing-Firma und hat die Autos um sich, von denen Automobilisten träumen – und manche Lövenicher albträumen. Weißes Hemd, dunkles Jackett, Jeans, sein nahezu gläsernes Büro gibt den Blick frei auf die Heckansichten tiefergelegter Boliden. Besitzen muss man sie nicht, aber gekauft werden sie trotzdem. Irrationalität ist seit jeher Bestandteil von Lust-käufen gewesen. Autos machen da keine Ausnahme.

»Wie schnell waren Sie denn unterwegs, und was war erlaubt?«

Emmelmann überlegt kurz: »Ich glaube, ich war etwas über 30, 40 km/h über der zugelassenen Geschwindig-keit, es war auf der Autobahn.«

Er gibt unumwunden zu, froh darüber zu sein, dass er seinen Führerschein nicht abgeben musste. Das mit dem Blitzen sei auch schon das ein oder andere Mal vorgekom-men:

»Das bleibt nicht aus, wenn man solche Fahrzeuge öf-ter bewegt und mal nicht ganz konzentriert ist«, findet er.

»Man könnte jetzt sagen, wenn man sich immer an die Geschwindigkeit hält, wird man nie geblitzt«, fordere ich ihn ein wenig oberlehrerhaft heraus.

Er nickt: »Das ist richtig, aber bei den Autos, die ich hier aus Qualitätssicherungsgründen immer Probe fahren muss, ist das offen gestanden nicht immer leicht, die Ge-schwindigkeitsbeschränkungen einzuhalten.«

»Wissen Sie, wie viele Punkte Sie aktuell haben?«

Er lacht laut auf: »Muss ich das jetzt sagen?«

Muss er natürlich nicht.

Er strafft sich und sagt: »Acht Punkte. Aber ich habe letztes Jahr einen Abbaukurs gemacht. Ich werde jetzt wieder ein braver Fahrer.«

Als ich wieder in meinem nicht getunten Wagen sitze und Richtung Redaktion fahre, lasse ich mir die Wider-sprüchlichkeiten der gesamten Geschwindigkeitsmes-sungen noch einmal durch den Kopf gehen.

Die Politik eröffnet unter dem fadenscheinigen Argu-ment der Verkehrserziehung Städten und Landkreisen die Möglichkeit, eine immerwährende Geldquelle anzuzapfen. Denn bis Mitte 2013 war es lediglich erlaubt, an Unfallschwerpunkten und Gefahrenstellen zu blitzen – die Schranke ist nun gefallen.

Längst haben auch Privatfirmen den Millionenmarkt für sich entdeckt. Besonders die Hersteller der Messgeräte sind in diesem Bereich kreativ. Einige bieten den Kommunen »Rundum-sorglos-Pakete« an: Sie statten die Gemeinden mit modernster Messtechnik aus, übernehmen den Betrieb der Anlagen und bereiten auch die Daten auf. Selbst bei der Standortauswahl stehen sie ihren Auftraggebern beratend zur Seite. Am Ende ist nur noch das Einleiten eines Bußgeldverfahrens Aufgabe der Kommune.

Abgerechnet wird der Service mit monatlichen Pauschalen oder pro Datensatz, den die Privatfirma der Kommune bereitstellt. Besonders für klamme Städte sind solche Modelle attraktiv, weil sie teilweise keinen Cent investieren müssen und trotzdem mit Geschwindigkeitskontrollen Geld verdienen können. Und je mehr Blitzer es gibt, desto mehr Einnahmen kommen rein.

Doch die Praxis der blitzfreudigen Kommunen hat Haken. Einer davon ist, dass Sachverständige bei vielen Geschwindigkeitsmessungen mangelnde Sorgfalt monieren. Ein häufiger Fehler beispielsweise ist, dass sich die Geschwindigkeitskontrolleure nicht an die Bedienungsanleitung des Messgerätes halten. Oder sie messen einfach nicht sorgfältig genug, um den juristisch wasserdichten Ansprüchen eines sogenannten »standardisierten Messverfahrens« gerecht zu werden.

Die VUT im Saarland, die rund 15 000 Verfahren ausgewertet hat, ist dabei zu dem Ergebnis gekommen, dass über die Hälfte dieser Verfahren Mängel aufweisen und ihre Ergebnisse daher anfechtbar sind. Setzt sich diese Erkenntnis durch, könnten Kommunen eine ganze Menge ihrer Bußgeldbescheide schreddern, und viele Autofahrer dürften aufatmen.

Offenbar gibt es eine Allianz zwischen Politik, Staat und Privatwirtschaft zu Lasten der Bürger, jedenfalls der Autofahrer unter den Bürgern. Es wird moralisch argumentiert, aber monetär gedacht.

Das ist unehrlich.

Wer nun zuständig ist für die Angreifbarkeit der Messverfahren, ist für die Ertappten letztlich egal. Manchmal sind die Zeitnehmer schlecht ausgebildet, manchmal ist die Technik überfordert. Mitunter verhalten sich Verwaltungen vorsätzlich falsch, weil sie – wie in Krefeld – von den Richtlinien abweichen.

Das ist unrechtes Handeln.

Aber wer geht schon dagegen vor, wenn er ein Knöllchen von fünfzehn oder dreißig Euro bezahlen muss? Welch eine Maschinerie muss er dafür in Gang setzen?

Ich bin noch mal in Lövenich. Ich parke meinen Wagen, hole mir einen Campingstuhl aus dem Kofferraum und setze mich unter das so oft übellaunige Smiley von Björn Stüwe. Vielleicht irre ich mich ja auch, und wir leben doch in einer gerechten Blitzer-Welt, in der es nur um Verkehrssicherheit geht. Kämpfen hier auf dieser Straße Eltern für einen Starenkasten, obwohl ihre Kinder nichts zu befürchten haben? Hat die Stadt Köln doch recht, selbst einen Zebrastreifen abzulehnen?

Ich mache einen einfachen Test, aber ich muss nicht messen, ich muss nur zählen. Zwei Zählgeräte, eins in der linken, eins in der rechten Hand. Die linke zählt die Verkehrsteilnehmer, die sich an die vorgeschriebene Geschwindigkeit halten, die rechte die anderen.

Klick-klack.

Ich muss nur aufs Smiley achten.

Lacht es, zürnt es?

Nach einer halben Stunde breche ich den Versuch ab. Das Ergebnis: 13 Autofahrer haben sich an die Geschwindigkeit gehalten, 118 nicht.

Das Smiley zürnt.

KAPITEL 7

Der große Müll-Schwindel:
Profite auf Kosten der Bürger

Seit vielen Jahren schon trennen wir gewissenhaft unseren Abfall. Man hat uns zu wahren Experten im Mülltonnen-Dschungel gemacht. Aber: Ist dieses System wirklich noch sinnvoll und zeitgemäß? Nutzt es der Umwelt? Sind die bei der Einführung gesteckten Ziele wie Müllvermeidung und hohe Recyclingquoten tatsächlich erreicht worden?

Wie viel Geld wir für die Entsorgung unseres Mülls wirklich bezahlen, das weiß kaum jemand. In den undurchsichtigen Verflechtungen aus kommunalen und privaten Entsorgungs-Unternehmen bleibt oft einer auf der Strecke: der Gebührenzahler. Es hat in den vergangenen Jahren aufsehenerregende Prozesse gegeben, die das Geschäft, das Kommunen und Müllindustrie mit Abfall machen, in ein trübes Licht gerückt haben.

Es gibt unter anderem zwei Beispiele, die beweisen, dass sich ein enormes finanzielles Interesse hinter der Müllverbrennung verbirgt. Zum einen der »Kölner Müllskandal«, der 2008 zu Haftstrafen auf Bewährung für Kölner Kommunalpolitiker wegen Bestechlichkeit geführt hat. Der Vorwurf damals: Die örtliche SPD habe Spendengelder von Bauunternehmen angenommen, die vom Bau der Verbrennungsanlage in Köln-Niehl profitiert hätten. Diese Spenden in Höhe von mindestens 480 000 DM sind in keinem Rechenschaftsbericht verzeichnet gewesen, sie versickerten in schwarzen Kassen. Zum anderen kritisierten jüngst Gerichte, dass sämtliche Kosten einer zu groß dimensionierten Anlage wie der Gemeinschafts-Müllverbrennungsanlage (GMVA) Niederrhein in Oberhausen allein den Bürgern aufgedrückt werden.

Längst ist eine Milliardenindustrie entstanden, der wir zwar mit jedem Gang aus der Küche zur Abfalltonne fleißig zuarbeiten, über die wir aber erschreckend wenig wissen. Schließlich sind Millionen Tonnen von gesammeltem Kunststoff Millionen Möglichkeiten, Millionen von Euro zu machen. Also: Wer verdient am Müll in Deutschland? Und vor allem: Wer zockt hier wen ab?

Eine Sache der Mode

Dass ich beginne, Informationen zusammenzutragen, hat auch ein wenig mit meiner Vergangenheit zu tun. In Viersen am Niederrhein habe ich vor zwanzig Jahren den Beruf des Entsorgungstechnikers gelernt, habe Müll eingesammelt und auf der Deponie gearbeitet. Recycling, wie wir es heute kennen, war für uns damals kaum ein Thema, wenngleich 1994 bereits das Kreislaufwirtschafts- und Abfallgesetz auf den Weg gebracht worden war, das Vorschriften zur Vermeidung und Ablagerung von Abfällen enthielt. Seit 2005 sind die klassischen Mülldeponien geschlossen. Gut so.

Denn die Entwicklung der letzten Jahrzehnte hat auch meinen alten Beruf mit Bedeutung aufgeladen. Der Umweltschutz hat ein Wertereservoir entdeckt, das bis in die Neunzigerjahre hinein untergegraben wurde – den Müll.

Sortieranlagen sind moderne Alchemistenküchen: aus Müll wird Gold, aus Dreck Geld.

In der Entsorgung liegt heute ein Versprechen, denn saubere Trennung, sauberes Recycling schonen die Ressourcen. Aber es ist wie mit allem anderen auch: Gutes kostet. Jeder Bürger zahlt für das, was in den verschiedenen Tonnen landet. Er zahlt für Abtransport und Recycling. Die Frage bleibt: Was hat er davon außer einem guten Gefühl?

Bei der Recherche im Internet habe ich von einer orangeroten Tonne gelesen, die die ohnehin bereits bunte Farbpalette brauner, grüner, grauer, blauer und gelber Tonnen um einen weiteren Tupfer ergänzt. Genau solch eine Tonne möchte die Stadt Münster anschaffen, um sich von den Geschäften unabhängig zu machen, die die Abfallgesellschaft Duales System Deutschland AG (DSD) mit dem grünen Punkt und der Verwertung des Inhalts der gelben Tonnen macht. Dieses Geschäft möchte die westfälische Metropole gerne an sich ziehen, um das eigene Stadtsäckel zu entlasten. Zusätzlich sollen noch Elektrokleingeräte in stadtweit aufgestellten Elektroschrottcontainern gesammelt werden. Es wäre ein Geschäft, das dem DSD verloren ginge, es hätte Zeigerfunktion für andere. Da liegt Streit in der Luft.

Ich habe telefonisch bei den Abfallbetrieben nachgefragt, um mir das Vorhaben genauer erklären zu lassen. Kein Problem, hieß es, ich könne kommen. Ich biege auf das Betriebsgelände der Abfallwirtschaftsbetriebe Münster (AWM) ein, stelle den Wagen ab und stehe ziemlich unvermittelt vor Andreas Dellbrügge. Er führt mich dahin, wo noch alles sauber ist, denn Dellbrügge führt die hofeigene Boutique – die Kleiderkammer der Abfallbetriebe. Schuhkartons stehen regalhoch, und genauso hoch stapeln sich auch Jacken und Hosen. Nur die Vielfalt fehlt, jeweils nur ein Modell im Angebot. Aber dafür fällt die Farbe auf: orange mit Reflektionsstreifen. Dazu ein Paar schwarzer Schuhe, die allerdings keinen schlanken Fuß machen. Es sind stahlkappenverstärkte Arbeitsschuhe, die mir Andreas Dellbrügge reicht. Adrett sollte man schon aussehen bei den Abfallwirtschaftsbetrieben in Münster. Müllabfuhr und fegen, sagt er, fielen bei der Kundschaft schließlich unter »Wochen-Highlight«.

Ich brauche das alles. Denn ich möchte meine Recherche dort beginnen, wo der Abfall zur wiederverwertbaren Ware wird – hinten auf einem Mülllaster stehend, dieselgetrieben von Haus zu Haus, von Tonne zu Tonne.

Klar erzähle ich, dass ich gelernter Entsorgungstechniker bin, allerdings zwanzig Jahre in meinem Beruf nicht mehr gearbeitet habe. Die Müllwerker lachen, alter Kollege und so, und wir gehen auf den Lkw zu. Die Männer von den Abfallbetrieben Münster zeigen mir, wie der Job heute läuft. Draußen stehen schon die Kollegen, der Gitterrost hinten rechts auf dem weißen Müllfahrzeug ist frei. Ich steige auf, mein Tanz auf dem Müll beginnt.

Es gibt Berufe, die sich kaum verändern. Vor Jahrzehnten waren die Tonnen noch blechern, und als Kind habe ich nicht nur das elegante Abschwingen der Müllmänner vom ausrollenden Lkw bewundert, sondern auch, wie sie die runden Tonnen von den Hauseingängen zum Wagen hindrehten – in jeder Hand eine. Heute sind die Tonnen eckig und aus Kunststoff, sie haben Räder und sind bunt. Aber holen und schieben und einhängen – das ist gleich geblieben. Hundertfach am Tag. Es gibt einen Rhythmus bei der Arbeit, und man kann sich daran gewöhnen. Ich höre Zischen, ich spüre, wie das Öl in die Hydraulikschläuche fährt, das Schlagen der Tonne gegen die Fassung beim Kippen und dieses leichte Aufprallen auf das Pflaster, wenn sie leer ist.

Wenn er will, ist der Müllmann heute auch Kontrolleur. Wer nach dem Kippen reinguckt, kontrolliert, ob die Tonne leer ist. Wer vorher reinguckt, sieht, ob der Müll richtig getrennt wurde.

»Wenn wir in einer Tonne etwas Falsches finden, muss der Besitzer damit rechnen, dass wir sie einfach stehen lassen«, sagt der Kollege.

Wir suchen uns den Weg durch die Stadt, immer der Spur der Tonnen nach, bis der Müllwagen randvoll ist. Auf dem Hof der Abfallwirtschaftsbetriebe schaue ich mir unsere Beute genauer an. Hier öffnet der Lkw per Knopfdruck sein großes Maul. Es würgt alles aus, was ihm die Haushalte zugemutet haben: eine Masse stinkenden Mülls, ein großes Durcheinander.

Ich gebe jetzt den Nachlassverwalter und schaue mir die Ladung genauer an. In dieser Charge jedenfalls soll keine einzige Verpackung drin sein, keine Dose, kein Papier und kein Bioabfall. Doch davon kann keine Rede sein. Ich finde: Verpackung, Dosen, Papier und Bioabfall. Ich fingere eine Colabüchse heraus – für die hätte es sogar Pfand gegeben.

Ein paar Meter weiter speien andere Müllwagen den Inhalt der gelben Tonnen aus. Eigentlich sollten hier nur Verpackungen drin sein: Folien, Becher, Tüten. Aber ich brauche nicht lange und finde ebenfalls vieles, was hier nicht hingehört: Videokassetten, Kopfhörer, sogar ein Radio. Die Einführung der gelben Tonne sollte ein Meilenstein zum bestmöglichen Recycling werden. Ein Geschäft, das deutschlandweit von nur zehn Unternehmen beherrscht wird.

Die gelbe Tonne: Sie wird mein Pläsier während dieser Recherche.

Gelbe Tonne, was bringt das? Funktioniert die Idee? Funktioniert sie für alle? Ein Kollege gibt mir den Tipp, mich einmal in Duisburg umzusehen. Einer Bekannten von ihm war aufgefallen, dass ihre Nachbarin im Haus nebenan ihren gesamten Müll in einer Tonne entsorgt, während sie selber ihren Abfall trennen muss. Das will ich mir ansehen, lasse mir die Adresse geben und fahre hin. Es würde bedeuten, dass es eine Wahlmöglichkeit gibt, von der ich bislang noch nichts wusste. Ich bin immer noch im Sammelmodus, sauge mir Informationen aus den Bereichen »habe ich gehört«, »habe ich gesehen« und »hat mir einer erzählt«.

Ich treffe Ingrid Johann*, eine ältere Dame, die mir das mit der einen Tonne bestätigt. Nein, sie habe keine gelbe, und ja, sie schmeiße alles ungetrennt in einen grauen Restmüllcontainer. Wir nehmen uns die Zeit und gehen ein Stück hinüber. Er steht nicht im Hof oder im Garten, er steht an der Straße. Seinen Deckel hat der Hauseigentümer mit einem Vorhängeschloss sicherheitshalber verschlossen. Die Mieter haben Schlüssel.

»Da dürfen wir alles reintun«, sagt sie, »dafür zahlen wir ja auch mehr.«

Und im Nachbarhaus ist schon wieder Ökoland, das Reich der bunten Tonnen. Ingrid Johann und ihre Mitbewohnerinnen haben sich freigekauft. Das verstehe, wer will. Ich jedenfalls verstehe es nicht.

Die Mülltrennung ist ein Farbenspiel, für das man ziemlich viel Platz benötigt. Und das kompliziert zu sein scheint. Ich vermute, dass sie, wenn man es wirklich genau nimmt, eine echte Herausforderung sein kann – und das wohl nicht nur für Ingrid Johann. Bonn ist die Stadt in der Nähe, die damit wirbt, sehr viel Wert auf saubere Mülltrennung zu legen. Ich hingegen glaube, dass es damit, die Konservenbüchse in die gelbe Tonne und das Papier, in das der Fisch eingewickelt war, in die graue zu werfen, nicht getan ist. Es ist schwieriger.

Nur zum Spaß bereite ich ein Trenn-Experiment mit Fußgängern auf dem Bonner Marktplatz vor. Bei Richard Münz, dem stellvertretenden Vorstand der Bonner Abfallwirtschaft, habe ich mich erkundigt, ob man mir ein paar Mülltonnen dazu auf den Marktplatz stellen würde. Das war kein Problem, Münz selber möchte dabei sein.

Ein paar Tage später warte ich morgens auf dem Marktplatz auf einen kleinen Lkw, der auch alsbald kommt. Ein Mitarbeiter lädt eine grüne Bio-, eine blaue Papier-, eine gelbe Verpackungsmaterialien- und eine graue Sondermülltonne ab. Zwei Stehtische ergänzen das Ensemble. Farbtupfer auf den grauen Wackersteinen des Platzes, man könnte fast den Eindruck kriegen, ich befände mich im Wahlkampf.

Was also gehört in welche Tonne? Flaschen, Dosen, Joghurtbecher. Wie sortieren das die Menschen in Bonn? Als Erste spreche ich eine Mutter an, die mit ihrer Tochter des Weges kommt. Ich erkläre das Spiel, die mitgebrachten und natürlich sauberen, weil ausgespülten Behälter warten auf Verwertung. Ich halte ihnen zum Beispiel Joghurtbecher hin.

»Gelb!«

»Und die Deospray-Dose?«

»Restmüll!«

So geht es weiter: gelb, grau, blau. Ich verteile die Becher wie Punkte auf den Tonnen. Allein die Tatsache, dass verschiedene Leute die Dinge auf verschiedene Tonnen verteilen, beweist mir, wie kompliziert das System ist – oder, wenn es nicht kompliziert ist, wie wenig sich die Leute wirklich mit dem auseinandersetzen, was Abfall ist.

Eine Dame, die mit Verpackungsnachschub frisch vom Einkaufen kommt, platziert das Deospray auf der gelben Tonne. Die Dose als Verpackung für Spray?

Die Nächste zieht die Pappe von den Joghurtbechern ab und wirft sie in die blaue Papiertonne, während die Becher in der gelben Tonne landen. So geht es weiter, bis ich zum Schluss des Experimentes Richard Münz auf die Bühne bitte. Wenn es einer können muss, dann er.

Seine Antworten kommen schnell, und ich verteile. Als wir zu den Joghurtbechern kommen, die er rasch in der gelben Tonne verortet, habe ich ihn.

»Haben Sie Ihre Brille auf?«, frage ich ihn belustigt. »Schauen Sie mal hier.«

Ich zeige ihm eine Ecke der papierähnlichen Folie, auf der steht: »Bitte getrennt entsorgen.«

Er lacht. »Ach du lieber Gott... Papier und Kunststoff? Habe ich aber selbst noch nie gesehen.«

Münz greift zum Spray: »Diese Deo-Flasche ... die ist nicht leer.«

»Richtig«, bestätige ich ihn, und er sagt: »Sammelstelle!«

»Und wenn sie jetzt leer wäre?«

»Gelbe Tonne!«

Wir machen das Spiel ja nicht, weil es einfach ist, sondern umgekehrt – weil es schwierig ist. Ich zeige ihm die Dose, es ist kein Grüner Punkt drauf, dafür aber das Zeichen für hochentzündlich. Solche Dinge stehen unter Druck, können explodieren und müssen zur Schadstoffstelle gebracht werden. Er stimmt mir zu: »Sie haben Recht, ich habe das verkannt.«

Aber ich kann ihn entlasten

»Jeder, wirklich jeder, den ich heute Morgen gefragt habe, hätte es entweder in die gelbe oder in die graue Tonne geschmissen. Und keiner hätte dieses Spray zur Schadstoffstelle gebracht.« Wo übrigens der Kloreiniger auch hingehört.

Ein netter kleiner Test, seine vermeintliche Einfachheit blendet sogar die Müllexperten.

Das ist ja das Problem: dass nichts einfach ist. In solchen Situationen ist der Mensch geneigt, etwas zu erfinden, das ihm die Arbeit abnimmt. Etwas, das Ingrid Johann und ihren Mitbewohnerinnen entgegenkommt, eine Maschine, die Sortierfehler ausbügelt. Eine automatische Sortieranlage wäre vielleicht die ideale Lösung.

Automatisch getrennt

In Trier steht ein einzigartiger Prototyp, den ich mir genauer anschauen will. Mein Anruf beim Zweckverband Abfallwirtschaft im Raum Trier (A.R.T.) wird erfreut entgegengenommen, so mein Eindruck. Von Köln aus bin ich in zwei Stunden da. Es ist eine nette Gegend, durch die ich fahre. Rheinaufwärts, vom Kölsch-Bier in Richtung Mosel und Riesling-Wein. Die letzten paar hundert Meter bis zum Gebäude der Anlage aber ändert sich die Landschaft rapide, und die Steillagen werden durch gestapelte Müllquader verdeckt. Offenbar Plastik, das bereits gepresst und gebunden auf weitere Verwertung wartet.

Beim Drauffahren aufs Firmengelände blicke ich auf Stahlkonstruktionen, verkleidet mit Wellblech, auf einen Müllspeicher mit zahlreichen Rolltoren, die sich abwechselnd für die pausenlos heranrollenden orangefarbenen Müllfahrzeuge des Zweckverbandes öffnen. Langsam stoßen die Fahrzeuge rückwärts, bis große Bremsklötze ein Weiterrollen verhindern – etwa dreißig Zentimeter vor dem vielleicht zwanzig Meter tiefen Schlund des Speichers. »Hier darfst du das Gaspedal auch nicht mit dem Bremspedal verwechseln«, fällt mir ein. Aber sollte man ja eigentlich nie. An der Seite der Lkw prangt in großen Lettern unser aller Vorhaben: »Weniger Verpackung – mehr Genuss«, doch der Blick in die stinkende Tiefe der Betongrube lässt mich an alles andere denken.

Es ist dieser unbestimmte Gestank, einer, bei dem sich kein besonderer Geruch durchsetzt, sondern der, bei dem sich alle Gerüche zu einem dumpfen Muff vereinen. Dagegen kann kein einzelner Geruch anstinken.

Vor allem lässt mich der erste Blick an eine völlig normale Anlage denken. Auf den zweiten aber ist sie etwas wirklich Besonderes. Hier wird der Müll mithilfe von Bakterien getrocknet, denn nur so brennt er gut. Ist das passiert, packen die riesigen Krakenarme der Kräne zu und verteilen ihn in verschiedene Betonwannen. Es ist der Beginn einer Separierung durch Gebläse, Gewicht, rotierende Stahlblechwalzen und Laufbänder, an deren Ende sauber getrennter Müll steht.

Dr. Max Monzel, der Geschäftsführer der Anlage, sieht die Vision einer intelligenten Mülltrennung mit dieser vollautomatischen Sortierung umgesetzt. Er nimmt mich mit auf den Weg durch die Anlage. Gitterrostgänge längs, Gitterrosttreppen rauf, bis wir in einer Ecke des Werkes in einer Halle stehen, die einen ungewöhnlich sauberen Eindruck macht. Ein Fabrikteil, dessen Förderbänder nahezu keine Gebrauchsspuren aufweisen. Hier fand der Pilotversuch »Alles in eine Tonne« statt, hier wurde vollautomatisch sortiert – ein gelungener Versuch. Und trotzdem stehen die Bänder still.

An diesem sauberen Ort manifestiert sich die wirtschaftliche Macht einer Entsorgungsindustrie, die die Konkurrenz nicht fürchten muss, weil es der Gesetzgeber so will. Denn in Deutschland haben zurzeit nur zehn Firmen eine Lizenz, Verpackungsmüll zu verwerten. Müll – eine ganz schön lukrative Angelegenheit und offenbar zu lukrativ, um sich das Geschäft kaputtmachen zu lassen.

Monzel erklärt mir beim Gehen die Ergebnisse des Pilotversuchs: »Das, was wir da rausbekommen haben, ist nicht anders als das, was wir heute so im gelben Sack sammeln.«

»Sie sagen also ganz klar, das Projekt hat gezeigt, dass man diese Abfallarten alle trennen kann«, stelle ich fest und beginne aufzuzählen: »Es kann der Joghurtbecher da rein, dann die Playmobilfiguren ...«

Monzel findet den Fachausdruck dafür: »... die stoffgleichen Nichtverpackungen. Dinge, die aus Kunststoff sind, die nur keinen Grünen Punkt haben.«

»Und dann auch noch Kaffeepulver, Speisereste ...«

»... der Hausmüll, die ganz normale Restmülltonne, die wir so kennen.«

Ingrid Johann wäre begeistert. Vor allem, weil sie keine Zusatzgebühren mehr zahlen müsste.

Spezialisten bestätigen den A.R.T-Chef: Seine Sortieranlage wäre eine echte Alternative, wenn kommunale

Wettbewerber gegen die gelbe Tonne antreten dürften. Ja, wenn ...

Verbraucher wären froh, dessen bin ich mir sicher. Sie müssten nicht mehr umständlich trennen – nicht in der Küche, nicht in den Tonnen. Monzel nickt und lächelt ein Lächeln, das mit einer kleinen Enttäuschung im Blick daherkommt.

»Ja«, meint er, » wir sind auch der Auffassung, dass das ein guter Weg ist. Ein Weg, der kein akademisches Diplom im Hausmüllsortieren erfordert.«

Sie hätten die Fachpolitiker aus den Bundestagsfraktionen und auch die örtliche Politik mit an den Tisch gebeten, um die Ergebnisse zu präsentieren – nur mit deren Begeisterung sei es nicht weit her gewesen. »Ich glaube nicht, dass man sonderlich amüsiert darüber war, was wir da gemacht haben. Ich glaube schon, dass hier und da das Bestreben war, das System ein bisschen als störend an die Seite zu schieben, damit man das Bestehende bewahrt.«

Ein enttäuschendes Resümee nach einem echten technischen Fortschritt, der sich sowohl finanziell als auch organisatorisch positiv auf der Verbraucherseite niedergeschlagen hätte. Das steht jedenfalls zu vermuten. Ich verabschiede mich von ihm und fahre zurück nach Köln.

In der Redaktion verschaffe ich mir noch einmal einen Überblick. »Das Bestehende«, hat Monzel gesagt. Das Bestehende wird bei mir alle vierzehn Tage abgeholt, heißt gelbe Tonne und kostet den Bürger Geld. Nur zehn Unternehmen dürfen im Moment in Deutschland die gelbe Tonne aufstellen. Sonst keine. Mithin ein exquisiter Zirkel. Bei jeder Verpackung im Handel zahlt der Verbraucher drauf. Die Verpackungsgebühr fließt dann direkt in die Kassen der Müllunternehmer.

Das sind im Budget der Haushalte versteckte Gebühren, die man sich erst klarmachen muss. Mir ist es erst im Laufe meiner Recherche deutlich geworden, dass für den Kunststofftopf, in dem die Hortensie steht, die ich gestern in einem Gartenmarkt gekauft habe, ungefähr ein Cent Gebühr erhoben wird. Jetzt ist ein Cent nicht viel, und die Anzahl der Hortensien, die ich kaufe, ist auch nicht schwindelerregend hoch. Aber beim Müll geht es immer um alle und alles. Das sind immerhin achtzig Millionen Deutsche. Und alle zahlen für solcherart verpackte Blumen und respektive anderes Zeugs eine Milliarde Euro im Jahr.

Ich verstehe langsam, warum die Anlage in Trier still steht. Sie wird abgeblockt.

Das Geschäft mit dem Punkt

Was sagen die dazu, die derzeit Kasse machen? Zum Beispiel der Grüne Punkt. Den kennt jeder. Der Grüne Punkt auf der Verpackung ist das Zeichen für einen verantwortungsvollen Umgang mit dem Müllproblem. Dahinter steht das größte der zehn Unternehmen, die mit der gelben Tonne Geld verdienen.

Ich treffe Norbert Völl, den Pressesprecher der DSD, auf einem Lagerplatz für Plastikmüll. Der sieht von oben fast so aus wie der Stadtplan einer amerikanischen Großstadt: keine runden Ecken, sondern aufeinandergestapelte Blöcke in Längsrichtung mit kleineren Straßen, die quer abgehen. Den Versorgungsverkehr der »yellow cabs« übernehmen hier gelbe Gabelstapler. Wir werfen uns in neongelbe Warnwesten, um vor dem bunten Gemisch der Blöcke für die Fahrer erkennbar zu bleiben.

Als ich Völl von der Automatikanlage in Trier berichte, erwidert er: »Technisch ist das möglich, aber wirtschaftlich macht es keinen Sinn.« Da ist er sich ziemlich sicher. Lokale Anbieter wie die Trierer würden das gesamte System gefährden. Ginge jede größere Stadt einen eigenen Weg, dann blieben kleinere Kommunen auf der Strecke. Um deren Müllberge würde sich keiner mehr kümmern wollen.

Das mit der fehlenden Wirtschaftlichkeit liege eigentlich auch auf der Hand, meint er, weil es in Deutschland vierzehn oder fünfzehn Millionen Tonnen Restmüll gäbe, aber nur 2,3 Millionen Tonnen davon in der gelben Tonne landeten. Und nur die 2,3 Millionen Tonnen aus der gelben Tonne würden heute sortiert.

»Wenn ich das alles zusammenwerfe, dann muss ich plötzlich die zehnfache Menge sortieren«, meint er. Das würde viel höhere Kosten für die Sortierung nach sich ziehen.

»Aber das macht doch die Maschine«, wende ich ein.

»Ja«, entgegnet er, »aber dann muss ich ja zehnmal mehr Maschinen haben, als ich heute habe. Wer bezahlt das denn? Wer kauft denn diese Anlagen? Wer betreibt die dann?«

Diese Fragen stellen sich zwar tatsächlich, aber ich finde, dass sie noch nicht ausdiskutiert sind. All die anderen Anlagen zahlen »wir« doch auch. Ich habe schlicht den Eindruck, dass Veränderung nicht erwünscht ist und dass der Markt unter den wenigen Großanbietern aufgeteilt bleiben soll. Kein anderer soll seine eigene Maschine aufbauen, egal wie gut sie ist. Hätte der Grüne Punkt lokale Konkurrenz, gingen ihm massenhaft Gebühren verloren, da bin ich sicher.

Umweltschonendes Recycling wird so zur Nebensache, denn es geht in erster Linie um die Gebühren. Pro registrierte Verpackung kassieren die Entsorger ungefähr einen Cent. Klar, dass Norbert Völl so etwas wie diesen unregistrierten Plastikblumentopf nicht gerne in der gelben Tonne sieht, den ich gerade aus einem der Blöcke reiße.

Der hat keinen Grünen Punkt, weshalb das Unternehmen auch keine Gebühr dafür kassiert. Für die Maschine sei das egal, meint Völl, sie stelle nur fest, ob es der richtige Kunststoff sei. Und wenn, »dann sortiert die uns das hier rein, und wir verarbeiten das«. Das Problem: Fürs Sammeln und Sortieren, was ja auch Geld koste, gebe es keine Gegenfinanzierung.

Ich frage ihn, ob er den Topf als Fehlwurf bucht.

»Für uns ist es ein Fehlwurf«, bestätigt er mir, »aber ich kann's mit recyceln. Deswegen spricht man auch von einem intelligenten Fehlwurf.«

Der Topf gehöre schon irgendwo mit rein, weswegen der Verbraucher auch nichts falsch damit mache, wenn er ihn über den gelben Sack entsorge. Aber: »Wir haben keine Finanzierung dafür.«

»Sie bekommen eigentlich nur Geld für die Dinge mit dem Grünen Punkt, würden sich aber trotzdem dafür einsetzen, dass man alles reinschmeißen kann, also auch Kunststoffe wie hier diesen Blumentopf?«, frage ich nach.

»Genau.«

»Aber ohne dass Sie Geld dafür kriegen?«

»Die Finanzierung muss natürlich geregelt werden. Eine Möglichkeit wäre, dass die Hersteller auch eine Gebühr bezahlen müssen. Ein Beteiligungsentgelt, damit ihre Abfälle genauso wie die Verpackungen recycelt werden.«

Klar würde das Unternehmen gerne für alles andere,

was hier landet, auch eine Gebühr beziehen. So aber muss es sich lediglich mit dem Materialwert zufriedengeben. Aber der wird angesichts der riesigen Mengen, die hier anfallen, so gering auch nicht sein.

»Für eine Tonne Altpapier bekomme ich mittlerweile sehr viel Geld. Wie ist das eigentlich bei Kunststoff?«, möchte ich von Völl wissen.

»Der Kunststoff, der hier steht, ist Geld wert. Das ist eine bestimmte Kunststoffart, Polypropylen, und so, wie er hier ankommt, sauber sortiert aus der Sortieranlage mit einer hohen Qualität, hat er schon einen Marktwert.«

Einen Marktwert hat alles. Ich merke, dass er mauert, und frage nach dem Tonnenpreis.

»Wir sprechen nicht so gern über Preise«, antwortet er, »aber wir sind da schon im niedrigen dreistelligen Eurobereich.«

Ich verabschiede mich von Norbert Völl. Ich mache also so etwas wie einen Punkt hinter unser Gespräch und verlasse die Häuserschluchten aus sauber sortiertem Polypropylen, die nun wieder von Abertausenden Fliegen bewohnt werden und durch die die Gabelstapler wie Taxen fahren.

Faktum ist, dass jeder der Ballen Kunststoffmüll hinter uns rund 200 Euro bringt. Da kommen aufs Jahr schon einige Millionen zusammen. Zusätzliches Geld, auf die reinen Verpackungsgebühren obendrauf. Doch aus Münster droht ein Frontalangriff auf die privaten Entsorger.

Jede Kommune ist auf der Suche nach Geld. Und Münster versucht, Müll zu Geld zu machen. Das Projekt von Patrick Hasenkamp, dem Werkleiter der Abfallwirtschaftsbetriebe Münster, heißt »orangene Tonne«. Hier soll alles rein, was der Kommune Geld bringt. Vielleicht, so die

Hoffnung, könnten die Müllgebühren dadurch sinken. Ich treffe ihn auf dem Werkshof, wo mich endlich mal eine Tonne mit einem andersfarbigen Deckel anleuchtet. Und das noch bei Sonnenschein. Ein nahezu makelloser Auftritt der orangenen Wertstofftonne. Hasenkamp will ihr sozusagen alle Freiheiten geben. Jedenfalls fast alle Freiheiten; sie soll schlucken, was noch Bares birgt.

Wir stehen inmitten einer Parade aus sauberen aneinandergereihten Mülltonnen verschiedener Farbgebung. Ich frage ihn, was alles in die orangene Tonne hinein soll.

»Die Verpackungen aus der gelben Tonne«, antwortet er, »und dann auch die Nichtverpackungen wie Töpfe, altes Besteck aus Metall oder entsprechend die Kunststoffschale, das Kinderspielzeug aus Kunststoff. Alles das, was von der Größe gefäßgängig ist.«

»Gefäßgängig«! Das Lernen hört nie auf.

Und wie gesagt, in stadtweit aufgestellten Elektroschrottcontainern sollen noch Elektrokleingeräte gesammelt werden. Würde sich die orangene Tonne durchsetzen, hätte die gelbe in Münster ausgedient. Die Entscheidung darüber, ob die neue Tonne endgültig eingeführt werden darf, steht noch aus. Für mich ist klar: Setzt sich die orangene durch, wäre das Geschäftsmodell der privaten Verpackungsentsorger ernsthaft in Gefahr.

Verpackungsmüll, Hausmüll, Wertstoffe – als ich vor über zwanzig Jahren als Entsorgungstechniker in der Lehre war, fing es gerade an, dass aus Müll ein Wertstoff wurde. Und noch einmal suche ich den Weg zurück in meine Vergangenheit und fahre auf die alte Mülldeponie nach Viersen, die sich als friedlicher und grasbewachsener Hügel erhebt, als sei sie originärer Bestandteil der linksrheinischen Landschaft und entfernt verwandt mit dem benachbarten Bergischen Land. Guckt man aber genauer hin, kann sie ihre Herkunft als zusammengeschobener Hügel nicht verhehlen. Das sehe ich auf einem Spaziergang. Schutt und Drahtgestelle ragen aus der grünen Mitte, es wird noch etwas dauern, bis die Narben verwachsen.

Vielleicht haben wir damals ein bisschen Altpapier, Glas oder Metall aussortiert. Inzwischen ist Müll ein Milliardengeschäft. Immerhin kommt heute keiner mehr auf die Idee, Plastik einfach so zu verbuddeln. Heute versucht man, irgendetwas Sinnvolles aus diesem Abfall herzustellen. Was wird aus einem alten Joghurtbecher? Ein neuer?

Nach dem Aussortieren wird er zu pastillengroßen Granulat-Kügelchen verarbeitet. Gemeinsam mit allem anderen, was sonst so in der gelben Tonne liegt. Grau, winzig, massenhaft viel – die Besonderheit eines rosa Joghurtbechers mit frischem Blaubeeraufdruck geht am Ende auf in einem Meer dunkelgrauer Kügelchen. Was passiert dann damit?

Müll bleibt Müll

Jetzt steht mir meine größte Enttäuschung bevor. Beim Surfen durchs Internet und auf der Suche nach einem Unternehmen, das recyceltes Material wieder in der Produktion einsetzt, bin ich beim Verpackungshersteller Jokey in Gummersbach gelandet. Jokey ist einer der Großen der Branche. Die Verabredung mit dem technischen Leiter des Betriebs, Frank Diesterbeck, gelingt ohne Weiteres.

Gummersbach, allein der Name beflügelt meine alte Handballleidenschaft. Hansi Schmidt, Heiner Brand und vor allem der 1979 bei einem Handball-Europapokalspiel verunglückte Joachim Deckarm waren die Helden meiner Kindheit. Ist Gummersbach, die Stadt der Linden und des Handballs, auch eine Stadt des Recyclings?

Nee, ausgeträumt, und Schuld daran trägt Frank Diesterbeck, der mich kurz nach meiner Ankunft auf dem Firmengelände begrüßt und mich gleich mit in die Produktion nimmt.

Diesterbeck verpasst mir und sich erstmal eine blaue Haube aus Plastik, bevor wir die Halle betreten. Diese quasi chirurgische Aufhübschung verblüfft mich, weil wir ja eigentlich nur eine Eimerherstellung besuchen, zeigt mir aber, wie genau man es hier mit der Sauberkeit nimmt. Um uns herum palettenweise Kunststoffeimer und -wannen, weiß, blau, weiß, blau. Ich sehe Transportbänder, auf denen die Eimer sich im Takt der zischenden Maschinen fortbewegen. In Farben, die nicht besonders nach den grauen Kügelchen aussehen, die das Ausgangsmaterial für recycelte Produkte sind. Mülltrennung im Haushalt, gelebter Umweltschutz – was kann man wirklich aus dem alten Plastik machen?

Diesterbeck liefert die Aufklärung. Er drückt mir einen grauen Eimer in die Hand: »Hier handelt es sich um ein Gebinde aus Recyclat, und da könnte mal ein Joghurtbecher drin gewesen sein.«

Ich gucke auf die Parade der Eimer und frage ihn nach dem Unterschied. Mal abgesehen von der Farbe.

»Das, was wir im Moment um uns rum haben, sind Neuwaren«, meint er, »das heißt, die Gebinde sind aus neuem, extra für uns angefertigtem Material produziert worden. Es hat eine Lebensmitteltauglichkeit.«

Ich drehe meinen grauen Eimer um und sehe ein Zeichen: ein Glas und eine Gabel sind durchgestrichen.

»Das heißt, hier darf keine Mayonnaise oder kein Ketchup rein?«, frage ich ihn.

»Genauso ist es«, bestätigt er mir, »das, was wir hier haben, ist erst im Haushalt gewesen. Keiner weiß, was man damit gemacht hat. Wollen wir uns alle auch nicht vorstellen. Da könnten jetzt Dinge drin sein, die, ja, nicht so schön sind für uns.«

Wir gehen rüber zu einer Tonne, die schätzungsweise Millionen der kleinen, grauen Kügelchen fasst, die einem so schön durch die Finger rinnen.

Etwas Vernünftiges kann man aus einem alten Joghurtbecher offensichtlich nicht herstellen, geht es mir durch den Kopf. Irgendwo bleibt Müll – Müll. Der neue Behälter ist nicht hygienisch genug und darf nicht mit Lebensmitteln in Kontakt gebracht werden. Außerdem: Produkte aus Recycling-Granulat bleiben dunkel und riechen oft schlecht.

Ich frage mich, ob die Eimer in Sachen Haltbarkeit mit Neuware mithalten können. Diesterbeck lädt mich zu einem kleinen Labortest ein. Eimer aus altem gegen Eimer aus neuem Material. Ich befülle beide mit Granulat und drücke einen Deckel drauf. Sie sind jetzt schön schwer und stehen auf einer Plattform über einer Art Fallgrube. Die Plattform öffnet sich, beide stürzen etwa 1,50 Meter in eine Wanne. Ein harter Aufprall. Welcher Eimer hat den Falltest bestanden?

Ich öffne den Deckel des recycelten Eimers und sehe einen Riss im Plastik. »Hier ist er kaputt gegangen«, murmele ich.

Frank Diesterbeck hat es gewusst. Es sei eben DSD-Material: »Dort haben wir den Nachteil, dass das Material etwas schwerer zu verarbeiten und etwas spröder ist.«

Und wo liegt der Vorteil?

In der ganzen Halle gibt es nur eine einzige Maschine, mit der Recycling-Material verarbeitet wird. Irgendwo in einer Ecke werden ein paar dunkelgraue Eimer hergestellt. In einem Betrieb, der täglich zigtausende Behälter produziert.

Ich halte meinen grauen Eimer noch in der Hand: »Also spröder, Eigengeruch, nicht im Lebensmittelbereich ...«, resümiere ich, »und wo kann man so einen Eimer einsetzen?«

»Man kann ihn einsetzen für Dispersionsfarbe«, antwortet Diesterbeck. Da falle der Eigengeruch nicht so auf, und Dispersionsfarbe werde in der Regel auch nicht gegessen ...

Mir kommt das Ganze eher wie ein Nischengeschäft vor, und ich frage ihn, ob die Nachfrage in der Industrie so groß sei, dass sich der ganze Aufwand rechtfertigt.

»Zurzeit ist die Nachfrage sehr gering«, antwortet Diesterbeck. »Wir sind diesem Trend gefolgt, wenn man so möchte. Seit einigen Jahren versuchen wir, dieses Material zu verarbeiten, aber der Handel setzt es nur begrenzt ein, weil es dabei kaum einen wirtschaftlichen Vorteil gibt.«

Da kann ich doch gleich einen schönen und neuen Eimer nehmen. Ich habe es befürchtet. Ein paar graue Eimer für Dispersionsfarbe, und das war's mit dem Recyclingmaterial.

»Im Prinzip haben Sie recht«, sagt Frank Diesterbeck und lacht.

Schöne neue Plastikwelt. Ich denke an das ganze Zeug, das sich in Tausenden von Kinderzimmern ansammelt, an Piratenschiffe, an Kinder-Rasenmäher, Schaufel, Eimer, Kisten, Kästen: Ich dachte immer, solcher Kunststoffkram wäre aus recyceltem Material. Jetzt weiß ich es besser: Alles, was hell und bunt und vor allem durchsichtig ist, wird aus kostbarem Öl mit hohem CO_2-Verbrauch hergestellt.

Wo also landen die ganzen Plastikkügelchen? Jetzt ist es schon so weit, dass der bloße Blick auf eine Mülltonne bei mir ein Raster ablaufen lässt. Recycling und der Grüne Punkt, die Idee hatte Zugkraft, sie hatte Überzeugungskraft. Und was ist übrig geblieben?

Alle meine Überlegungen laufen auf eine Frage zu. Sie lautet: Sind wenigsten die dunkelgrauen Mülltonnen aus dem Recycling-Material? Ich finde, solch eine Tonne könnte ruhig ein wenig riechen, und essen tut in der Regel keiner aus ihr – außer vielleicht den »Dump-Divern«, die ihren Protest an der Wegwerfgesellschaft dadurch ausdrücken, dass sie sich von Lebensmitteln aus den Abfallcontainern von Supermärkten ernähren.

Alles für die Tonne

Von Dortmund aus, wo ich morgens einen Termin wahrnehme, melde ich mich für den Nachmittag noch bei Ludwig Sahm an, der als Vertriebsdirektor bei dem Unternehmen SSI Schäfer im siegerländischen Neunkirchen arbeitet.

Die Firma hat diverse Tochtergesellschaften und ist in verschiedenen Branchen tätig. Das Standbein, das mich am meisten interessiert, ist die Abfalltechnik und -entsorgung. Auf dem Weg zu Sahm merke ich: Das mit dem Nachmittag war eine leichtfertige Terminzusage, denn die Fahrt auf der Autobahn entpuppt sich als absolutes Abenteuer, weil ein unfassbares Gewitter niedergeht.

Windböen schütteln den Wagen durch, Bäume wackeln bedrohlich. Im Grunde bin ich froh, dass ich überhaupt im Siegerland ankomme.

In Neunkirchen stelle ich den Wagen auf dem Firmenparkplatz ab. Sahm kommt auf mich zu. Er ist schon etwas älter und ein angenehmer Gesprächspartner, der sich im Verlauf unseres Gangs über das wirklich riesige Gelände als absoluter Recyclingfan erweist – und genau die Probleme sieht, die das Recyclingmaterial verursacht.

SSI stellt jedes Jahr 300 000 gelbe Tonnen her, bei denen ja nur der Deckel gelb ist. Der ganze übrige Corpus ist granulat-kügelchen-grau – und zwar genau in dem Farbton des Recyclat genannten wiederverwendbaren Materials, das ich bei Jokey gesehen habe. Wenig später stehen wir in der Produktion. In den Hallen ist es warm, Sahm lässt sein Jackett gleich im Büro, und auch hier nehme ich eine Parade von zig Tonnen ab, die ineinandergestapelt auf weltweite Verteilung warten.

SSI überwacht ständig die Tonnenproduktion, regelmäßige Fall-, Fahrwerks- und Bolzenfalltests gehören dazu. Ich erinnere mich an meinen Münsteraner Einsatz bei den Kollegen von der Müllabfuhr – an die Belastungen für das Material beim Rollen der schweren Tonnen übers Kopfsteinpflaster, beim Hochreißen durch den Greifmechanismus, beim Leerschlagen. Und ich erinnere mich an den Falltest bei Jokey, als der recycelte Eimer nach einem Sturz aus 1,50 Meter einen Riss zeigte. Vielleicht ist es ja doch nicht geeignet, das Recyclat.

Wieder draußen auf dem Hof erzähle ich Sahm von meinem Besuch bei Jokey, den grauen Kügelchen und frage ihn, wie viel Anteile Granulat in jeder produzierten Tonne stecken. Granulat, das über das Duale System das SSI-Werk erreicht.

»Von DSD so gut wie keins«, sagt er, »das wäre Regenerat. Das ist ein vermischter Kunststoff in unterschiedlichen Zusammensetzungen, der die Qualität nicht hergibt. Der hat nicht die Eigenschaften, die wir für einen solchen Behälter brauchen.«

Ich versuche es ein letztes Mal. Ich will unbedingt die Idee retten, die der Bürger deutschlandweit mit Abermillionen an Gebühren bezahlt – und die sich so unglaublich gut über den Umweltschutzgedanken verkaufen lässt.

»Aber es sind doch nur Mülltonnen!«, rufe ich. »Jetzt reicht das Granulat noch nicht mal für die Herstellung von Mülltonnen aus Kunststoff?«

Nein, es reicht nicht. »Wir geben fünf Jahre Garantie und liefern die Tonnen nach Saudi-Arabien und in die Mongolei. Wir müssen für vierzig Grad minus und achtzig Grad plus garantieren, und das können wir nur mit dieser Qualität.«

Ludwig Sahm lässt den Vorhang fallen, keine Chance. Das ist das Fazit meiner Besuche bei den Unternehmen Jokey und SSI Schäfer: Wiederverwertbares Material sucht nach Wiederverwertung. Und zwar ganz, ganz dringend!

Wir trennen also unseren Müll und bekommen am Ende minderwertige Produkte. Der Fachmann sagt »Downcycling« dazu. Recycling ist in vielen Fällen doch sehr beschönigend.

Kann es sein, dass Recycling gar ein Alibi ist, um Gebühren zu kassieren? Hat das alles noch etwas mit Umweltschutz zu tun? Oder wird hier nur ein neuer Markt für Kunststoffprodukte geschaffen? Antworten darauf erhoffe ich mir in Hamburg. Hier arbeitet Michael Braungart. Er ist Chemiker und Verfahrenstechniker, Professor an der Erasmus-Universität in Rotterdam, Geschäftsführer der EPEA Internationale Umweltforschung GmbH in

Hamburg sowie wissenschaftlicher Leiter des Hamburger Umweltinstitutes. Braungart ist also ausgewiesener Experte für wiederverwertbare Kunststoffe. Eines seiner Werke heißt *Einfach intelligent produzieren.*

Beim Eintritt in Braungarts Büro fällt mir sofort die bunte Vielfalt auf, mit der das Zimmer vollgestopft ist. Auf einem Tisch stehen Flaschen, Faltpackungen, Tuben. Der Torso einer Schaufensterpuppe steht auf der Fensterbank, er trägt ein orangefarbenes T-Shirt, den einen Arm wie zum Gruß erhoben. Braungart selbst ist um einen jovialen Ton nicht verlegen. Als wir zum Thema kommen und ich einen Joghurtbecher in die Hand nehme, das Papier drumherum abreiße und davon spreche, dass ich das eine zum Altpapier und das andere in die gelbe Tonne gebe, überrascht er mich mit der Aussage, dass solche Spielereien mindestens schon 100 000 Ehen gerettet hätten.

Vielleicht habe ich nicht richtig zugehört: »Ehen gerettet?«

»Ja, natürlich! Der soziale Effekt ist wunderbar. Stellen Sie sich vor, Sie stehen in der Küche und haben sich als Ehepaar seit Jahrzehnten nichts mehr zu sagen. Nun kann ich fragen, ›Schatz, wie mache ich das am besten?‹, und wo gehört das hin und sonst was. Das ist für die sozialen Dinge schon gut.«

Allerdings: »Für die Umwelt bringt das gar nichts!«

Das Papier sei Sondermüll, damit sei kein Recycling möglich. Die Farben, die Kunststoffe, die optischen Aufheller – alle nicht fürs Recycling gemacht. Der Becher sei nur hergestellt, um möglichst leicht und möglichst billig zu sein.

»Mit Umwelt«, meint der Wissenschaftler, »hat das nichts zu tun. Und insofern ist das egal, ob Sie das abreißen oder wegschmeißen oder sonst was.«

Dass es auch anders geht, zeigt mir der Umweltforscher Michael Braungart am Beispiel von Teppichen, Hemden, Flaschen, Stühlen, Bechern und – Turnschuhen. Die haben es mir besonders angetan. Ich nehme einen von ihnen in die Hand. »Was ist das Besondere daran?«

»Dieser Schuh kann einfach im Kompost oder in der Landschaft landen«, sagt Braungart. »Zwei, drei Monate, dann ist er komplett zersetzt.«

Es war ein gutes Gespräch mit ihm. Ich bedanke mich dafür und verabschiede mich.

Beim Schlendern in Richtung U-Bahn-Station überquere ich einen Wochenmarkt. Ich gehe vorbei an frischem Obst, an Gemüsen und an Imbissen. Schalen und Tüten, wohin ich schaue, einzeln abgepackt landen vier kleine Tüten letztendlich in einer großen. Ich erinnere mich an eine Meldung in den Nachrichten: Acht Millionen Tonnen Kunststoff landen jährlich in den Ozeanen.

Umweltforscher wie Michael Braungart setzen auf Müllvermeidung. Tatsache aber ist: Es wird immer mehr verpackt.

Mr. Green Dot

Vor über zwanzig Jahren wollte die Bundesregierung erstmals gegensteuern. Schluss mit dem Verpackungswahnsinn war schon damals das Ziel. Mit dem Grünen Punkt sollte alles besser werden. Ein aufwändiges Mülltrennsystem entstand, und am Ende der Verwertungskette erlebe ich: minderwertige graue Eimer. Die Frage, die sich mir nach wie vor stellt, ist die, ob Mülltrennung nicht ein sinnloser Volkssport ist.

Der ehemalige Bundesumweltminister Klaus Töpfer hat den mittlerweile weltbekannten Grünen Punkt einge-führt. Vor 22 Jahren war dessen Geburtsstunde.

Ein Treffen mit Töpfer gelingt am Rande einer Ver-anstaltung der Deutschen Welle im Plenarsaal des al-ten Bundestages in Bonn, in einer Pause des »Global Me-dia Forums« hat er ein paar Minuten Zeit für mich. Hinter uns hängt der als »fette Henne« verspottete Bundesadler an der Wand, vor uns aber liegen die immer noch gleichen Probleme. Ich erinnere Töpfer daran, dass er als Politiker die Hersteller von Verpackungen dazu zwingen wollte, weniger zu produzieren.

»Aber heute werden genauso viele Verpackungen pro-duziert wie noch vor zwanzig Jahren. Warum sind das nicht weniger geworden?«, frage ich ihn.

»Also, wenn es so ist, dass – in Anführungsstrichen – ›nur‹ wie vor zwanzig Jahren produziert wird, und wenn Sie sehen, welchen wirtschaftlichen Wachstumsprozess wir gemacht haben, wie wir anders konsumieren, dann ist das ja schon ein großer Erfolg«, findet Töpfer. Überall würden die Abfallberge deutlich ansteigen: »Kommen Sie mal nach Neapel, da sehen Sie, wovon ich rede.«

Ich habe zwei Kunststoffeimer mit und zeige Töpfer erst den weißen. »So müsste es eigentlich sein, wenn man Kunststoff recycelt«, finde ich. Sauber, ein Kreislaufsys-tem, das immerwährend aufnimmt und zurückgibt.

»Nun ist es aber so«, fahre ich fort und halte ihm mein graues Paradestück entgegen, »dass nur das dabei heraus-kommt.« Zwar recycelt, aber nicht gut zu gebrauchen und kaum nachgefragt.

Klaus Töpfer versucht, die Idee zu retten, die ja auch ein wenig sein Lebenswerk ist. Er pocht darauf: »Diese Dinge gehören aber zumindest in einen Bereich hinein, wo sie wieder verwertet wurden. Vorher wurde es weggeschmissen. Jetzt ist es zumindest zu einem Zweck vorhanden!« Und er erzählt, dass sie sich ganz am Anfang schon die Frage gestellt hätten: »Was machen wir überhaupt mit gebrauchtem Kunststoff?«

Eine Frage, die sich auch heute noch stellt.

Als ich den ehemaligen Bundesumweltminister frage, welchen Bereich des Dualen Systems er gescheitert sieht, antwortet er: »Ich sehe überhaupt keinen gescheitert. Ich sehe, wir haben eine völlig neue Denkweise eingebracht. Ich war acht Jahre in Afrika und war in der gesamten Welt verantwortlich für Umwelt. Überall, wo ich hingekommen bin, war ich Mr. Green Dot. Gehen Sie mit mir zum Bundesverband der Deutschen Industrie. Wenn die ihr Rohstoff-Forum haben, dann spricht man dort sehr freudig darüber, dass wir Weltmeister im ›urban mining‹ geworden sind. Das ist nichts anderes als eine Nutzung der Rohstoffe, die wir in den Städten haben. Alles das bestätigt mir eigentlich ...«

Er stockt kurz und guckt mich direkt an: »Sie sollten mal mit positiven Augen dahin sehen. Sie sind als Journalist verpflichtet, das Negative zu sehen, aber ein bisschen, an dieser Stelle, liegen Sie falsch!«

Klar: Müll zu trennen ist immer noch besser, als ihn zu deponieren. Aber die großen Recycling-Erfolge habe ich mir dann doch etwas anders vorgestellt. Denn etwa zwei Drittel von dem Verpackungsmüll aus der gelben Tonne wird schließlich am Ende verbrannt. Er geht zum Beispiel als Brennstoff in Zementwerke. Oder wird schlicht und einfach in Müllverbrennungsanlagen verheizt.

Dafür haben wir Müll getrennt?

Es geht noch absurder: Was wir in der Küche mühsam getrennt haben, wird in der Verbrennungsanlage zum Teil wieder zusammengeschüttet. Verpackungen, ganz normaler Hausmüll – letztlich doch ein einziger Haufen. Unfassbar: Müll aus gelber und der Restmülltonne wird gleichermaßen als Brennstoff verwendet.

Ingrid Johann aus Duisburg hat nur eine Tonne. Da sie nicht trennt, muss sie mehr zahlen. Und das ist nicht gerade wenig. Kein Wunder, dass sie ihren Container mit einer Kette gegen fremden Müll sichert. Denn was passiert, wenn nicht?

»Dann kommen die ganzen Nachbarn aus den Häusern gegenüber«, sagt sie, »und werfen ihr Zeug in meine Tonne.«

Das ist ohnehin ein Phänomen. Man muss nur die Augen offen halten und entdeckt überall im Land verriegelte Müllcontainer. Einfache Ketten reichen zum Schutz kaum noch aus. Deshalb habe ich meinen alten Kontakt zu den Abfallwirtschaftsbetrieben in Münster noch einmal aufleben lassen und mich mit Rolf Grahn* unterhalten. Beim Streifzug durch die Straßen führt er mich zu einer Tonne, die mit einem Schwerkraftschloss gesichert ist, wofür der Nutzer elf Euro im Jahr zusätzlich zu den Abfallgebühren zahlen muss

»Das heißt, nur wer den Schlüssel dafür hat, kann diese Tonne öffnen«, sagt er. Der Deckel gibt auch bei schwerstem Kraftaufwand keinen Millimeter nach. Gibt es so etwas wie Müllkriminalität?

»Ja«, bestätigt mir Grahn, »die gibt's wirklich, ja!«

Es gibt also nicht nur das weltweite Phänomen des kriminellen Verschiebens von Sondermüll nach Afrika und Asien, sondern auch – den Nachbarn von gegenüber.

Es sind ja oft die kleinen Geschichten, die einen an der großen Idee zweifeln lassen. Jetzt kommt noch die von Maria Müllenmeister* hinzu. Sie ist Flugbegleiterin, hat von meiner Recherche erfahren und möchte ihr noch eine Facette anfügen. Sie wohnt in Köln, und als ich vor ihrer Haustür parke, kommt sie mir schon entgegen – praktischerweise mit einem Müllsack in der Hand. Als ich sie frage, was in dem Abfallbeutel drin ist, sagt sie: »Pizzakartons, Kaffeeprütt und Erdnussschalen – Restmüll also.« Sie schlendert rüber zu einer gelben Tonne und . . .

»Stopp mal, das ist doch jetzt die gelbe Tonne!«, wende ich ein.

»Wir haben leider gar keine andere«, sagt sie. Die anderen, die grauen Tonnen, seien leider abgeschlossen, und auch sie selber habe keinen Schlüssel. Das nun legt allerdings die Vermutung nahe, dass ihr Vermieter die Entsorgung des gesamten Hausmülls über die gelbe Tonne favorisiert, um sich die Anschaffung einer weiteren grauen Tonne zu ersparen.

Arbeit im Kraftfeld der Hitze

Es stinkt beim Thema Müll. Meine Recherchen ergeben, dass überall dort besonders hohe Müllgebühren anfallen, wo eine Stadt oder Gemeinde langfristige Verträge mit einer Verbrennungsanlage geschlossen hat. Eine der Statistiken verweist auf den Kreis Wesel. Dort ist der Müll besonders teuer. Er wird in Asdonkshof bei Kamp-Lintfort verbrannt. Ich rufe dort an und verabrede mich mit dem Geschäftsführer Peter Bollig.

Die Anlage allein wegen ihres zweihundert Meter hohen Schornsteins als Landmarke zu beschreiben trifft es nur halb. Denn auf der benachbarten fünfzig Hektar großen Deponie wird die Schlacke von jährlich etwa

260 000 Tonnen Müll gelagert, bis sie zum Beispiel zur Schachtverfüllung abtransportiert wird – ein ziemlich großes Areal, auf dem riesige Schaufelbagger mit dem Modellieren einer Mondlandschaft beschäftigt sind. Kein Baum, kein Strauch – nur Masse. Aber wenn man Glück hat, kann man über dem Gebiet auch ein Wanderfalkenpärchen fliegen sehen, das in etwa hundert Metern Höhe am Schornstein sein Nest hat und das zudem recht häufig auf dem Deponiezaun sitzt. Bagger und Falke – beide sind Greifer.

Bollig begrüßt mich, und bevor wir uns auf den Weg zum Müllbunker machen, drückt man mir einen Sicherheitshelm in die Hand. Es ist warm draußen, und kaum sind wir im Bunker, wird es drückend. Er fasst 10 000 Tonnen Müll und sichert damit drei Wochen ununterbrochenen Verbrennungsbetrieb. Die Größe eines umbauten Raums nimmt man normalerweise vor einem Gebäude stehend wahr. Wenn man allerdings in die acht Stockwerke tiefe Müllgrube schaut, offenbart sich Größe noch einmal anders. Wieder ist es dieses dumpfe Chaos, in das die Zangen der beiden Müllgreifer fallen, um in einem ewig gleichen Turnus mit ruhigen Bewegungen und 365 Tage im Jahr den Müll zu mischen oder – nach etwa zehn Tagen – in die Trichter zum Verbrennen zu geben. Erst dann hat er die richtige Konsistenz und den richtigen Trocknungsgrad.

Als ehemaliger Entsorger darf ich ans Steuerpult. Ein Mitarbeiter räumt seinen Platz für ein paar Minuten, ich setze mich, belebe lang zurückliegende Erinnerungen und bewege mit dem Joystick Tonnen von Müll. Vor, zurück, links, rechts, hoch, runter. Die Zangen glänzen silbrig und sauber, sauber vom Dreck, und als ich den Greifer öffne, löst sich als Letztes eine Matratze.

Die Kollegen berichten davon, dass der Betrieb brummt.

Und wie, das merke ich später, als ich durch ein Sichtfenster direkt in den 1100 Grad Celsius heißen rotglühenden Höllenschlund schaue. Ich sehe im Feuersturm einzelne Teile am Fenster vorbeistieben, als wollten sie sich in wildem Flug vor den Flammen retten – bevor sie jäh zu Asche zerfallen.

Solche Anlagen, wie Hochöfen auch, spürt man körperlich, sie haben Kraftfelder und teilen ihre Hitze der Umgebung mit. Ja, sie brummen.

In Asdonkshof jedenfalls fahren alle Schichten unter Volllast, was erstmal gut für uns Verbraucher ist. Denn: Wenn das nicht so wäre, wären die Gebühren noch höher. Der Hausmüll allein aber lastet die großen Anlagen oft nicht vollständig aus. Eine Herausforderung für die Anlagenbetreiber. Als Konsequenz gehen sie in den internationalen Wettbewerb. Hier kämpfen sie um jede Tonne zusätzlichen Gewerbemülls. Und damit um weitere Einnahmen für ihre überproportionierten Verbrennungsanlagen.

Bollig ist ein Mann mit großer Erfahrung im internationalen Müllwettbewerb. »Irgendwo muss der Müll ja herkommen«, stelle ich fest, nachdem wir die Anlage verlassen haben, um uns draußen in der Wärme der Sonne von der Hitze des Ofens zu erholen. England, Holland, Italien: »Sagen Sie: immer her damit?«

»Jetzt können Sie sich natürlich fragen: Pest oder Cholera?«, antwortet der Geschäftsführer. »Sie können auf der einen Seite sagen: Gut, ich beteilige mich nicht daran, und möglicherweise bin ich danach eine der wenigen Anlagen, die immer schlechter ausgelastet sind als andere. Oder ich beteilige mich daran, bin dann im Wettbewerb und gucke, ob ich eine Chance habe, den Abfall zu bekommen. Mal bin ich dabei, mal bin ich nicht dabei.«

Es muss also Abfall aus dem Ausland nach Nord-rhein-Westfalen geholt werden, um die Öfen vollzube-kommen. Es braucht also Müll-Manager. Um mir die Ar-beit erklären zu lassen, nehme ich Kontakt mit der Kölner Müllverbrennungsanlage auf. Mitarbeiter Andreas Loh-mann* will mir sein Geschäft erklären, es ist für ihn Rou-tine. Sein Job ist es, die Kölner Müllverbrennungsanlage auszulasten, indem er Müll aus ganz Europa besorgt. Wir gehen rüber in sein Büro, wo er einen Schrank öffnet, in dem zwei Reihen Aktenordner fein säuberlich Lohmanns Geschäfte mit dem Müll dokumentieren. Sie sind seine ganz persönliche Leistungsschau. Aus ganz Europa lotst er Müll nach Köln. Aufträge, die viel Geld in die Kasse bringen.

»Sind Sie so etwas wie ein Mülleinkäufer?«, frage ich ihn.

»Wenn Sie das so sagen, würde ich das bejahen«, ant-wortet er, »ich kümmere mich darum, dass die Verbren-nungsanlage hier ausreichend Abfall zum Betrieb hat.«

»Aber die Stadt Köln hat eine Million Einwohner«, meine ich, »muss doch reichen ...«

»Die Verbrennungsanlage kann aber wesentlich mehr verbrennen, als Hausmüll hier in der Gegend zur Verfü-gung steht«, stellt der Müll-Akquisiteur fest. Somit sei er auch in anderen Bundesländern aktiv. Und im Ausland. Lohmann bereitet gerade einen neuen Deal vor. Er blättert einen Ordner auf. 400 Lastwagen mit Müll aus Großbri-tannien sollen bald nach Köln rollen. Deutsche Müllver-brennungsanlagen verfeuern jährlich Hunderttausende Tonnen ausländischen Mülls.

Es ist ein Geschäft, aber ein absurdes, denke ich noch. Wir reden hier von Hausmüll, von Abfall, der jeweils vor der eigenen Haustür entsteht, aber Tausende von Kilometer durch Europa gekarrt wird, um lediglich verbrannt zu werden.

»Wir gehen auf die Kunden in grenznahen Gebieten zu«, erklärt Lohmann weiter, »für die ist das manchmal sogar interessanter, einen Abfall zu exportieren, als im eigenen Land zu lassen. Zusätzlich haben wir die aktuelle Situation in Großbritannien.«

Ich frage ihn danach, und er erklärt mir, dass das Land, in dem der Müll lange nur deponiert worden ist, nun durch EU-Vorgaben gezwungen wurde, Abfälle zu recyceln oder aber zu verbrennen. Das Problem: »In Großbritannien sind gar nicht genügend eigene Kapazitäten vorhanden.«

Es ist ein Wahnsinn, denke ich. Wir haben die Überkapazitäten, die haben den Müll. Die gelbe Tonne hat einen völlig absurden Effekt. Der Verpackungsmüll, der hier gesammelt wird, fehlt letzten Endes in den Müllverbrennungsanlagen. Es wird also ausländischer Müll herangeschafft, damit die Anlagen hier wirtschaftlich arbeiten können – und die Bürger nicht noch mehr zahlen müssen.

Auf diese Weise hat die Kölner Abfallentsorgungs- und Verwertungsgesellschaft allein im vergangenen Jahr neunzehn Millionen Euro Gewinn erwirtschaftet. Ich treffe mich mit Christoph Busch, dem Geschäftsführer, im Steuerstand der Anlage, einem halbrunden Raum, in dem Dutzende von Messgeräten und Monitoren stehen oder an Wänden montiert sind. Kameras überwachen den Brennvorgang, die Bilder wirken wie gemütliche Kaminfeuer. All die Geräte sind Blutdruckmesser, alles Herzschrittmacher einer Anlage, die etwa 700 000 Tonnen Müll im Jahr verbrennt.

Ich erläutere Busch mein Unverständnis: Einerseits

soll man so viel Müll wie möglich trennen und wiederverwerten, andererseits sind aber die neuen Anlagen in einer Größe konzipiert, die nichts mehr mit der Verarbeitung von »lokalem« Abfall zu tun hat. Wie passt das zusammen?

»Eigentlich müsste doch auf all den Wagen, die hier im Kölner Raum rumfahren, stehen: ›Bitte bringt uns so viel Müll wie möglich. Wir möchten gerne ausgelastet sein...‹«, sage ich.

»Das ist ein Spagat«, erklärt er mir. »Auf der einen Seite wollen wir natürlich mehr Recycling, dem können wir uns auch nicht entgegenstellen, im Gegenteil. Wir machen es ja selbst auch. Auf der anderen Seite brauchen wir aber mehr Abfall. Das heißt: Angebot und Nachfrage müssen sich einander anpassen.«

»Aber wie geht das? Sie sprechen von den Überkapazitäten...«

Busch macht die erwartete Rechnung auf: »Entweder müssten Anlagen vom Markt genommen, also Kapazitäten reduziert werden, oder aber es muss von anderswoher Abfall dazukommen. Dazu würde sich momentan sicherlich für eine längere Übergangszeit noch das europäische Ausland anbieten.«

Jede Müllverbrennungsanlage, so kommt es mir vor, ist mit der Lunge eines Tour-de-France-Fahrers zu vergleichen. Sie ist so groß, dass eine Embolie droht, wenn er nicht mehr trainiert. Herz und Lunge von Leistungssportlern sind wettkampfangemessen auf ein Mehr trainiert – nicht auf ein Weniger. An ein Weniger müssen sie sich erst langsam gewöhnen. Abtrainieren sagt man, glaube ich. Leider können Verbrennungsanlagen nicht »abmüllen«.

Ich kann nicht verstehen, warum wir ausländischen

Müll verbrennen, während wir gleichzeitig jeden Joghurtbecher in die gelben Tonnen aussortieren. Um mir die politischen Hintergründe einmal erklären zu lassen, setze
ich mich nach meiner Rückkehr in die Redaktion und
schreibe eine E-Mail an das Umweltministerium Berlin.
Ich bitte um ein Interview. Und das im Verlauf der folgen-
den Wochen mehrmals.

Ohne Erfolg. Man will sich meinen Fragen nicht stellen.

Gebühren für Phantommüll

In Duisburg hat sich bereits vor Jahren Widerstand gegen
zu hohe Müllgebühren formiert. Die Tageszeitungen berichteten immer mal wieder ausgiebig davon. Es gab bereits einen Prozess vor Gericht. Dabei kam heraus: Die
Duisburger haben weniger Müll für die Verbrennungsanlage produziert, als kalkuliert war. Laut Vertrag hätte es
mehr sein sollen. Haben die Duisburger für Müll gezahlt,
den es gar nicht gab?

Das Oberverwaltungsgericht in Münster hat jedenfalls
im April 2015 ein Urteil des Verwaltungsgerichtes Düsseldorf bestätigt, dass die Kosten für die Gemeinschafts-
Müllverbrennungsanlage (GMVA) Niederrhein in Oberhausen zu hoch kalkuliert gewesen seien. Für die Jahre
2012 und 2013 dürfen 80 000 Duisburger Haushalte mit
einer Rückzahlung von dreißig Euro pro Jahr und Haushalt rechnen. Weitere Klagen für die Jahre 2014 und 2015
stehen an.

Ich fahre zur Müllverbrennungsanlage in Oberhausen, in deren Öfen um die 700 000 Tonnen Müll jährlich

verbrannt werden. Ein riesiges Areal. Hier fährt ein Lkw nach dem anderen vor. Was aus der Umgebung kommt, das reicht hier ebenfalls nicht, weshalb auch hier ausländischer Müll importiert werden muss. Nur so wird die Anlage voll ausgelastet und wirft satte Gewinne für die klamme Kommune ab. Denn die Stadt Duisburg ist an den Gewinnen der GMVA beteiligt. Geld, mit dem sie die Gebühren senken könnte – wenn sie es wollte.

Es ist nicht ganz einfach, aber schließlich gelingt es mir, mich mit Thomas Patermann, dem Vorstandssprecher der Wirtschaftsbetriebe Duisburg, zu verabreden. Das Haus wirkt futuristisch auf mich, es liegt am Hafen, und da ist Duisburg wirklich ganz schön. Patermann begrüßt mich in einem gläsernen Besprechungsraum, zum Interview aber gehen wir auf die Terrasse, die einen weiten Blick übers Areal zulässt, das Wasser, die Speicherhäuser aus rotem Backstein, die blauen Entladekräne davor.

»Warum zahlen die Duisburger Geld für Phantommüll?«, frage ich ihn und erwähne den Vertrag mit der GMVA, in dem steht, dass die Bürger der Stadt 150 000 Tonnen Phantommüll finanzieren müssen, die sie gar nicht produzieren. »Als Duisburger Bürger«, füge ich noch an, »wäre ich stinksauer.«

Patermann versucht einzuschränken: »Ja, das steht allerdings nicht im Urteil, sondern ...« In der Folge erklärt er mir den Sachverhalt aus seiner Sicht. Es könne nämlich nicht sein, dass auf Drängen des Landes und auf Drängen der Genehmigungsbehörden Müllverbrennungsanlagen gebaut worden wären, die dann – nur weil der Gesetzgeber im Bund oder Land die Rahmenbedingungen ändert – nicht mehr wirtschaftlich betrieben werden könnten.

Die Mülltrennung, das wird mir immer klarer, lässt sich nach außen gut verkaufen, ist aber in Wahrheit ein falsch umgesetztes Konzept auf Kosten der Bürger. Um es mit John Wayne, dem Westernhelden aus vergangenen Zeiten, zu sagen: »Wenn das Pferd tot ist, sollte man absteigen.«

Schlauer Chip

So ziemlich am Ende unserer Recherchen höre ich dann doch noch von einer cleveren Idee: Sparen statt Draufzahlen. Es ist das Unternehmen Innotec Abfallmanagement, das mit der Entwicklung eines persönlichen Datenchips die Grundlage dafür geschaffen hat, Müllmengen dem einzelnen Verursacher zuzuordnen. Nur die Mieter können an die Mülltonnen ran, ohne Chip hat man keinen Zugang. Auf Innotec bin ich gestoßen, weil ich unbedingt ein Unternehmen kennenlernen wollte, das sich um Müllvermeidung kümmert. Denn wer gut trennt, der zahlt auch weniger. Am Ende zahlt jeder nur für das, was er auch tatsächlich weggeworfen hat.

Ich sehe einen älteren Herrn aus der Haustür kommen, einen Abfallbeutel in der Hand, und ich schließe mich ihm an. Er hält einen Chip in der Hand, den er vor ein Sensorenfeld in der Mitte des Müllcontainers hält. Es fiept, und der Container gibt die Ladeluke frei. Beutel rein, Luke zu – fertig. Keine Chance für Nacht-und-Nebel-Kipper, die Elektronik ist gegen den fettesten Seitenschneider immun – Ketten sind es nicht.

»Das war's?«, frage ich.

»Das war's!«, antwortet er.

Zusätzlich werden die Mieter von einem Entsorgungsfachmann betreut, der so etwas wie einen Generalschlüssel hat. Er berät bei der Abfallvermeidung und holt vor

Ort regelmäßig falsch eingeworfene Verpackungen aus dem Hausmüll. Ich bin mit ihm verabredet, er kommt profimäßig mit Mundschutz ausgestattet, fingert mit dicken Handschuhen falsch sortierten Müll aus der Reststofftonne und deponiert ihn in der gelben. Damit ist die kostenlose gelbe Tonne immer voll, der teure Restmüllbehälter deutlich leerer. So sparen die Mieter Geld. Das Ergebnis: Die Abfallkosten in der Anlage haben sich seither halbiert. Die Einsparungen teilen sich die Mieter mit dem Dienstleister Innotec.

Die Gegend wirkt jetzt nicht so, als würde man sich hier besonders viele Gedanken um Müllvermeidung, Mülltrennung oder sonst etwas in dieser Richtung machen. Hier ist Duisburg so grau, wie sich Nicht-Duisburger die Schimanski-Stadt vorstellen. Ist aber nicht so, hier wird gerechnet.

Innotec-Kundenbetreuer Guido Kustos gesellt sich zu uns. Auf meine Frage, ob sich das Unternehmen, für das er arbeitet, als Gegner der Stadt sieht, weil Innotec dafür sorgt, dass die Hausmüllmenge geringer wird und so weniger Gebühren hereinkommen, stutzt er kurz.

Nein, als Gegnerschaft würde er es nicht bezeichnen. Es stimme allerdings, dass sich Innotec in Städten nicht unbedingt beliebt mache mit dieser Form der Trennung und Vermeidung: »Natürlich freuen die sich nicht besonders. Es gibt Städte wie zum Beispiel Dortmund, die verbieten solche Schleusensysteme.«

»Ich glaube, ich kann das nachvollziehen«, stelle ich fest. »Weil Sie ein Spielverderber sind.«

Kustos lacht: »Ich sehe uns ganz bestimmt nicht als Spielverderber. Für den Entsorgungsbetrieb vielleicht...«

Der Entsorgungsbetrieb ist ein Dienstleister, Innotec aber auch.

Ich fahre noch einmal auf meine alte Mülldeponie in Viersen und stapfe unter blauem Himmel eine Halde hoch. Der Blick geht weit ins Umland. Durch meine Recherchen bin ich meinem ehemaligen Beruf wieder nähergekommen, als ich das jemals angenommen hätte. Vor zwanzig Jahren haben wir zu wenig Rücksicht auf die Umwelt genommen, das stimmt. Mittlerweile gibt es neue Abfalltechnologien, doch das Grundproblem liegt woanders. Es liegt in der Beantwortung der Frage, warum wir trotz neuer Abfalltechnologien, trotz erheblich verbesserter Mülltrennung von Gesellschaften und Kommunen hinters Licht geführt werden.

Warum wirkt sich alles das nicht positiv auf den Konsumenten aus, warum steigen die Gebühren, wenn sie eigentlich geringer werden müssten? Wer trennt, der schafft doch Werte! Sonst gebe es ja das Abermillionengeschäft nicht, das die Müllgesellschaften mit den gelben Tonnen und den gelben Säcken machen.

Es ist ein großes Geschäft, das sich hinter einer vergleichsweise kleinen Gebühr versteckt. Beispielsweise ist der Cent für die Verpackung mit dem Grünen Punkt des Dualen Systems beim Kauf einer Blume bereits eingespeist.

Und wofür recyceln wir? Wir werden von der Werbung für den Umweltschutz eingelullt, müssen aber feststellen, dass die wiederverwertbare Ware von der Industrie kaum nachgefragt wird. Sie macht etwa ein Drittel des gesammelten Plastiks aus, zwei Drittel werden schlicht verbrannt. Rund 66 Prozent des Materials finden sich also nicht in einem Kreislaufsystem wieder, um sich ständig zu erneuern, sondern es geht unwiederbringlich verloren: als Brennstoff. Was ist das für ein Recycling? So etwas heißt dann »sekundäre Rohstoffverwertung«, aber ich habe da ein Problem mit der Begrifflichkeit.

Verbrennen – das allerdings hätten wir ohne eigenes sorgsames Sammeln und aufwändiges Trennen auch so haben können. Ohne Tonnenparade im Hof, ohne mehrfaches Abfahren im Monat. Ich kenne da ein Unternehmen in Trier, dessen Anlage das maschinell erledigt – und aus einer Tonne.

Alles das zeigt uns, dass wir höchstens auf dem Weg zu einem wirklichen Recycling sind. Solange es an der Technik fehlt, die Dinge so wieder aufzubereiten, dass sie flächendeckend einzusetzen sind, jagen wir einem Trugbild hinterher. Es fehlt also jede Ehrlichkeit bei der Vermarktung.

Die Politik schafft durch das Sammeln und Trennen, durch das Propagieren von Müllvermeidung die Rahmenbedingungen, zu denen die Kapazitäten der Öfen, die die Wirtschaft gebaut hat, nicht passen. Sie sind zu groß konzipiert. Ob es Planungsfehler sind oder Vorsatz ist, das bleibe dahingestellt.

Aber wer wider besseres Wissen solche großen Anlagen baut und fährt, muss sich mit dem Vorwurf auseinandersetzen, dass er auf versteckte Subventionen setzt – wie beispielsweise ständig steigende Müllgebühren.

Zu den Anteilseignern der Anlagen gehören auch die Kommunen, die sich so ebenfalls schamlos an den Bürgern bereichern, für die sie eigentlich Sorge tragen müssten. Unternehmen sowie Kommunen profitieren davon – und greifen das Geld ab. Auch eine Art »duales System«. Und die Politik drückt beide Augen zu.

Falls Sie noch keine Müllverbrennungsanlage besucht haben und es noch nicht wissen: Müll stinkt! Und zwar erbärmlich.

Aber Geld eben nicht. Ihres auch nicht.

KAPITEL 8

Das Geschäft mit dem Tod:
Wie uns die letzte Freiheit genommen wird

Der Tod ist umsonst, heißt es – jedoch ganz gewiss ist er es nicht für die Angehörigen. Denn am Tod wollen viele mitverdienen, allen voran die Bestatter und Kommunen. Gutgläubig wenden sich Angehörige unter dem Eindruck des traurigen Ereignisses meist an den nächsten Bestatter. Am Ende bleibt oft eine überhöhte Rechnung für eine Beerdigung, die der Verstorbene so gar nicht gewollt hat.

Der Grund dafür ist einfach: unseriöse Bestatter, die mit intransparenten Beratungsmethoden die emotionale Situation der Hinterbliebenen ausnutzen und kräftig abkassieren. Mit einem »Wir kümmern uns schon«-Versprechen wird Angehörigen oft ein Rundum-sorglos-Paket angeboten, das sich später als böse Überraschung entpuppt. Und dabei ist meistens noch nicht mal der Bestattungsplatz auf einem Friedhof mit eingerechnet. Je nach Stadt und Lage kann das auch schnell mehrere tausend Euro kosten.

Aber auch die Politik mischt bei Bestattungsfragen kräftig mit. Vor allem, wenn es um Regeln, Bestimmungen und Vorschriften geht. Deutschland hat als einziges Land in Europa überhaupt noch eine Bestattungspflicht. Warum? Denn für viele Menschen ist es ein überholtes Gesetz, das sie daran hindert, ihre individuelle Trauer zu leben. Die Frage ist, warum Bestattungen in Deutschland, verglichen mit dem Ausland, so teuer sind. Und wer daran verdient.

Was ist, wenn …?

Irgendwann überfällt es einen, und es muss noch nicht einmal ein Begräbnis sein, bei dem es geschieht. Es kann beim Spaziergang im Wald passieren, wenn einen die Ruhe umgibt und man seinen Gedanken nachhängt. Es kann im Gespräch passieren oder beim Kaffeetrinken bei der Oma. Oder wenn Kinder und Enkel um einen springen. Es ist der Überfall eines ersten Gedankens, der einen mit der Endlichkeit des Lebens konfrontiert.

Klar, wir sind Verdränger, wir feiern das Leben. Taucht der Gedanke beim ersten Mal auf, sind wir noch jung. Taucht er beim zweiten Mal auf, sind wir noch nicht alt. Taucht er beim dritten Mal auf, sind wir alt, und man wird die leichte Melancholie als Begleiter nicht mehr los.

Aber auch dann, wenn wir es tatsächlich mit dem Tod zu tun bekommen, wenn ein Partner, der Vater, die Mutter, ein Kind stirbt, lässt uns das Leben nicht los. In den Stunden unmittelbar danach müssen wir nach Geburtsurkunden suchen, den Personalausweis finden, Behörden aufsuchen, müssen wir Kontakt zu einem Bestattungsunternehmen aufnehmen. Bestatter kennen sich aus im Regelnebel von Verordnungen und Bestimmungen. Sie entlasten uns in einem schweren Moment.

Manche unter ihnen entlasten uns allerdings möglicherweise auf eine Art, die wir nicht wollen. Sie entlasten uns um unser Geld, weil sie uns hinters Licht führen zu einem Zeitpunkt, in dem wir schwach sind.

Solche Bestatter sind die Totengräber ihres Berufs-standes, und um sie geht es.

Ich bin immer gern auf Friedhöfe gegangen, wie auf den Melatenfriedhof in Köln, den ich mir an diesem Nachmittag für einen Spaziergang ausgesucht habe. Dort, aber auch über anderen Begräbnisstätten, liegt etwas Weihevolles. Eiben und Koniferen sind normalerweise nicht die Gewächse, die ich bevorzugt pflanzen würde – aber auf Friedhöfen akzeptiere ich ihren für mich eher schwermütigen Charakter.

Vor einer Wiese bleibe ich stehen. Ein Grab liegt vor mir, nicht mehr als eine Platte im Boden mit Namen und Geburts- sowie Sterbetag. Ein Lebensbaum daneben und ein kleiner Engel aus Ton. Alles zusammen weniger als einen Quadratmeter groß. Auf der anderen Seite stehen Grabmale auf mit Buchsbaum umsäumten Grabstätten, die mit ihrer Höhe von vielleicht zwei Metern Bedeutung signalisieren. Über ihnen fächern Eichen ihr Blätterdach.

Weiter hinten findet gerade eine Beisetzung statt. Ich bin ein stiller Beobachter aus der Ferne. Eine große Trauergemeinschaft in Schwarz, die hinter einem mit einem Blumenbouquet geschmückten Sarg her schreitet. Vor dem Grab die letzten Worte.

Dann fällt Erde auf den Sarg. Blumen fallen hinterher.

Sie schaffen einen Ort der Erinnerung. Auf Größe kommt es dabei nicht an – nun ja, auf Geld schon.

Auf Friedhöfen macht eine der verschwiegensten Branchen ihr Geschäft – die der Bestatter. In Deutschland finden jährlich rund 850 000 Beerdigungen statt. Ein lukrativer Markt also, auf dem im Jahr etwa drei Milliarden Euro umgesetzt werden. Aber wie beginne ich die Geschichte über ein Milliardengeschäft am besten?

In der Redaktion setze ich mich vor den Computer und widme mich einer Recherche: Es geht um Särge. Günstige Modelle gibt es ab 350 Euro, man kann aber auch locker mehrere tausend Euro investieren. In Särge, die Roma oder Bari heißen, in glänzend oder seidenmatt. Manchmal heißen sie auch nur V50 oder Typ72.

Viele Bestatter kaufen ihre Särge offenbar im Ausland. Zum Beispiel bei der Firma Lindner in Polen. Ich schaue mir online das Firmenprofil an. Lindner ist einer der größten Sargproduzenten in Europa, schreinert bis zu 100 000 Särge jährlich. Das Motto des Unternehmens ist die lateinische Redewendung »Per aspera ad astra« – »durch das Raue zu den Sternen« oder auch sinngemäß »nach vielen Mühen zum Erfolg«. Es hat seinen Sitz in der Nähe von Posen, in Wagrowiec.

Was macht Särge bei uns eigentlich so teuer, nehmen wir die Edelholzmodelle mal aus? Das will ich klären. Ein Anruf in Polen, und ich bin mit Verkaufsleiter Tomasz Kilarski verbunden, der mich zu einem Besuch ins Werk einlädt. Ich packe ein paar Klamotten in eine Tasche und tanke. Vor mir liegen 900 Kilometer Fahrt.

Vorbei an Frankfurt an der Oder führt mich mein Weg Richtung Posen. Die Stadt liegt im Westen Polens in einer landwirtschaftlich geprägten Gegend, flach, mit zahlreichen kleinen Seen und von Flüssen durchzogen. Es wird eine schöne Fahrt, die mich Stunden später ans Ziel kommen lässt.

»Lindner – Trumny/Särge/Coffins« – große Lettern an einer ebenfalls großen Halle zeigen mir, dass ich es mit einem international arbeitenden Unternehmen zu tun habe. Ich stelle den Wagen ab und merke erst beim Aussteigen an meinen steifen Knochen, was für ein anstrengender Ritt das war. Tomasz Kilarski, ein freundlicher Mann in hellblauem Hemd und mit einer Igelfrisur, kommt mir schon entgegen.

»Willkommen in Polen!«, sagt er auf Deutsch und lacht mich an. Wir unterhalten uns noch kurz über die Fahrt, dann führt er mich auch schon ins Lager. Der würzige Duft des frischen Holzes umgibt uns ebenso wie die typischen Geräusche eines Schreinerbetriebes. Bretter in rauen Mengen liegen dort. Ich komme mir vor wie Däumling in einer großen Kiste. Die Firma produziert seit mehr als zwanzig Jahren Särge und braucht dafür Schnittholz, das in vielleicht vier, fünf Metern hohen Stapeln auf Weiterverarbeitung wartet. Diese bereits vorbereiteten Holzleisten, erzählt er mir, beziehe Lindner – aus Deutschland. Ich wundere mich:

»Sie kaufen Schnittholz in Deutschland, produzieren hier Särge … und fahren die wieder zurück?«

»Genau so ist es«, sagt er und nickt. Die größten polnischen Sägewerke könnten allenfalls drei Lkw Holz pro Monat liefern, die deutschen allerdings mehr als zwanzig Lkw. Und das in der immer gleichen Qualität.

Allein diese Stapel werden in den nächsten zwei Tagen verarbeitet. Wir gehen weiter, bis uns das Singen der Sägen umfängt.

»Das ist der Start der Produktion«, ruft er gegen den Lärm an. Die Männer an den Maschinen tragen Ohrenschützer. So etwas macht einsam. Ist vielleicht gut so, weil sie sich so besser auf die Arbeit konzentrieren können. Hier werden die Bretter auf Länge gesägt. Mitarbeiter untersuchen sie anschließend auf optische Fehler. Kilarski zeigt mir ein dunkelbraunes Astloch: »Das wird mit Laser entfernt!« Die scharfe Bündelung der Strahlen in einer mit Edelstahlblech ummantelten Kiste, die die Bretter durchlaufen, sorgt für ein Verblassen der Flecken. Jetzt weiß ich auch, woher der Ausdruck »astrein« stammt.

Die Platten werden im nächsten Schritt auf die richtige Größe zugeschnitten. Erst werden Fugen in die Platten eingefräst, danach die Kanten geschliffen und Löcher gestanzt. Dann erfolgt das Zusammensetzen. Ein letzter Feinschliff, und es geht ab zum Lackieren. Zu guter Letzt wird der Sarg zum Trocknen zwischengelagert, bevor er später nach Deutschland exportiert wird, um als Erdmöbel seine letzte Bestimmung in etwa zwei Meter Tiefe zu finden.

Kilarski nimmt mich mit in den Ausstellungsraum und ich frage ihn, welche Rolle der deutsche Markt für das Unternehmen spiele. Eine sehr wichtige, antwortet er. Es gebe eine Faustregel, dass jährlich gut ein Prozent der Bevölkerung eines Landes stirbt.

»Wenn in Deutschland 82 Millionen Menschen leben, sind das für Sargproduzenten etwa 850 000 Sterbefälle jedes Jahr«, rechnet er mir vor.

»Und wie viele Särge liefern Sie pro Jahr nach Deutschland?«

»Also letztes Jahr haben wir 90 000 Särge nach Deutschland geschickt«, antwortet der Verkaufsleiter. Konstanz am Bodensee hat etwas mehr als 88 000 Einwohner. Für jeden Bürger einen Sarg, eine makabre Vorstellung, aber nur so kann ich die Dimension erfassen.

»Was kostet ein Sarg, den Sie hier produzieren?«

»Die Preise starten schon bei vierzig Euro für die billigsten Verbrennungssärge«, sagt er.

So sehr mich die Höhe der Zahl von 90 000 überrascht hat, so überrascht mich jetzt die niedrige Zahl von vierzig. Allerdings dürfe man nicht vergessen, schränkt Kilarski ein, dass es sich dabei lediglich um den Sarg handele –

ohne Ausstattung und Beschläge. Material und Arbeitskraft müssten dann die Händler noch investieren – und das koste.

»Was müsste der Endkunde in Deutschland denn dafür zahlen?«, bitte ich ihn um eine Einschätzung.

Der Verkaufsleiter wägt ab: »In Deutschland kostet derselbe Sarg dann 300 bis 500 Euro.« In Polen 500 Złoti – also etwa 120 Euro.

Das klingt erst einmal viel, doch seiner Ansicht nach steckt der deutsche Bestattermarkt trotzdem in einer Krise. Der Preis sei für den deutschen Kunden der wichtigste Faktor. In Österreich oder der Schweiz hingegen spiele die Qualität eine viel wichtigere Rolle. Den Grund dafür sieht er darin, dass 2004 in Deutschland das Sterbegeld abgeschafft wurde, anders als in anderen Ländern Europas.

In Frankreich gebe es 2500 Euro Sterbegeld für die Familie des Verstorbenen. Genug Geld für eine gute Beerdigung, findet er. »Die Franzosen nehmen beim Bestattungsinstitut einfach das, was gefällt«, weiß er. Der Mensch hingegen, der in Deutschland ein Bestattungsinstitut aufsuche, frage meistens nach dem Billigen – weil er es selbst bezahlen muss.

Der Ausstellungsraum bietet alles. Und ich sehe zum ersten Mal aus der Nähe den Unterschied zwischen einer Kiste und so etwas wie einem Möbelstück. Den meisten Umsatz in Deutschland macht die Firma Lindner allerdings mit kostengünstigen Verbrennungssärgen. Kilarski zeigt mir die bestverkauften Modelle, saubere, glatte und auch gut verarbeitete Särge.

Ich spüre, wie das Makabre lockt, und erinnere mich an zig Dracula-Filme, in denen Särge die bevorzugten Einrichtungsgegenstände oder auch Rückzugsgebiete waren.

»Gibt es Menschen, die schon mal probeliegen wollten?«, frage ich Kilarski.

Er lacht hell auf und nickt: »Ich denke, jeder in diesem Büro hat das schon gemacht.«

»Kann ich das auch mal machen?«

»Wieso nicht? Sie brauchen aber eigentlich einen Sarg mit Überlänge.«

Ich falte meine 191 Zentimeter Körperlänge zusammen und steige in einen der Sarkophage. Dummerweise ist es ein beklemmendes Gefühl. Ich fühle mich so gar nicht heimisch und will mir überhaupt nicht vorstellen, dass ich selbst irgendwann mal tatsächlich in einer solchen Holzkiste enden werde. Ich bin nicht abergläubisch, aber ich steige schnell wieder aus. Da gehöre ich nicht rein, noch nicht.

Ich bedanke mich bei Kilarski für den wirklich netten Termin und steige ins Auto. Aber vorher kaufe ich noch einen Sarg. Einen Verbrennungssarg einfacher Ausführung, aber sorgfältig verarbeitet. Das Wetter ist gut, und wofür habe ich schließlich einen Dachgepäckträger?

Eine Ausgabe von vierzig Euro für eine Performance ganz eigener Art. Mir ist die Idee gekommen, Menschen in aller Öffentlichkeit mit einem Tabuthema zu behelligen: mit dem eigenen Ableben.

Die Fußgängerzone in Wuppertal ist durchaus ein außergewöhnlicher Ort für ein solches Thema – so zentral im Leben. Es ist ein Vormittag mitten in der Woche, als ich mir zwei Sägeböcke unter den Arm klemme, um sie auf der zentralen Einkaufsstraße aufzustellen. Damit allein ernte ich noch keine fragenden Blicke. Das ändert sich allerdings schlagartig, als wir mit dem Sarg auftauchen – eine Prozession des Schreckens. Ich lese die Fragen in den Blicken der Passanten: Ist das Kunst? Sind die bescheuert?

Das Geschäft hinter uns wirbt mit dem Versprechen »frisch, freundlich, preiswert« – aber warum soll das für uns nicht ebenso gelten?

Es ist absolut erstaunlich, wie schnell wir und unser Hauptdarsteller in Braun und in Fichte umringt werden. Die Leute kommen von allen Seiten auf uns zu. Mir ist schon klar, dass ich mit der Tür ins Haus falle, als ich eine vielleicht 55-jährige Passantin frage: »Haben Sie für den eigenen Tod schon vorgesorgt?«

Sie guckt erstaunt: »Nö, brauche ich doch noch nicht. Ich will ja noch nicht sterben...«

»Ja«, schränke ich ein, »aber könnte ja sein...«

»Ach nee, da denke ich noch nicht dran!«

Das Gespräch ist jedenfalls schnell zu Ende. Sie lacht – und ist weg. Andere haben schon mal was zurückgelegt, weil sie ahnen: Bestattungen sind teuer. Der Ruf der Bestatter jedenfalls, das stelle ich schnell fest, ist nicht der allerbeste.

»Die kommen doch erst, machen die Matratzen hoch und sehen drunter, wo die Scheine sind«, schimpft ein vielleicht siebzigjähriger Mann.

»Die nutzen das gnadenlos aus«, sagt ein anderer. Und der dritte meint, er hätte bereits den speziellen Geschäftssinn der Branche erforscht, die vorwiegend Schwarz trägt.

»Die sagen dann«, stellt er spitzfindig fest, »passen Sie mal auf. Ihr Mann, der ist ja so schwer. Der wiegt ja über zwei Zentner. Und da müssen wir einen doppelten Boden reinmachen. Ja. Und dieser doppelte Boden kostet dann auch wieder hundert Euro. So, zack...«

Einmal dabei, legt er nach: »Und wenn man im Winter beerdigt wird, dann ist es in der Erde ja unheimlich kalt. Dann schlagen die vor, eine dickere Decke da rein zu legen. Sind Tatsachen...«

Ich weiß jetzt nicht, woher er das weiß. Aber das Berufsbild scheint wirklich nicht das beste zu sein. Man muss nur nach links und rechts fragen und erfährt von Angehörigen, die sich in ihrer Trauer abkassiert fühlen. Wer einen Menschen verliert, ist oft überfordert. In einer solchen Situation über Preise und Leistungen nachzudenken, das macht keiner.

Nutzen Bestatter das aus?

Jede Leiche ein Geschäft

Wieder einmal treibe ich mich im Internet herum und lande auf einem Forum, auf dem sich Hinterbliebene austauschen. Es geht um Bestattungen, Preise und Abläufe und Unzufriedenheiten über nicht ganz sauberes Arbeiten. Ein Beitrag fällt mir auf, weil ich herauslese, dass es sich dabei um einen Insider handelt. Einer, der erzählt, warum er als Angestellter eines Bestattungsunternehmens gekündigt hat – nämlich weil er seine Arbeit nicht mehr mit seinem Gewissen habe vereinbaren können.

Ich schreibe die Macher des Forums an, ob sie mir nicht einen Kontakt mit dem Mann herstellen können – und wirklich: Ein paar Tage später sind wir in einem Kölner Hotel verabredet. Er kommt aus Süddeutschland. Klar, dass er nicht genannt werden möchte. Er zeigt mir Unterlagen, die beweisen, dass er bei einem Bestatter gearbeitet hat, und macht den Eindruck, als sei nach seiner Kündigung eine große Last von ihm abgefallen.

Ich schlage einen kleinen Spaziergang auf dem Melatenfriedhof vor, der zentralen Begräbnisstätte Kölns, und er guckt mich erstaunt an. Aber kein Problem, er hat nichts gegen alte Betriebsstätten, und wir fahren mit meinem Wagen hin. Wir schlendern durch die Reihen, und ich frage ihn, wie man sich Menschen nähert, die wenige Stunden vorher einen Angehörigen oder Freund verloren haben – für einander Fremde ist das ja ein durchaus schwieriger Moment, finde ich.

Er kennt das anders. Die Szene sei viel pragmatischer, fast kaltblütig.

»Sobald sich irgendwo ein Trauerfall ankündigt, sind überall nur noch Dollarzeichen in den Augen zu sehen«, sagt er. Wir setzen uns auf eine Parkbank inmitten von Buchsbaumhecken, und er fängt an zu erzählen. Ich erfahre von Leistungen, die in Rechnung gestellt, aber schlichtweg nicht erbracht werden.

»Da gibt es zum Beispiel eine Position, die heißt Sarginnendesinfektion. Die gibt man in den Sarg, damit man eine mögliche Geruchsentwicklung unterbindet. Dieses Mittel habe ich in den ganzen Jahren nur ein einziges Mal verwendet...«

Bei diesem Beispiel geht es zwar nur um wenige Euro, aber darin erschöpft sich der Einfallsreichtum der Branche keineswegs. Bei Urnenbestattung sei es beispielsweise gang und gäbe, vor dem verabredeten Besuch eines Kunden im Laden den Bestand an preisgünstigen Urnen wegzuräumen. »Denn wenn der Kunde keine günstigen sieht, dann nimmt er eben die teureren. Er sucht sich ja meistens noch direkt vor Ort eine aus. Ähnlich ist es bei den Särgen.«

»Und wie geht man in dem Geschäft mit Mitbewerbern, mit Konkurrenten um?«, möchte ich von ihm wissen.

»Das kann sich keiner vorstellen«, meint er und redet sich in eine gewisse Lebhaftigkeit. Er gestikuliert und berichtet von Bestattern, die Krankenhausmitarbeiter zum Tag der offenen Tür einladen oder die sich mit kleinen Gefälligkeiten bei Pflegeheimen in Erinnerung bringen. Nichts anderes als vorausschauende Kundenakquise. Am Schluss erzählt er mir, wie ihm das alles zuwider wurde. Immer sollte er machen, machen, machen, nie habe er nein sagen können.

Bis er dann ganz nein gesagt hat.

Zurück in der Redaktion hänge ich mich vor den Computer und nehme mir die Anzeigen einzelner Bestattungsunternehmen vor. Die Frage ist: Hat dieses Vorgehen Methode? Oder arbeiten so nur wenige schwarze Schafe? Ich scrolle mich durch die Anzeigen und lese Sätze wie »Ein Abschied von Verstorbenen, wie ihn sich Hinterbliebene wünschen« oder »... entsprechend Ihren Bedürfnissen«.

Die meisten Bestatter bieten an, zu einem persönlichen Gespräch ins Haus zu kommen. Doch wie umfassend und ehrlich ist die Beratung? Ich merke, dass ich es bei Telefonaten nicht belassen kann. Die Leute müssen schon vor einem sitzen. Ich will ihre Anteilnahme spüren – oder das Spielen ihrer Anteilnahme. Ich will wissen, ob sie das Interesse an dem Geschäft, das sie machen wollen, verbergen können.

Sportler würden sagen: ob sie fair sind.

Letztlich nehme ich mich selber raus, weil ich lieber in einer beobachtenden Position bleiben möchte. Eine Casting-Agentur vermittelt uns aber eine Schauspielerin, die sofort zusagt, die Rolle einer Tochter zu übernehmen, deren Mutter in der Klinik liegt und laut den Ärzten nur noch wenige Tage zu leben hat. Nach Absprache mit der Familie hätte sie nun die Aufgabe, sich um die anstehende Bestattung zu kümmern.

Ebenfalls über eine Agentur finden wir ein Vorstadthaus, das wir mit versteckten Kameras bestücken. Ein bürgerliches Ambiente mit farbigen Wänden, Kamin und schwerer Ledercouch, die Kameras allerdings verschwinden in Blumenvasen und Aktenordnern. Auch wenn ich meinen Beruf nun schon ein paar Jahre ausübe: Immer wenn solche Reportagen vorbereitet werden, fühle ich einen Anstieg von Spannung. Und ich spüre, wie gerne ich diesen Job mache.

Auf mich kommt ein älterer Mann zu. Es ist der Publizist Michael Schomers, der uns bei dem Test unterstützt. Er hat über Monate undercover in der Bestatterbranche recherchiert und kennt die Szene wie kein Zweiter. Wir wollen von einem Nebenraum aus beobachten, wie die Bestatter unseren Lockvogel beraten, welche Leistungen sie anbieten – und was sie dafür in Rechnung stellen. Die Vorgabe: Wir wollen eine Urnenbestattung. Schlicht und würdevoll. Ohne große Extras.

Wir setzen uns kurz zusammen und legen die Näherungswerte für die durchschnittlichen Kosten fest: Sarg für die Verbrennung 500 Euro, Schmuckurne 150 Euro, Krematorium 350 Euro, Trauerfeier 200 Euro, Blumendeko 150 Euro, Bestatterdienstleistungen 750 Euro. Macht 2100 Euro – plus städtische Gebühren.

Doch viele Bestatter werben schon mit deutlich günstigeren Preisen. Unsere erste Verabredung bietet im Internet Beisetzungen ab 490 Euro an. Und genau diese Verabredung steht gerade vor der Tür, es klingelt nämlich. Schomers und ich verschwinden im Nachbarzimmer. Unser Lockvogel, nennen wir ihn Hilde, öffnet. Sie trägt eine schwarze Hose zu einer schwarzen Bluse, dazu eine weiße Perlenkette – sie ist die klassische »Lady in Black«, wenn ich mal kurz an einen Titel aus den frühen Siebzigerjahren von Uriah Heep erinnern darf.

Nach kurzem Begrüßungshinundher bittet Hilde ihren Besuch ins Esszimmer. Der Mann hängt sein Jackett über die Lehne und nimmt Platz, Tässchen Kaffee, Gläschen Wasser. Sie erklärt die familiäre Situation, und dass sie sich für das günstige Angebot interessieren würde, weil – tot ist ja tot. Außerdem sei ihre Mutter ein eher pragmatischer Typ, sie hätte auf ein großartiges Brimborium bei der Beerdigung keinen besonderen Wert gelegt.

Doch schnell stellt sich heraus, dass bei dem Billigangebot einige Positionen gar nicht berücksichtigt worden sind. Die Urne zum Beispiel. Und dann ist schnell Schluss mit günstig. Er holt einen Katalog aus seiner Aktentasche und blättert die Angebote auf. Angebote, die alles Mögliche sind – nur nicht billig.

»Aber die kosten ja 350 Euro! Das ist schon viel Geld…«, sagt Hilde.

Schomers und ich überprüfen im Nebenzimmer unsere Rechnung. Aha, das wären jetzt schon mal 200 Euro mehr. Und es kommen weitere Kosten auf uns zu: ein Holzkreuz, eine Anzeige, ein Organist. Während er immer mehr Positionen addiert, hat Hilde noch eine Frage: »Gibt's denn auch eine Aufbahrung?«

Was wir dann zu hören kriegen, verschlägt uns fast den Atem. Zwar würde man so etwas anbieten, antwortet der Bestatter, man müsse allerdings bedenken, dass der meist hohe Medikamenteneinfluss den Körper nach dem Tod schneller verändere, als einem lieb sei.

»Ich habe das manchmal gehabt«, beschreibt er, »da war dann der Verwesungszustand so weit fortgeschritten, da haben sich Wasserblasen gebildet, was dann nicht mehr so schön ist...«

Hilde stutzt: »Oh, ich stelle mir das gerade bildlich so vor... furchtbar.«

Schomers nimmt kurz die Kopfhörer ab und regt sich auf. »Unglaublich«, flüstert er mir zu. In solch einer Situation einer Frau, deren Mutter im Sterben liegt, so etwas zu erzählen, sei völlig pietätlos. Für ihn ist klar: »Der will keine Verabschiedung zu Hause. Er will lieber den Toten in seinen Kühlräumen haben. Das ist sein Geschäft – und nicht zu Hause.«

Zu den Kosten für die Einäscherung und die Friedhofsgebühren in Köln hat er bisher kein einziges Wort verloren. Der Typ ist ein Bürokrat mit gescheiteltem blonden Haar. Ich sehe am Monitor die schwarzen Lederflicken an den Ellbogen seines schwarzen Pullovers, die eckige schwarze Aktentasche, ich höre diesen raunenden Ton seiner Stimme und sehe, wie er eine Position nach der anderen in seinen Taschenrechner tippt. Zwischenrechnung für die städtischen Gebühren, das Grab und die Einäscherung: 2800 Euro. Alles zusammen würde die schlichte Bestattung in diesem Fall knapp 4800 Euro kosten.

Das knapp Zehnfache des Lockangebots.

Ich merke, er setzt auf Power-Trauer, auf Überredung, er listet auf und überlistet. Er offeriert gewissermaßen das letzte Geschenk der Hinterbliebenen an einen Toten – das wird man sich ja wohl noch etwas kosten lassen dürfen.

Doch Hilde lässt sich nicht überreden. Zum Glück hat sie keinen Toten zu betrauern, sondern nur die Moral eines windigen Geschäftsmannes zu kritisieren. Der Bestatter geht.

Wieder nehmen wir unsere Kopfhörer ab, und Schomers lacht. »Allein die Bestatterkosten sind viermal so

teuer«, sagt er. Der Preis von 490 Euro sei ein reines Lock-
mittel, man habe genau gemerkt, an welchen Punkten er
mehr verkaufen wollte. Auf Einwände sei er überhaupt
nicht eingegangen.

Und Hilde ist erschüttert.

Wir räumen schnell noch den Tisch ab, bevor es erneut
an der Tür klingelt. Diesmal ist es eine Dame, die Beistand
liefert. Tasse Kaffee, Glas Wasser. Hilde und sie kommen
ins Gespräch. Nein, einen Paketpreis gebe es in ihrem
Unternehmen nicht. Im Gegensatz zu ihrem Kollegen
kommt sie direkt auf die städtischen Gebühren zu sprechen, führt diese Kosten auf den Cent genau auf.

Ganz anders, als es schließlich um ihre eigenen Preise
geht. Da lässt sie Schleier über ihr Angebot wehen und ist
nicht mehr konkret.

»Ja«, sagt sie, »da kommt dann der Einäscherungssarg
dazu. Dann kommt die Urne, dann kommt unsere Leistung: Einbettung, Überführung, Formalitätenerledigung,
Floristik. Das sind so Kosten, die sich hinterher auch
läppern.«

Dass sich das läppert, glaubt Schomers ihr unumwunden. Ihr Kostenvoranschlag: lediglich ein handschriftli-
cher Zettel, der überhaupt keine Basis dafür sei, sich hinterher vielleicht mal zu beschweren. Keine Abbildungen
von Särgen, von Urnen. Kein Firmenname, nichts. Ver-
trauensbildung in einem schwierigen Segment funktioniert anders, findet Schomers. Er weiß aber auch: Viele
Bestatter würden das sehr intransparent halten, um dann
nachher auf der Rechnung die genauen Positionen aufzu-
führen und zusätzlich zu berechnen. Eben die Kosten, die
sich hinterher läppern. Nur dass man sie gerne vorher ein-
schätzen würde.

Also auch kein mutmachendes Beispiel.

Kurz darauf steht der dritte Besuch vor der Tür. Er ist der erste, der direkt zu Beginn die Kosten anspricht, die in etwa auf die Hinterbliebenen zukommen.

Auch dieser Mann legt ein gewisses Getue an den Tag, aber das gehört möglicherweise einfach zum Beruf. Und darauf soll es ja auch nicht ankommen. Er beginnt mit einer Faustformel: »Ich sage immer: Eine Beerdigung, das sind im Schnitt 2500 Euro für den Bestatter, 2500 für die Stadt, 2500 für den Steinmetz. Es geht billiger und teurer. Wenn Sie mir sagen, was Sie haben möchten, kriegen Sie von mir ein detailliertes Angebot.«

Schomers und ich gucken uns an: Dieser Bestatter berücksichtigt als erster den Wunsch nach einer schlichten Beisetzung. Billig ist er nicht, aber durchaus fair und offen. Uns gefällt, dass er immer wieder auf Alternativen hinweist. Immer wieder sagt er, dass man es auch so oder so machen kann.

Das nächste Unternehmen bietet ebenfalls im Internet günstige Pauschalangebote an. Die Bestattung soll hier 698 Euro kosten. Doch schnell zeigt sich auch hier, dass in dem Preis längst nicht alles enthalten ist. Grabkreuz aufstellen: 95 Euro, Taxi für den Pfarrer: fünfzig Euro, die Bestatterin listet noch dies und das auf und präsentiert zum Schluss fast 5000 Euro. Das mit dem Pfarrer gefällt Schomers und mir besonders gut. Ihr Argument: »Die Pfarrer sind oft faul und kommen gerne mit der Taxe, und wir müssen dann in Vorlage treten ...« Taxi für fünfzig Euro? Man muss den Pfarrer ja nicht aus einem fünfzehn Kilometer entfernten Ort anreisen lassen, oder?

Hilde gibt alles und macht ein leicht enttäuschtes Gesicht.

»Ja«, tröstet die Bestatterin, »als ich in dem Beruf angefangen habe, habe ich auch erst immer gedacht: Mann,

sind die Preise hoch!« Das kann man wohl sagen. Statt
1185 Euro aus der Internetwerbung knapp 5000 Euro,
also eher der Standardpreis. Wieder Power-Trauer par
excellence: »Wenn Sie möchten, dann könnten wir jetzt
schnell die Beauftragung unterschreiben. Das ginge. In
der Regel wünscht der Chef eine Anzahlung. Hier steht:
mindestens 700 Euro. Ich sage: 500 Euro sind okay. Die
können Sie auch jetzt schon zahlen ...«

Schomers und ich gucken uns an. Das ist ja total nett,
dass man sogar jetzt schon den Vertrag unterschreiben
kann! Und 500 statt 700 Euro Anzahlung, das ist ebenfalls so etwas von entgegenkommend! Außer dass man
nichts davon hat, weil sich die 200 Euro ganz sicher auf
der Endabrechnung niederschlagen. Überhaupt sind auch
in diesem Gewerbe Anzahlungen alles andere als üblich.

Die Bestatterin wolle lediglich den Vertrag so früh wie
möglich unter Dach und Fach bringen – und das ohne dafür ein finanzielles Entgegenkommen zu zeigen.

So geht der Nachmittag dahin. Fazit: Zwei von acht
Beratungen waren wirklich umfassend, drei mangelhaft
und drei so lala. Eines hat unsere Stichprobe gezeigt: Die
reinen Bestatterkosten liegen bei einer würdevollen Beerdigung immer bei 2000 bis 2500 Euro. Preise, die darunter liegen, sind Lockangebote.

Das Haus ist leer, der letzte Besuch gegangen, und Hilde
lacht sich ihre gespielte Trauer aus dem Gesicht. Schomers
sinniert, dass unser kleiner Versuch vermutlich anders ausgegangen wäre, wenn wir ihn in irgendeinem Dorf hätten stattfinden lassen. Es gebe nämlich einen Riesenun-
terschied zwischen Stadt und Land. Auf dem Land seien
Bestattungsfirmen oft traditionellen Schreinerbetrieben
angeschlossen und gesellschaftlich im Ort verankert. Dort
würde sich Lug und Trug schnell herumsprechen. Ganz an-

ders als in großen Städten wie Köln, München, Hamburg oder aber dem Ruhrgebiet, wo die Billig- oder Discount-Bestatter aus dem Boden schössen.

Günstige Angebote im Internet – und dann Kostenvoranschläge, die ein Mehrfaches darüber liegen. Werden hier trauernde Menschen ganz bewusst hinters Licht geführt? Das möchte ich mir von einem der Anbieter, die an Hildes Esstisch gesessen haben, erklären lassen. Er kennt mich ja nicht. Die Adresse hatte er zurückgelassen, also fahre ich hin. Die Straße finde ich, die Hausnummer auch – allerdings kein Firmenschild, was mich schon erstaunt. Eine enge Zufahrt zu einem Garagenhof ist überbaut und beige gestrichen. Kein schönes Ambiente für ein Bestattungsunternehmen, kein Ausstellungsraum, nichts – außer einer Tür in einer Ecke des Hinterhofs. Ich schelle. Ein Mann öffnet. Ich stelle mich vor und sage, was ich will. Das ist allerdings nicht das, was er will. Nein, er möchte nicht mit mir sprechen.

Selten habe ich einen solchen Verschlag gesehen, den der Mann sein Büro nennt – zumindest gemessen an meinen Erwartungen. Beiger Schülerschreibtisch vor braunem Vorhang und drei Urnen in einer Vitrine. Darüber ein Betroffenheitsfoto in Postergröße im Grundton Grau. Der Mitarbeiter ruft seinen Chef an und gibt den Hörer an mich weiter.

Ich stelle mich kurz vor, sage, dass wir einen Film über Bestattungen drehen und im Rahmen einer Stichprobe jetzt auf sein Unternehmen gekommen wären. Ob er...?

Keine Auskunft.

Es stellt sich heraus, dass er zwei Firmen hat. Ein Traditions- und ein Internetunternehmen mit Billigangeboten, um Kunden zu locken. Der Laden sieht nicht nach Traditionsunternehmen aus – und nach Internet auch nicht.

Innenarchitektonisch ist hier jedenfalls das Leben schon raus. Ich haue ab, durchquere den beigen Tunnel mit mittelgrün gestrichenem Sockel in Richtung Straße und bin froh, dass mich auf dem Bürgersteig wieder buntes Leben umgibt. Den Tunnel muss man schnell hinter sich bringen, sonst saugt einem das Beige die Kraft aus den Knochen. Welch ein trister Schuppen...

Anhaltende Trauer

Theoretisch muss man übrigens den Sarg nicht beim Bestatter kaufen. Man dürfte ihn auch mitbringen. In Deutschland muss ein Verstorbener unmittelbar bestattet werden. Im Ausland dagegen sind die Bestattungsgesetze zum Teil sehr viel liberaler. In der Schweiz zum Beispiel kann man eine Urne auch auf unbestimmte Zeit zu Hause aufbewahren.

Eine Option, die auch hierzulande auf Interesse stößt. Und so bieten immer mehr deutsche Bestatter den Weg über das Ausland an. Zu welchem Ärger das führen kann, lerne ich kennen, als sich Karin Theobald* bei mir meldet. Sie hat über eine Trauerberaterin von unserer Recherche erfahren.

Ihre Geschichte klingt am Telefon so unglaublich, dass ich mich ein paar Tage später auf den Weg zu ihr mache. Ich fahre nach Hemdingen, das liegt 35 Kilometer nördlich von Hamburg. Sie lebt heute allein in einer kleinen Zwei-Zimmer-Wohnung eines Mehrfamilienhauses. Eine freundliche, schmale Frau, der man ansieht, dass sie einen Schicksalsschlag erlitten hat, und auch, dass ihr neues Leben noch zu sehr vom alten abhängt.

Ihre Geschichte ist eine, die ein infames Verhalten eines Bestatters dokumentiert. Karin Theobald gießt uns Kaffee ein und beginnt zu erzählen.

»Im April letztes Jahr hatte ich zwei Todesfälle. Der erste war der meiner Mutter, die haben mein Lebensgefährte und ich zusammen gepflegt.« Elf Tage nach dem Tod der Mutter starb dann auch der Lebensgefährte, mit dem sie 22 Jahre zusammengelebt hatte.

Zwei Todesfälle in kurzer Folge – das ist mehr, als man verkraften kann. Dann schildert sie das, was den meisten Betroffenen passiert, wenn *es* passiert. Tod, Trauer, Begräbnis. Eigentlich will man sich nur seinen Gefühlen überlassen, aber man muss sich kümmern, man muss sich zu klaren Gedanken zwingen und die notwendigen Schritte einleiten.

»Ich hatte mich vorher damit noch überhaupt nicht befasst«, erzählt sie weiter, »und habe über eine Preisvergleichsseite einen Bestatter in Jena* gefunden. Laut Preisvergleich war er der günstigste. Und noch dazu bot er an, davon hatte ich ja auch noch nichts gehört, dass man die Urne nach Hause mitnehmen kann, um noch Zeit für den Abschied zu bekommen – damit sich nicht alles so überstürzt.«

Dieser Internetbestatter aus Jena arbeitet mit einem Bestatter aus der Schweiz zusammen, wo es Hinterbliebenen erlaubt ist, eine Urne so lange zu Hause zu behalten, bis sie ihre Trauer verarbeitet haben. Später lese ich auf der Homepage des Unternehmens, dass nach dem Schweizer Bestattungsrecht eine Urne mit der Übergabe durch den Bestatter an die Angehörigen bereits als beigesetzt gilt.

Karin Theobald traf also mit dem Jenaer Bestatter die Vereinbarung, dass ihre Mutter in Deutschland eingeäschert und die Urne in die Schweiz überführt werden sollte. Von dort aus hätte sie sie nach Hause holen können.

Ihre Mutter verstarb im April. Der Bestatter holte zunächst den Leichnam aus der Klinik ab und kündigte an, sich wegen des weiteren Ablaufs bei ihr zu melden. Doch: »Anfang Mai hatte ich immer noch nichts von ihm gehört. Und auf Nachfragen wurde ich dann abgewimmelt. Mal sagte er: ›Ich weiß gar nicht, wo sie ist.‹ Oder: ›Ich frage mal nach.‹ Oder: ›Bald. Das müsste bald so weit sein.‹ Er verhielt sich ganz ausweichend. Und dann kam ein Postpaket, aber eben nicht von ihm, sondern vom Krematorium. Auch nicht von einem Schweizer Bestatter, sondern von einem Krematorium in Stendal, mit dem ich noch nie etwas zu tun gehabt hatte. Bis dahin wusste ich auch gar nicht, wo er einäschern lässt. Ich mache das Paket auf und habe da so einen schrecklich grünen Topf, über den ich mich furchtbar erschrocken habe!«

Sie habe versucht, ihn zu öffnen, was aber nicht gelungen sei. Daraufhin habe sie in Stendal angerufen, um nachzufragen, was es wohl mit dem grünen Topf auf sich habe. Die Antwort: »Was Sie als grünen Topf bezeichnen, nennt sich Aschekapsel.«

Karin Theobald ist sich sicher: Die Urne ihrer Mutter war nie in der Schweiz. Sie wurde ihr aus Deutschland zugeschickt, ein Schweizer Bestatter hatte sich auch nie bei ihr gemeldet. Trotzdem soll sie für den Weg über die Schweiz 520 Euro zahlen. Karin Theobald kürzt die Rechnung um diesen Betrag, zahlt den Rest.

Doch es gibt noch ein Problem: Sie hatte demselben Bestatter auch die Asche ihres Lebensgefährten anvertraut, der ja nur elf Tage nach ihrer Mutter verstorben war. Sie zeigt mir ein Bild von ihm: ein freundlich lachender Mann, so, wie man ihn in Erinnerung behalten möchte.

Karin Theobald erzählt mir, wie sie in diesem Fall verfahren ist. Sie habe ein anderes Unternehmen beauftragt, die Asche ihres Lebenspartners von dem Jenaer Bestatter anzufordern, gleichzeitig aber mitgeteilt, dass sie die Kosten für die Schweiz nicht übernehmen würde, eben weil sie die schlechten Erfahrungen mit der Asche ihrer Mutter gemacht habe. Daraufhin habe der Jenaer Bestatter ihr mitgeteilt, die Urne nicht auszuliefern, solange er das Geld für den Schweizer Umweg nicht bekommen würde – den Umweg, den die Urne mutmaßlich nie gemacht hat, für den sie aber zahlen sollte.

Sie wartet nun schon seit über einem Jahr auf die Urne ihres Lebensgefährten. Sie möchte endlich mit ihrer Trauer abschließen können. Doch solange ihr die Asche ihres Lebensgefährten nicht ausgehändigt wird, hat sie dazu keine Chance.

Mir bleibt nicht viel mehr, als ihr Glück zu wünschen. Ich lasse eine traurige Frau zurück – aber nicht, ohne von ihr Telefonnummer und Adresse des Jenaer Bestatters bekommen zu haben. Ich habe noch ein wenig Zeit bis zur Abfahrt des Zuges und setze mich vor dem Bahnhof auf die Treppenstufen. Mit dem Handy versuche ich, den Mann anzurufen. Erfolglos.

Gemischte Gefühle

Mit ihrem Wunsch, die Asche eines Angehörigen ausgehändigt zu bekommen, steht Karin Theobald nicht alleine da. Immer mehr Menschen interessieren sich für die Möglichkeiten, die das Ausland bietet.

In Duisburg* bin ich mit der Bestatterin Sabine Peters*

verabredet. Sie bietet Interessierten einen ganz besonderen Service: eine Art Kaffeefahrt in ein Krematorium in den Niederlanden. Daran will ich teilnehmen. Sie empfängt mich vor der Tür, eine große, schlanke Frau im berufstypischen, schwarzen Hosenanzug.

Die Einrichtung ist altdeutsch, ein elektrischer Kerzenleuchter hängt über der Kaffeetafel, und es gucken mich fünfzehn Menschen an, als ich in den Raum komme. Es sind nicht nur ältere Gäste, die an dieser Fahrt teilnehmen wollen, was mich etwas wundert. Bei Kaffee und Kuchen informiert Sabine Peters uns über den Ablauf. Die Stimmung ist harmonisch.

»Die meisten Leute sind wirklich positiv überrascht, und man nimmt so ein bisschen diese Hemmschwelle«, erklärt sie mir. Die Hemmschwelle vor einem Krematorium.

Mit dabei sind auch Gertrud und Ernst Emmelmann*. Die beiden haben keine Kinder, und irgendwie scheinen sich Leute eher mit dem eigenen Ableben zu befassen, wenn sie kinderlos sind. Gertrud Emmelmann erzählt dann doch, dass ihr die Teilnahme an dieser Fahrt schwerfällt: »Ich kann Ihnen nicht sagen, wie ich mich verhalten werde und wie es mich anspricht. Ich weiß es nicht. Ich will abwarten. Ich kann's nicht sagen ...«

So ganz geheuer ist auch mir der Gedanke noch nicht, gleich zum ersten Mal ein Krematorium von innen zu sehen. In einer kleinen Pkw-Kolonne machen wir uns auf den Weg. Drei schwarze Limousinen von Teilnehmern fahren vor mir, die Vorbereitung auf den Termin ist zwar nicht verabredet, aber dennoch farblich gut abgestimmt.

Das Krematorium liegt in Aalten, kurz hinter der deutsch-niederländischen Grenze. Wenig später haben wir unser Ziel erreicht: das GUV-Crematorium. Ein moderner Flachbau aus hellen Ziegeln mit überraschend großen Glasfronten.

Der Trauerzug in spe bewegt sich auf den Eingang zu. Nach einer kurzen Begrüßung beginnt die Führung – mit einer ersten Überraschung schon in der Eingangshalle. Nicht nur, dass die Farben Rot und Orange den Raum dominieren, was ich persönlich schon als wunderbar empfinde, weil ich so meinen Beige-Schock loswerde, sondern auch, weil hier in Vitrinen neben außergewöhnlichen Urnen in Tropfenform auch Schmuckstücke wie Kettenanhänger ausgestellt sind, in die man die Asche füllen kann, wenn man es denn möchte.

So hätte man den Verstorbenen immer bei sich.

Als Nächstes werden wir in den Abschiedsraum geleitet. Ein helles Zimmer, durch dessen getönte Fenster bläuliches Licht fällt. Die Rollos darüber sind in Lila gehalten, aber das Ganze wirkt nicht übermäßig bunt, weil drei große, grau-weiß-schwarze Bilder den Betrachter wieder erden. Hier kann der Familie kondoliert werden.

Der Sarg selbst wird in einem separaten Raum aufgebahrt. Hier dominiert ein großes Bild die Stimmung – es zeigt die untergehende Sonne. Jeder Angehörige hat die Möglichkeit, sich allein vom Toten zu verabschieden. Selbstverständlich gehört zum Haus auch eine Kapelle, konfessionslos versteht sich. Bevor es von hier aus direkt zum Verbrennungsofen geht, bereitet uns eine Mitarbeiterin darauf vor.

»Man sieht einfach nur den reinen Ofen«, sagt sie ganz ruhig, »ohne eine Flamme, ohne ein Feuer. Man könnte auch Kinder mit an den Ofen nehmen, ohne dass die mit Angst darauf reagieren.«

Das mag sein, trotzdem wirken alle sichtlich angespannt, als wir tatsächlich vor dem Ofen stehen. Eine Art

Schrankmöbel, darin eingefasst eine silbern glänzende Metalltür, darunter eine verkleidete Luke, durch die man die Asche bergen kann. Davor so etwas wie ein Fahrtisch, um den Sarg in den Verbrennungsraum zu bugsieren. Und an der Wand eine elektronische Wandtafel, die gerade eine Temperatur von 701 Grad Celsius anzeigt.

Ein Inferno zwar, aber das Ganze wirkt dennoch ziemlich unspektakulär. Doch auch bei diesen Temperaturen verbrennt längst nicht alles.

In einem Nebenzimmer zeigt man uns eine Kiste, und man sieht, was außer Asche alles übrig bleibt.

»So«, sagt der Mitarbeiter, »vielleicht kennen Sie was davon.« Künstliche Knie und Hüften, Nägel, Schrauben, das verbrennt ja nicht.

Es sind nur kurze, halblaute Ausrufe zu hören.

»Wahnsinn.«

»Hier ist noch eine Uhr.«

»Schon erstaunlich, was so von einem Menschen, von einem Sarg übrig bleibt. Ist nicht viel.«

»Die Asche passt hier rein«, meint der Mitarbeiter und zieht eine kleine, graue Metallbox aus dem Schrank. Er klopft darauf. Normalerweise, sagt er, werde die Box nicht ganz voll.

Ist klar, denke ich, die Seele ist ja längst schon weg.

Er führt uns in den Garten, in einen ziemlich großen mit einer Wiesenfläche. Viele gehen für sich, in Gedanken versunken. Sie hören das Angebot: Wer möchte, kann die Asche seines Angehörigen hier verstreuen. Doch nicht nur das. Nach einer Frist von dreißig Tagen wird den Angehörigen die Urne ausgehändigt. Dann kann in den Niederlanden jeder selbst die Asche verstreuen, wo auch immer. Das ist in Deutschland verboten.

Ich geselle mich zu Gertrud und Ernst Emmelmann

und frage, ob das Gesehene ihre Entscheidung beeinflusst, es so oder so zu machen. Er ist froh, sich das mal angeschaut zu haben, und sie sagt, dass sie die Bürokratie in Deutschland schon schlimm fände.

»Könnte man vielleicht überspitzt formulieren: Selbst wenn wir tot sind, wird uns noch eine Vorschrift gemacht?«, frage ich nach.

»Wenn ich ganz ehrlich sein soll: ja!«, meint sie.

Für die Kremierung zahlt man hier 500 Euro und damit etwa 150 Euro mehr als in Deutschland. Der Preis kann also kein Argument sein, um einen Leichnam in Holland einäschern zu lassen. Entscheidend ist schlicht die Möglichkeit, dass man die Urne mitnehmen darf.

Die Gruppe verabschiedet sich von den Mitarbeitern des Krematoriums und untereinander. Die Prozession steuert wieder auf die Grenze zu. Danach ist jeder und jede wieder allein mit den Gedanken. Und einer möglichst weit entfernt liegenden Entscheidung.

»Kremieren«, denke ich auf der Rückfahrt, »ist auch nicht mein liebstes Wort.«

Kleiner Grenzverkehr

Ebenfalls über das Internet komme ich mit Imke Holstein* in Verbindung. Die Trauerberaterin aus Leverkusen* lehnt sich gegen die bestehenden deutschen Regeln auf. Für sie steht fest: Wer die Asche seiner Angehörigen ausgehändigt bekommen möchte, sollte dies können. Nachdem ich mich bei ihr gemeldet habe, lädt sie mich zu sich nach Hause ein. Ein Katzensprung von Köln. Sie führt mich durch ihren Garten an einer Buchsbaumhecke vor-

bei in ihre Wohnung. Da ist sie wieder – die Buchsbaumhecke, der Trauerbegleiter im Leben. Wir setzen uns ins
Wohnzimmer, und ich frage sie, warum sie die niederländische Bestattungsvariante besser findet?

»Weil ich als Angehörige frei entscheiden kann, was
für mich, der ich ja einen Menschen verloren habe, gut
ist«, antwortet sie – eine klare, gerade Antwort. »Ich kann
die Urne dreißig Tage nach der Einäscherung abholen
und dann damit machen, was ich will. Kann sie auf den
Schrank oder auf den Tisch stellen oder in eine Vitrine,
auf einen Kamin oder im Garten vergraben.« Das sei alles
legal möglich.

»Das heißt, der Mensch, der mir am liebsten, am wichtigsten war, ist quasi die ganze Zeit bei mir?«

»Ja, wenn Sie das möchten. Und Sie können ihn auch
jederzeit abgeben.«

Diese Entscheidungsfreiheit findet sie toll. Gegen die
Art und Weise, wie in Deutschland bestattet wird, hat sie
im Prinzip gar nichts. »Ich habe lediglich etwas dagegen,
dass wir einen Zwang dahinter haben. Du musst das tun.
Und du darfst nicht tun, was dir gut tut.«

Sie guckt mich an mit einem leichten Lächeln in den
Mundwinkeln. Für sie ist klar, dass sie ganz gewiss das
Richtige tut und das Falsche geißelt. Ich finde, sie könnte
gut der Bestattungslobby gegenübertreten, die ihre Ansprüche auf Erd-, Feuer- oder Seebestattungen, anonym
oder nicht, verteidigt. Sie hat die Überzeugungskraft der
Ruhe. Auch sie trägt Schwarz.

Imke Holstein berät Trauernde und vermittelt auf
Wunsch Kontakt zu einem niederländischen Bestatter.
Ich frage sie, was genau sie anbietet.

Sie erklärt mir, dass in einem solchen Fall die Asche
vom Krematorium angefordert werden würde – offizi-

ell zur Beisetzung in den Niederlanden. Da der niederländische Bestatter das in ihre Hände gelegt habe, ist sie auch die Empfängerin der Asche, die sie anschließend zu ihm ins Nachbarland bringe. Bis die Formalitäten erledigt seien, in der Regel handele es sich dabei um ein paar Tage, bleibe die Urne dort.

»Und dann hole ich die Asche wieder zurück nach Deutschland.«

Genau das aber ist verboten.

»Wie kommt die Asche denn letzten Endes bei den Angehörigen an?«, frage ich sie.

»Mit ganz normalen Paketdiensten. Oder alternativ: Wenn der Kunde sagt: ›Frau Holstein, ich möchte die Asche bei Ihnen abholen kommen‹, dann kommt der Kunde hierher.«

Sie zeigt mir, wie das funktioniert. Wir gehen hinüber in die Küche. Eine dunkle, schlanke Urne steht auf der Arbeitsplatte, daneben ein kleiner Karton, in dem ein Beutel grauen Staubes liegt.

Ich stutze kurz: »Was ist das jetzt?«

»Das ist ein Mensch«, sagt sie unumwunden, »die Totenasche eines Menschen. Und zwar die gemahlenen Knochen. Sie können auch gerne mal fühlen, wenn Sie keine Angst haben. Das fühlt sich ganz anders an, als wenn Sie Asche anfassen würden.«

Nun ja ... Vorsichtig nehme ich den Beutel in die Hand, er fühlt sich schwerer an als ein gleich voller Beutel mit Kaminasche, er wiegt vor allem schwerer, weil der Inhalt bedeutender ist. Brustkorb, Arme, Beine, Becken, Schädel, alles das, was jemals gegangen, gesessen, gedacht und gearbeitet hat, liegt in meiner Hand – in der Vorstufe zum Nichts.

»Ein komisches Gefühl?«, fragt Imke Holstein mich.

Sie verschickt nie die Originalkapsel, denn durch eine Gravur darin sei die Identität des Verstorbenen nachweisbar und eine Beisetzung in Deutschland damit Pflicht. Doch eine Tüte mit Asche ist nicht mehr zuzuordnen.

Sie nimmt mir den Beutel aus den Händen und verstaut ihn vorsichtig wieder im Karton.

»Wenn so ein Paket bei den Hinterbliebenen ankommt«, frage ich weiter, »wissen Sie, was die dann mit der Asche machen?«

»Also wenn sie so ankommt, dann wird das meist eine Garten- oder eine Flussbeisetzung«, meint sie. Da gebe es verschiedene Möglichkeiten – und auch die, die Asche als Pflanzunterlage für eine Blume, einen Busch, einen Baum zu verwenden. Sodass wieder etwas wächst und sich ein Kreislauf bildet.

Wer aber stattdessen die Asche lieber ins Regal stellen möchte, kann dabei zwischen unterschiedlichsten Schmuckurnen wählen. Es sind chinesisch anmutende, strahlend türkisfarbene dabei, oder auch welche, die hölzern aussehen.

Ich finde Gefallen an der Möglichkeit, eine letzte Freiheit auszukosten – nicht für immer an einem kalten, dunklen Ort versenkt zu werden, sondern irgendwie dabei zu bleiben.

Während meiner gesamten Recherche denke ich zwischendurch immer mal wieder an Karin Theobald, die seit einem Jahr auf die Asche ihres Lebensgefährten wartet. Sie hatte mir nach unserem Gespräch Telefonnummer und Adresse der Bestattungsfirma gegeben. Es ist das Unternehmen Hof* in Jena, das nach einem Rechnungsstreit mit ihr die Asche zurückhält.

Die Firma wirbt auf ihrer Homepage mit dem Spruch:

»Gestalten Sie Ihren Abschied selbst und lassen Sie uns ein kleines Stück Ihres Weges begleiten.«

An einem trüben Tag fahre ich mit meinem Kamerateam nach Jena. Manche Dinge lassen sich eben nicht am Telefon klären. Schon gar nicht, wenn keiner rangeht.

Die Adresse macht etwas her, stelle ich nach der Ankunft fest. Ich stehe vor einer nach der Wende errichteten modernen Immobilie mit einer Front aus hellen Steinplatten, deren Mitte ein vielleicht sieben Stockwerke hoher halbrunder Glasturm bildet. Sozusagen fast urnenförmig. Den Namenszug finde ich an der Hausfront und auch eine fette Werbung. »Bestattung ab 747 Euro« steht darauf. Nicht 750 oder 800. Also wirklich ganz knapp kalkuliert, denke ich. Warum keine Cent-Beträge?

Ich rüttele an der Tür des Ladens im Erdgeschoss. Zu.

Doch im 5. Stock gibt es noch ein Büro des Internetbestatters, wo mir auch jemand öffnet. Der Geschäftsführer ist bereit, ohne Kamera über den Fall zu sprechen. Er bestätigt, dass Karin Theobald die Urne ihres Lebensgefährten durch einen anderen Bestatter angefordert habe. Diese Anforderung sei jedoch später zurückgezogen worden. Die Urne befinde sich aktuell in der Schweiz. Sobald eine Urnenanforderung vorliege, würde die Urne verschickt.

Also alles nur ein Missverständnis? Ich fahre nach Köln zurück und leiste mir während der Stunden auf der Autobahn das Gefühl, der Besuch bei Hof in Jena hätte etwas gebracht.

Am nächsten Tag rufe ich von der Redaktion Karin Theobald an. Als ich ihr von meinem Gespräch mit dem Bestatter erzähle, ist sie entsetzt. Die Anforderung sei nie zurückgezogen worden. Den Beleg lässt sie mir zukommen. Um das Problem schnellstmöglich zu lösen, bekommt der Jenaer Bestatter erneut die notwendigen Unterlagen.

Im Gegenzug sichert er zu, dass die Urne dann in der Schweiz abgeholt werden könne.

In NRW wird das Aufbewahren von Asche zu Hause als Ordnungswidrigkeit geahndet. Zwar wird nur ein Bußgeld fällig, die Asche muss jedoch anschließend beigesetzt werden.

Keine Urne im Privatraum

Das Bestattungsrecht ist in Deutschland Ländersache. In Nordrhein-Westfalen ist eine Novelle des Bestattungsgesetzes in Kraft getreten. Doch von Liberalisierung in Sachen Urnenbestattungspflicht keine Spur. Aber was spricht gegen eine Lockerung? Mich interessiert, was die zuständige Ministerin für Gesundheit, Emanzipation, Pflege und Alter dazu sagt, und ich nehme Kontakt mit der zuständigen Pressestelle auf. Es gehen noch ein, zwei E-Mails hin und her, dann kann ich Barbara Steffens im Foyer des Landtages in Düsseldorf treffen.

Der gesamte Gebäudekomplex wird architektonisch von Kreisen und Kreissegmenten geprägt, der Plenarsaal ist kreisrund, die angegliederten Sitzungsräume sind es ebenfalls. Also nimmt auch das Foyer diesen Schwung auf. Während ich noch überlege, ob es sich bei den hellen Steinplatten um Sandstein handelt, kommen die Ministerin und ihr Pressesprecher in den Raum. Barbara Steffens trägt eine orangerote Bluse zu einem schwarzen Hosenanzug, und ich trage ein schwarzes Hemd. Ich glaube, so langsam setze ich das Thema auch farblich um.

Wir gehen an der Galerie der ehemaligen Landtagspräsidenten vorbei, und ich frage sie, was sich mit der Novelle geändert hat.

»Nichts Grundlegendes«, sagt sie.

Ich erzähle ihr von meinen Gesprächen mit Menschen, die sich nach ihrem Wahlrecht fragen, wenn es darum geht, eine andere Form der Bestattung als die übliche zu finden, also auf dem Friedhof.

»Nein«, unterbricht sie mich beim Stichwort Friedhof, »das stimmt so nicht. Es gibt auch die Möglichkeit des Verstreuens, des Friedwalds. Wir haben in NRW schon viele Möglichkeiten geschaffen, die es in anderen Bundesländern nicht gibt. Das Einzige, das wir damit in NRW bisher festschreiben, ist: Wir wollen nicht, dass die Urne im Privatraum verschwindet.«

»Warum nicht?«

Weil die Trauerstätte öffentlich zugänglich bleiben müsse, um auch anderen, beispielsweise Kindern oder Freunden des oder der Verstorbenen die Möglichkeit zu geben, dort zu trauern. Solange das der Fall sei, »werden wir da auch keine legale Lösung schaffen...«

Ich frage sie danach, ob zum Beispiel der Friedhofsbesuch bei der jungen Generation noch so eine Rolle spiele wie früher: »Mein Verdacht ist: Da ändert sich gerade ein bisschen was.«

»Wenn sich die Trauerkultur ändert und die Mehrheit der Bevölkerung sagt: ›Für uns ist das der richtige Weg‹, dann muss man das Gesetz ändern«, sagt sie klipp und klar. »Aber jetzt ist es meines Erachtens bei allem, was wir an Informationen haben, noch nicht so.«

Das Bestattungsgesetz habe sich über Jahre gewandelt, sich veränderten Bedingungen angepasst. »Das wird nicht das letzte Bestattungsgesetz sein.«

Wie stellt sich Barbara Steffens ihre eigene Beisetzung vor? Wäre die Urne zu Hause für sie eine denkbare Möglichkeit?

Sie stutzt kurz: »Ich? In meinem Persönlichen, Individuellen? Für meine eigene Asche? Für meine Überbleibsel?«

Ich nicke: »Würden Sie das für sich in Erwägung ziehen?«

»Nein, das würde ich nicht in Erwägung ziehen«, antwortet sie, »ich bin jemand, der für mich entscheiden würde, dass ich vielleicht doch komplett bestattet werden möchte. Und von daher wäre die Frage der Verbrennung keine Frage für mich. Und den Sarg zu Hause stehen zu haben, das würde ich keinem zumuten wollen.«

Nein, sicherlich nicht. Aber das ist auch nicht die Frage. Die Frage ist, ob die Menschen verschiedene Wahlmöglichkeiten haben sollten, um ihr Ende nach eigenen Vorstellungen zu gestalten. Barbara Steffens verkauft den Status quo, nach vorne denkt sie nicht.

Unwürdiges Gezerre

Am nächsten Tag im Büro. Nachdem mir der Chef der Firma Hof in Jena vor Zeugen zugesagt hat, Karin Theobald endlich die Urne mit der Asche ihres Lebensgefährten auszuhändigen, macht er plötzlich einen Rückzieher. Es seien immer noch Zahlungen offen, die Urne im Übrigen in der Schweiz – und da würde sie vorerst bleiben.

Es ist ein Einfaches, das Mirakel um die verschwundene Urne aufzulösen, denn ich rufe schlicht bei seinem

Schweizer Geschäftspartner an und konfrontiere ihn mit der Aussage.

Er bestätigt mir: Die Urne sei definitiv nicht bei ihm. Ich bedanke mich und lege den Hörer auf. Hat mir der Jenaer Bestatter bei meinem ersten Besuch nicht die Wahrheit gesagt? Das Ganze entwickelt sich unschön, das merke ich, und ich habe eigentlich keine besondere Lust, das nun anstehende Gespräch mit dem Mann am Telefon führen zu müssen. Ich entscheide mich schnell, noch einmal nach Jena zu fahren.

Als ich ankomme, sehe ich gerade noch, wie ein Bote in Latzhose und kariertem Flanellhemd mit zwei Urnen unter den Armen im Ladenlokal verschwindet. Ein sehr profaner Umgang damit. Mir ist bei meinen Recherchen immer das viele Schwarz aufgefallen, das die Leute umflort, die den Umgang mit dem Tod zu ihrem Geschäft gemacht haben. Jetzt trägt endlich mal einer Latzhose mit Zollstock, als könne er das Leben neu vermessen – aber das gefällt mir auch nicht.

Egal, ich nehme den Aufzug in die fünfte Etage und schelle. Mir öffnet eine Mitarbeiterin mit einem riesigen Tigerkopf auf ihrem grauen Pullover. Auf meine Frage, ob ich ihren Chef einmal sprechen könne, gibt sie mir die – in solchen Situationen – immer gleiche, manchmal richtige, meistens aber falsche Antwort: »Nein, der ist außer Haus.«

Ich sehe keinen Grund, die Frau nicht einzuweihen.

»Die Auskünfte, die er mir erteilt hat, sind nachweislich falsch. Und wir möchten schon ganz gerne die Angelegenheit…«

»Das sagen Sie, dass das falsch ist«, unterbricht sie mich.

»Bitte? Ich hab es hier Schwarz auf Weiß«, entgegne

ich und bestehe auf einem Rückruf des Geschäftsführers. Das Letzte, was ich von ihr sehe, bevor sie ihren Tigerkopf aus Strasssteinen hinter die Milchglasscheibe der Eingangstür zurückzieht, ist ein Abwinken.

Die Tür schlägt zu, und ich sage danke. Doch das interessiert hier niemanden mehr.

Ich bin kaum aus dem Haus, da klingelt mein Telefon. Am anderen Ende: der Chef der Firma Hof. Für außer Haus ziemlich schnell zurück, denke ich und konfrontiere ihn mit meinen Recherche-Ergebnissen. Es entwickelt sich ein Telefonat, das länger dauert als eigentlich erforderlich. Der Geschäftsführer behauptet, dass die Urnenanforderung damals aufgehoben worden sei. Ich sage ihm, ich hätte die schriftliche Bestätigung dabei, dass das nie der Fall gewesen sei. Dann behauptet er weiter, dass die Urne längst in der Schweiz sei.

»Das ist schon komisch«, werfe ich ihm vor, »weil ich gestern mit dem Schweizer Bestatter selber telefoniert habe und der mir gesagt hat, dass die Urne nie in der Schweiz gewesen ist.« Außerdem sei sie im Fall der Mutter vom Krematorium direkt an Karin Theobalds Privatadresse geschickt worden.

Zu guter Letzt behauptet er, dass die 520 Euro für den Schweizer Bestattungsteil für ihn ja nur ein durchlaufender Posten seien und er die Rechnung schon längst bezahlt hätte.

Noch mal komisch. Denn der Schweizer Bestatter hat zu mir gesagt, so viel Geld würde er dafür gar nicht verlangen. Ich erkläre dem Mann, dass ich es so sehe, dass er im Falle von Karin Theobald Geld für eine nicht erbrachte Leistung fordern würde. Was er wortreich in Abrede stellt. Er beharrt auf seinem Standpunkt. Wir scheiden im Unfrieden, und er legt auf.

Es regnet, als ich die Auffahrt zur Autobahn nehme.

Das Angebot ›Urne zu Hause‹ wird zwar immer beliebter, doch in Deutschland bleibt das nicht erlaubt. Also bewegen sich alle Beteiligten in einem Graubereich, was dem Anlass wenigstens farblich angemessen ist. Im Streitfall Ansprüche durchzusetzen ist nur schwer möglich. Karin Theobald wird den Rechtsweg beschreiten müssen.

Eines habe ich in den vergangenen Wochen gelernt. Wie in jeder anderen Branche gibt es auch unter den Bestattungsunternehmen schwarze Schafe. Wer sich nicht erkundigt, dem kann es passieren, dass er in einer emotionalen Ausnahmesituation schamlos ausgenutzt wird. Das kann am Ende richtig teuer werden.

Es muss diesen einen Moment der Ruhe geben, den es braucht, um verschiedene Angebote einzuholen und zu vergleichen. Die Gedanken an den Tod machen uns Angst, und wir schaffen eine Annäherung ans lange Undenkbare nur, wenn wir uns im Leben gut aufgehoben fühlen. Auch in gemeinsamer Trauer und über Riten. Das Begräbnis ist dabei nur ein Ritual von mehreren möglichen.

Die Frage ist, ob es nicht auch zur letzten Freiheit gehört, die Betroffenen darüber entscheiden zu lassen, wie und unter welchen Umständen sie begraben werden oder doch Teil des Lebens ihrer Hinterbliebenen bleiben möchten. In der Erde, in der Urne, in der See – tja, und manchmal eben auf dem Kaminsims oder im eigenen Garten.

Die Politik hat in diesem privaten Raum nichts zu schaffen außer Rahmenbedingungen, die auch den Wünschen der Trauernden, der Verstorbenen Rechnung tragen müssen. Und zwar unabhängig von wirtschaftlichen Interessen der Beerdigungsinstitute und Kommunen.

Vor der Gesetzesnovelle wurden natürlich auch Experten befragt: Bestatter, Friedhöfe, Kirchen, Städte. Alle haben sich für die Bestattungspflicht ausgesprochen. Dass dabei auch wirtschaftliche Interessen eine Rolle gespielt haben, lässt sich kaum bestreiten.

Sparten-Politik, Spaten-Politik in zwei Metern Tiefe.

Trauernde dürften bei der Umfrage keine Rolle gespielt haben.

Es gibt einen amerikanischen Film, der heißt *Die Brücken am Fluss*. Die Hauptrollen spielen Meryl Streep und Clint Eastwood. Sie spielt Francesca Johnson, die Ehefrau eines Farmers, deren Leben sich in den Weiten Iowas in Unerfülltheit verläuft, er spielt Robert Kincaid, einen weltoffenen, weit gereisten Fotografen. Sie verlieben sich ineinander, aber ihrer Liebe ist kein Glück beschieden, sie verlieren sich aus den Augen. Doch Jahre später verfügt Robert Kincaid in seinem Testament, seine Asche möge von der »Roseman-Bridge«, dem Ort, an dem sie sich kennengelernt haben, in einen Fluss gestreut werden. Als Francesca dies nach Roberts Tod erfährt, verfügt sie das Gleiche.

Ein Film kleiner Momente, atemloser Vertrautheit und trauriger Abschiede. Der letzte kommt Francescas Kindern zu: Sie streuen die Asche ihrer Mutter in den Fluss unterhalb der »Roseman-Bridge«.

Ein rührender, inniger Moment an einem Ort, an dem kein Bestatter irgendetwas zu suchen hat. Schon gar kein Geschäft.

Im Film nicht, und im Leben auch nicht.

NACHWORT

Einige Jahre, bevor dieses Buch entstanden ist, habe ich
vom Westdeutschen Rundfunk eine wunderbare Gelegenheit bekommen: Wir sollten Fernsehreportagen herstellen, die im Alltag des Verbrauchers spielten. Uns war
schnell klar, dass zwischen all den Check- und Testforma-
ten, die es bereits gab, eine Lücke klaffte. Im Grunde blick-
ten die meisten Verbraucherformate selten bis nie *hinter*
die Produkte. Sie verstehen sich bis heute meist als eine
Art bebilderte »Stiftung Warentest«. Die Frage für uns war
aber nicht, was die beste Kompaktkamera ist oder welche Waschmaschine am längsten läuft, die Frage für uns
war eher, warum es ein bestimmtes Produkt beziehungsweise eine Dienstleistung überhaupt gibt. Eine Antwort
auf diese Frage zu finden, das war und ist der Ansporn unserer WDR-Sendung *Könnes kämpft.*

Mittlerweile haben wir mehr als zwanzig Filme gedreht. Nach und nach – als wir die ersten Reportagen sozusagen übereinanderlegten und miteinander verglichen – wuchs dabei eine entscheidende Erkenntnis. Die
Praxis bei der Geschwindigkeitsüberwachung, bei den
teuren Nachhilfe-Instituten, bei der mittlerweile umstrittenen Fassadendämmung oder der Müllbeseitigung
zeigt: Es gibt für die kritischen Entwicklungen auf all diesen unterschiedlichen Themenfeldern einen gemeinsa-

men Ursprung: Der Staat zieht sich aus seiner Verantwortung zurück und überlässt der Wirtschaft Spielfelder, die sie nicht selten nach eigenen Regeln nutzt. Und wo es um Gewinnmaximierung geht, wird meist nicht mit offenen Karten gespielt.

Was wäre zu tun? Nun, der Staat könnte und sollte seine Kernaufgaben selbst und vollständig erfüllen. Wenn er denn unbedingt delegieren muss, hat er die Pflicht, dafür zu sorgen, dass es auch im Sinne des Bürgers funktioniert. Aufgaben an Unternehmen zu übertragen und dann nicht zu kontrollieren ist grob fahrlässig. Hier werden Tür und Tor für Abzocke und Betrug geöffnet.

Die Bürger wissen es zudem sicher zu schätzen, wenn die Politiker ehrlich zugeben würden, was wirklich hinter so manch ihrer Entscheidungen steckt. Viele kommunale Kassen sind leer. Gleichzeitig erwartet der Bürger zu Recht einen funktionierenden Apparat. Um diesen Konflikt zu lösen, wäre es hilfreich, wenn die Kommunalpolitiker trotz allem der Versuchung widerstehen, überhöhte Abgaben oder trickreich eingetriebene Gebühren auch noch als eine gute und richtige Sache zu tarnen – so wie es beispielsweise bei der Müllbeseitigung und der Geschwindigkeitsüberwachung vorkommt. Ansonsten droht weiterer Vertrauensverlust.

Was können wir als Bürger tun? Eine ganze Menge. Direkt und indirekt. Wir können selbst handeln: Man muss sich ja keine Fassadendämmung aus Styropor an die Hauswände kleben. Es gibt viele andere, effizientere Möglichkeiten, CO_2 und Energiekosten zu Hause einzusparen. Man sollte sich hier nicht weniger informieren und mindestens so kritisch sein wie beispielsweise beim Autokauf.

Auch bei der Entsorgung der Altkleider gibt es verschiedene Möglichkeiten: Wer seine Kleidung einer seriösen Organisation oder seiner Kommune überlässt, das habe ich aufgezeigt, tut so oder so etwas fürs Gemeinwohl. Und wer ins Krankenhaus muss, hat die Möglichkeit, auf einem MRSA-Test zu bestehen. Damit tun Sie etwas für sich und alle anderen Patienten.

Der Bürger steht auch nicht chancenlos da, wenn es um Gesetze und Verordnungen geht. Er kann sich wehren. Vielleicht nicht allein, aber im Zusammenschluss mit anderen kann das – wie im Fall der Hauseigentümer gegen die Stadt Duisburg – eine ganze Menge bewirken.

Und schließlich bleibt immer noch die Möglichkeit, an die Wahlurne zu gehen. Nicht wenige, scheinbar fest im Sattel sitzende Kommunal- oder Landesregierungen haben ihre Macht verloren, weil die Bürger die ihre zum richtigen Zeitpunkt genutzt haben. Denn letztlich sind sie – der Staat.

DANK

Ohne die Hilfe vieler engagierter Menschen hätten die TV-Reportagen und das Buch nie und nimmer entstehen können: Dank an meine beiden WDR-Redakteure Irmela Hannover und Jörg Gaensel. Einen besonderen Dank an die probono Fernsehproduktion GmbH und ihr tolles Team. Dank an Dominique Pleimling, Ramona Jäger und Barbara Wenner für die sehr hilfreiche Betreuung während der Entstehung des Buches.

Nicht zu vergessen: Besonderen Dank an all die Fachleute, die mir Einblick gegeben haben in die komplexen Thematiken, an die Insider, die mir ihr Vertrauen geschenkt haben und ohne die man selten zum Kern der Dinge vorstößt, und nicht zuletzt an all die Menschen, die ihre Tür geöffnet haben, um mir ihre Sorgen und Hoffnungen zu schildern.

Hinterm Ruhestand geht´s weiter!

Hajo Schumacher
RESTLAUFZEIT
Wie ein gutes, lustiges
und bezahlbares Leben im
Alter gelingen kann
288 Seiten
ISBN 978-3-8479-0572-1

Rentenlücke, Einsamkeit, Wundliegen – unter den Babyboomern grassiert die Panik vor dem Altern. Gegen Pflegeangst und Demenzphobie gibt es nur ein Mittel: Heute anfangen, das Alter zu planen. Unterhaltsam, ehrlich und informativ erzählt Hajo Schumacher, welche Ruhestandsmodelle bezahlbar sind, die Menschenwürde wahren und Spaß machen.

"Ungeschönt und engagiert die Optionen fürs Älterwerden durchzugehen - Respekt! Für einen Autor, der sonst als 'Achim Achilles' vor allem wegrennt, eine reife Leistung!"
Dr. Eckart von Hirschhausen, Kabarettist, Schriftsteller, Arzt (47)

Eichborn

Ein deutscher Drogenboss packt aus

Stefan Liebert / Kajo Fritz
KOKAIN
Eine deutsche
Dealer-Karriere
256 Seiten
ISBN 978-3-7857-2489-7

Kokain, einst Treibstoff der Elite, ist zur neuen Volksdroge geworden: Neun von zehn Geldscheinen, die hierzulande im Umlauf sind, weisen Spuren des Stoffs auf. Das weiß niemand besser als Stefan Liebert. Der Spross einer Hamburger Kiez-Familie ist gerade mal achtzehn Jahre alt, als das weiße Pulver ihm zum ersehnten Aufstieg in die Upper-Class verhilft. Jahrelang versorgt er Ärzte, Manager und Politiker, aber auch Bankangestellte, Kellner und Handwerker mit Kokain. Er wird zu einem der einflussreichsten Drogendealer der Republik. Doch dann lässt er sich mit der albanischen Mafia ein - und das kostet ihn beinahe das Leben.

Bastei Lübbe